本书是国家自然科学基金项目"松嫩高平原土地利用格局变化的时空分异及其优化模式研究"（41571165）的研究成果，同时受"东北粮食主产区耕地利用布局调整及其适应机制重构研究——基于种植结构优化视角"（41971247）、辽宁省社会科学规划基金项目"辽宁老工业基地土地利用集约化的时空尺度特征及其路径选择研究"（L17CGL007）与辽宁省教育厅科学研究项目"沈阳经济区土地利用多功能性评价及其优化模式研究"（WQN202016）资助

东北粮食主产区
土地利用格局优化研究

王越 宋戈 著

Land Use Pattern Optimization of

Major Grain Producing
Areas in Northeast China

图书在版编目（CIP）数据

东北粮食主产区土地利用格局优化研究 / 王越，宋戈著．
—北京：中国社会科学出版社，2020.12
ISBN 978 - 7 - 5203 - 8781 - 1

Ⅰ. ①东⋯ Ⅱ. ①王⋯ ②宋⋯ Ⅲ. ①粮食产区—土地利用—研究—中国—1979 - 2015 Ⅳ. ①F321.1

中国版本图书馆 CIP 数据核字（2021）第 144129 号

出 版 人	赵剑英
责任编辑	林　玲
责任校对	石建国
责任印制	李寡寡
出　　版	中国社会科学出版社
社　　址	北京鼓楼西大街甲 158 号
邮　　编	100720
网　　址	http://www.csspw.cn
发 行 部	010 - 84083685
门 市 部	010 - 84029450
经　　销	新华书店及其他书店
印　　刷	北京明恒达印务有限公司
装　　订	廊坊市广阳区广增装订厂
版　　次	2020 年 12 月第 1 版
印　　次	2020 年 12 月第 1 次印刷
开　　本	710×1000　1/16
印　　张	19
字　　数	284 千字
定　　价	108.00 元

凡购买中国社会科学出版社图书，如有质量问题请与本社营销中心联系调换
电话：010 - 84083683
版权所有　侵权必究

前　言

自然条件变化和人类活动深刻地改变着自然地理环境，直接作用结果是土地利用类型或地表覆被状况的改变，各种土地利用类型或土地覆被通过竞争相互消长，最终形成土地利用格局。土地利用格局能够影响区域生态环境，可以反映区域土地利用现状、区域内土地资源的特点和优劣势，是诊断土地利用合理与否的重要依据，成为分析和解释区域土地利用空间现象、过程和机制的重要因素。人类在进行土地开发利用、发展经济和创造物质财富的同时，也对自然资源结构和生态环境产生巨大影响，实践证明，由于土地利用格局变化引发了诸如生态环境恶化、土壤侵蚀和土壤养分减少、粮食匮乏、自然灾害、经济危机等一系列生态和社会经济问题。为使土地利用格局变化对经济社会和生态环境的不良影响降到最低，必须优化土地利用格局，这对有效改善区域生态环境、减少风险、抵御灾害和提高土地产出效率具有重要的理论价值和实践指导意义。

东北粮食主产区黑龙江省的耕地资源位居全国之首，是全国最大的商品粮基地，在保障国家粮食安全中具有举足轻重的地位。研究区巴彦县位于黑龙江省中部偏南，连续10年一直是国家产量大县，研究区大部分区域由于土地利用格局变化而引发的水土流失、土地退化、土壤侵蚀、土地污染、林地锐减等负效应突出，严重影响和威胁着区域的粮食生产、生态安全和经济社会可持续发展。鉴于此，深入分析1979—2015年研究区土地利用格局时空变化过程，阐明区域土地利用格局的变化机理，优化区域土地利用格局，建构符合区域实际的土地利用格局优化模式。研究成果为保障粮食安全和实现土地资源优化配置提供科学依据。

本著作内容共分为八章，第一章为绪论，主要对研究的背景、目的意义和国内外研究动态进行评述；第二章为土地利用格局变化机理及其优化模式理论概述，界定了土地利用格局和土地利用格局优化模式的内涵和外延，系统地阐述了人地关系协调理论、复杂系统理论、小波变换理论和资源优化配置理论对土地利用格局变化机理和优化模式的指导意义；第三章为研究区概况及数据来源与处理，主要阐述研究区的自然条件概况、社会经济概况和土地利用现状，并对所需数据的来源和处理过程进行阐述；第四章为研究区土地利用格局时空变化特征，分别从土地利用格局时空尺度特征识别、土地利用类型数量变化和空间组合关系特征进行分析；第五章为研究区土地利用格局变化影响因子作用机理，本章识别土地利用格局时空变化的关键性影响因子，并阐明各个关键性影响因子对典型年份的土地利用格局的作用机理；第六章为研究区土地利用格局优化模式建构，本章确定了土地利用格局优化的安全阈值，获取不同优化目标的土地利用格局优化方案，建构土地利用格局优化模式；第七章为保障研究区土地利用格局优化模式运行的调控对策，设定土地利用格局优化模式调控目标、调控原则、调控方式，并提出促进研究区土地利用格局优化模式运行的保障措施；第八章为结论与讨论。

本书主要内容已在《经济地理》《自然资源学报》《中国土地科学》《农业工程学报》《资源科学》《地理研究》等期刊发表，在编写过程中得到了诸多前辈的指点和同行师友的帮助，也参考了众多学者的研究资料。感谢东北大学土地资源管理研究所以及沈阳师范大学管理学院的老师和同学的帮助，还要特别感谢王盼盼、张红梅、白小艳、佟玲、苏成信、吕冰、李佩泽、李炆颖等众多博士和硕士研究生的大力帮助；感谢中国社会科学出版社的编审同志们，没有他们的支持，本书不会如此顺利出版。

目前，关于土地利用格局方面的研究仍处于起步阶段，许多问题仍需探讨，由于著者的水平有限，书中的疏漏之处在所难免，恳请同行和读者不吝赐教。

目　　录

第一章　绪论 …………………………………………………………（ 1 ）
　　第一节　研究背景 ………………………………………………（ 1 ）
　　第二节　研究目的与意义 ………………………………………（ 4 ）
　　第三节　国内外研究动态 ………………………………………（ 7 ）
　　第四节　研究思路与技术路线 …………………………………（ 22 ）
　　第五节　研究方法 ………………………………………………（ 25 ）
　　第六节　创新点 …………………………………………………（ 27 ）
　　本章小结 …………………………………………………………（ 28 ）

第二章　土地利用格局变化机理及其优化模式理论概述 …………（ 29 ）
　　第一节　核心概念的界定 ………………………………………（ 29 ）
　　第二节　相关理论基础 …………………………………………（ 30 ）
　　本章小结 …………………………………………………………（ 33 ）

第三章　研究区概况及数据来源与处理 ……………………………（ 34 ）
　　第一节　研究区概况 ……………………………………………（ 34 ）
　　第二节　数据来源与处理 ………………………………………（ 38 ）
　　本章小结 …………………………………………………………（ 44 ）

第四章　研究区土地利用格局时空变化特征 ………………………（ 45 ）
　　第一节　研究区土地利用格局变化空间尺度特征识别 ………（ 46 ）
　　第二节　研究区土地利用格局变化时间尺度特征识别 ………（ 51 ）

第三节　研究区土地利用类型数量变化的时空特征 …………（56）
　　第四节　研究区土地利用类型空间组合及相互关系变化特征 …（124）
　　本章小结 …………………………………………………………（144）

第五章　研究区土地利用格局变化影响因子作用机理 ……………（147）
　　第一节　研究区土地利用格局变化影响因子作用机理
　　　　　　模型建立 …………………………………………………（147）
　　第二节　研究区土地利用格局时空变化的关键性影响
　　　　　　因子识别 …………………………………………………（153）
　　第三节　研究区土地利用格局时空变化影响因子作用
　　　　　　机理分析 …………………………………………………（161）
　　本章小结 …………………………………………………………（205）

第六章　研究区土地利用格局优化模式建构 ………………………（208）
　　第一节　研究区土地利用格局优化安全阈值的确定 …………（209）
　　第二节　基于 MA-PSO 的研究区土地利用格局优化
　　　　　　模式模型建立 ……………………………………………（216）
　　第三节　研究区土地利用格局优化及其模式建构 ……………（234）
　　本章小结 …………………………………………………………（248）

第七章　保障研究区土地利用格局优化模式运行的调控对策 ………（251）
　　第一节　土地利用格局优化模式调控目标 ……………………（251）
　　第二节　土地利用格局优化模式调控原则 ……………………（252）
　　第三节　土地利用格局优化模式调控方式 ……………………（254）
　　第四节　促进研究区土地利用格局优化模式运行的保障措施 …（257）
　　本章小结 …………………………………………………………（259）

第八章　结论与讨论 …………………………………………………（261）
　　第一节　结论 ……………………………………………………（261）
　　第二节　讨论 ……………………………………………………（269）

参考文献 ………………………………………………………………（272）

图表目录

图目录

图 1.1　技术路线图 ···（24）

图 3.1　研究区示意图 ···（34）

图 4.1　计盒维数自动识别尺度模型建立的技术路线图 ············（49）

图 4.2　研究区空间尺度与非空盒子数 ···························（50）

图 4.3　lns-lnN（s）曲线及其一阶导数和二阶导数曲线图 ········（50）

图 4.4　研究区土地利用格局变化小波系数实部等值线 ···········（53）

图 4.5　研究区土地利用格局变化小波方差 ······················（54）

图 4.6　1979—2015 年研究区土地利用格局变化特征曲线 ········（55）

图 4.7　研究区样本区域土地利用格局变化波动性特征 ···········（55）

图 4.8　1979 年、1991 年、2003 年和 2015 年研究区土地利用
　　　　样本及空间分布 ···（61）

图 4.9　1979—1991 年研究区单一土地利用动态度空间
　　　　分布特征 ···（76）

图 4.10　1991—2003 年研究区单一土地利用动态度空间
　　　　　分布特征 ···（80）

图 4.11　2003—2015 年研究区单一土地利用动态度空间
　　　　　分布特征 ···（84）

图 4.12　1979—1991 年研究区综合土地利用动态度空间
　　　　　分布特征……………………………………………（ 87 ）

图 4.13　1991—2003 年研究区综合土地利用动态度空间
　　　　　分布特征……………………………………………（ 88 ）

图 4.14　2003—2015 年研究区综合土地利用动态度空间
　　　　　分布特征……………………………………………（ 90 ）

图 4.15　1979—2015 年研究区土地利用相对变化频率空间
　　　　　分布特征……………………………………………（ 99 ）

图 4.16　1979—2015 年研究区土地利用强度空间分布特征 ………（104）

图 4.17　1979—2015 年研究区土地利用多样性程度空间
　　　　　分布特征……………………………………………（109）

图 4.18　1979—2015 年研究区各种土地利用类型的区位
　　　　　指数空间分布特征…………………………………（123）

图 4.19　1979 年、1991 年、2003 年和 2015 年研究区土地利用
　　　　　格局空间关联关系…………………………………（134）

图 4.20　1979 年研究区出现频率最高的土地利用类型（a）和
　　　　　邻域土地利用类型种类数（b）……………………（137）

图 4.21　1991 年研究区出现频率最高的土地利用类型（a）和
　　　　　邻域土地利用类型种类数（b）……………………（138）

图 4.22　2003 年研究区出现频率最高的土地利用类型（a）和
　　　　　邻域土地利用类型种类数（b）……………………（140）

图 4.23　2015 年研究区出现频率最高的土地利用类型（a）和
　　　　　邻域土地利用类型种类数（b）……………………（141）

图 4.24　1979—2015 年研究区土地利用格局空间邻接关系
　　　　　变化情况……………………………………………（143）

图 5.1　研究区土地利用格局变化及其影响因子采样样带（a）和
　　　　采样样线（b）………………………………………（153）

图表目录

图 5.2　1979 年研究区土壤有机质对土地利用格局时空变化影响的交叉小波功率谱和小波相干谱 …………………………（162）

图 5.3　1979 年研究区土壤全氮对土地利用格局时空变化影响的交叉小波功率谱和小波相干谱 …………………………（163）

图 5.4　1979 年研究区土壤速效钾对土地利用格局时空变化影响的交叉小波功率谱和小波相干谱 …………………………（164）

图 5.5　1979 年研究区年均气温对土地利用格局时空变化影响的交叉小波功率谱和小波相干谱 …………………………（165）

图 5.6　1979 年研究区土地利用强度对土地利用格局时空变化影响的交叉小波功率谱和小波相干谱 ……………………（166）

图 5.7　1979 年研究区年均降水对土地利用格局时空变化影响的交叉小波功率谱和小波相干谱 …………………………（167）

图 5.8　1979 年研究区土壤速效磷对土地利用格局时空变化影响的交叉小波功率谱和小波相干谱 …………………………（168）

图 5.9　1979 年研究区年日照时数对土地利用格局时空变化影响的交叉小波功率谱和小波相干谱 ……………………（169）

图 5.10　1991 年研究区土地利用强度对土地利用格局时空变化影响的交叉小波功率谱和小波相干谱 ……………………（172）

图 5.11　1991 年研究区年均降水对土地利用格局时空变化影响的交叉小波功率谱和小波相干谱 …………………………（173）

图 5.12　1991 年研究区 GDP 对土地利用格局时空变化影响的交叉小波功率谱和小波相干谱 ……………………………（174）

图 5.13　1991 年研究区年均气温对土地利用格局时空变化影响的交叉小波功率谱和小波相干谱 …………………………（175）

图 5.14　1991 年研究区人口对土地利用格局时空变化影响的交叉小波功率谱和小波相干谱 ……………………………（176）

图 5.15　1991 年研究区年日照时数对土地利用格局时空变化影响的交叉小波功率谱和小波相干谱 …………………………（177）

图 5.16　1991 年研究区地形地貌对土地利用格局时空变化影响的
　　　　 交叉小波功率谱和小波相干谱……………………………（178）

图 5.17　2003 年研究区政策法规对土地利用格局时空变化影响的
　　　　 交叉小波功率谱和小波相干谱……………………………（181）

图 5.18　2003 年研究区人口对土地利用格局时空变化影响的
　　　　 交叉小波功率谱和小波相干谱……………………………（182）

图 5.19　2003 年研究区土壤有机质对土地利用格局时空变化影响的
　　　　 交叉小波功率谱和小波相干谱……………………………（183）

图 5.20　2003 年研究区年日照时数对土地利用格局时空变化影响的
　　　　 交叉小波功率谱和小波相干谱……………………………（184）

图 5.21　2003 年研究区 DVI 对土地利用格局时空变化影响的交叉
　　　　 小波功率谱和小波相干谱…………………………………（185）

图 5.22　2003 年研究区年均气温对土地利用格局时空变化影响的
　　　　 交叉小波功率谱和小波相干谱……………………………（186）

图 5.23　2003 年研究区土地利用强度对土地利用格局时空变化
　　　　 影响的交叉小波功率谱和小波相干谱……………………（187）

图 5.24　2003 年研究区重金属污染对土地利用格局时空变化影响的
　　　　 交叉小波功率谱和小波相干谱……………………………（188）

图 5.25　2003 年研究区 GDP 对土地利用格局时空变化影响的交叉
　　　　 小波功率谱和小波相干谱…………………………………（189）

图 5.26　2003 年研究区土壤质地对土地利用格局时空变化影响的
　　　　 交叉小波功率谱和小波相干谱……………………………（191）

图 5.27　2015 年研究区土壤速效钾对土地利用格局时空变化影响的
　　　　 交叉小波功率谱和小波相干谱……………………………（193）

图 5.28　2015 年研究区土壤全氮对土地利用格局时空变化影响的
　　　　 交叉小波功率谱和小波相干谱……………………………（194）

图 5.29　2015 年研究区耕层厚度对土地利用格局时空变化影响的
　　　　 交叉小波功率谱和小波相干谱……………………………（195）

图 5.30　2015 年研究区土壤速效磷对土地利用格局时空变化影响的
　　　　 交叉小波功率谱和小波相干谱 ································ （197）

图 5.31　2015 年研究区 NDVI 对土地利用格局时空变化影响的交叉
　　　　 小波功率谱和小波相干谱 ······································ （198）

图 5.32　2015 年研究区土壤有机质对土地利用格局时空变化影响的
　　　　 交叉小波功率谱和小波相干谱 ································ （199）

图 5.33　2015 年研究区土地利用强度对土地利用格局时空变化
　　　　 影响的交叉小波功率谱和小波相干谱 ························ （200）

图 5.34　2015 年研究区人口对土地利用格局时空变化影响的交叉
　　　　 小波功率谱和小波相干谱 ······································ （201）

图 5.35　2015 年研究区高程对土地利用格局时空变化影响的交叉
　　　　 小波功率谱和小波相干谱 ······································ （202）

图 6.1　研究区土地利用格局安全状态空间分布 ···················· （215）

图 6.2　Agent 全局环境结构 ··· （219）

图 6.3　Agent 的邻居 ··· （219）

图 6.4　研究区土地利用格局优化多智能体决策规则 ··············· （224）

图 6.5　研究区土地利用适宜性等级 ···································· （227）

图 6.6　研究区各种土地利用类型的适宜性等级 ····················· （228）

图 6.6　研究区各种土地利用类型的适宜性等级（续） ············ （229）

图 6.7　土地利用格局优化多智能体粒子群算法
　　　　（MA-PSO）流程 ··· （234）

图 6.8　研究区土地利用格局 4 种优化方案 ·························· （242）

图 6.9　研究区 O-I-A 土地利用格局优化模式 ······················ （245）

图 6.10　研究区土地利用格局优化模式 ······························· （246）

表目录

表 3.1　巴彦县主要土壤类型面积及其百分比 ······················· （ 36 ）

表 4.1　空间结构比率范围及其主要影响因素 ······················· （ 59 ）

表 4.2　1979—2015 年间研究区各种土地利用类型面积 …………（60）

表 4.3　1979—1991 年研究区土地利用类型相互变化的
　　　　转移矩阵 ………………………………………………（65）

表 4.4　1991—2003 年研究区土地利用类型相互变化的
　　　　转移矩阵 ………………………………………………（66）

表 4.5　2003—2015 年研究区土地利用类型相互变化的
　　　　转移矩阵 ………………………………………………（70）

表 4.6　1979—1991 年研究区单一土地利用动态度的各半方
　　　　差函数模型 ……………………………………………（73）

表 4.7　1991—2003 年研究区单一土地利用动态度的各半方
　　　　差函数模型 ……………………………………………（77）

表 4.8　2003—2015 年研究区单一土地利用动态度的各半方
　　　　差函数模型 ……………………………………………（81）

表 4.9　1979—1991 年研究区综合土地利用动态度的各半方
　　　　差函数模型 ……………………………………………（86）

表 4.10　1991—2003 年研究区综合土地利用动态度的各半方
　　　　 差函数模型……………………………………………（88）

表 4.11　2003—2015 年研究区综合土地利用动态度的各半方
　　　　 差函数模型 ……………………………………………（89）

表 4.12　1979—2015 年研究区土地利用相对变化频率的各半方
　　　　 差函数模型……………………………………………（93）

表 4.13　1991—2003 年研究区土地利用相对变化频率的各半方
　　　　 差函数模型……………………………………………（95）

表 4.14　2003—2015 年研究区土地利用相对变化频率的各半方
　　　　 差函数模型……………………………………………（97）

表 4.15　1979 年研究区土地利用强度的各半方差函数模型 ………（100）

表 4.16　1991 年研究区土地利用强度的各半方差函数模型 ………（101）

表 4.17　2003 年研究区土地利用强度的各半方差函数模型 ………（102）

表4.18	2015年研究区土地利用强度的各半方差函数模型	（103）
表4.19	1979年研究区土地利用多样性程度的各半方差函数模型	（105）
表4.20	1991年研究区土地利用多样性程度的各半方差函数模型	（106）
表4.21	2003年研究区土地利用多样性程度的各半方差函数模型	（107）
表4.22	2015年研究区土地利用多样性程度的各半方差函数模型	（108）
表4.23	1979年研究区土地利用类型区位指数的各半方差函数模型	（111）
表4.24	1991年研究区土地利用类型区位指数的各半方差函数模型	（115）
表4.25	2003年研究区土地利用类型区位指数的各半方差函数模型	（118）
表4.26	2015年研究区土地利用类型区位指数的各半方差函数模型	（121）
表4.27	1979年研究区不同土地利用类型两两之间的空间关联维数	（127）
表4.28	1991年不同土地利用类型两两之间的空间关联维数	（129）
表4.29	2003年不同土地利用类型两两之间的空间关联维数	（131）
表4.30	2015年研究区不同土地利用类型两两之间的空间关联维数	（133）
表4.31	1979年研究区土地利用格局空间邻接关系	（136）
表4.32	1991年研究区土地利用格局空间邻接关系	（138）
表4.33	2003年研究区土地利用格局空间邻接关系	（139）
表4.34	2015年研究区土地利用格局空间邻接关系	（141）

表 5.1　1979 年研究区土地利用格局与关键性影响因子的小波相干系数（CS）、交叉小波功率谱密度（PSD）及其通过红噪声检验的样本数量（Num） ………… (154)

表 5.2　1991 年研究区土地利用格局与关键性影响因子的小波相干系数（CS）、交叉小波功率谱密度（PSD）及其通过红噪声检验的样本数量（Num） ………… (156)

表 5.3　2003 年研究区土地利用格局与关键性影响因子的小波相干系数（CS）、交叉小波功率谱密度（PSD）及其通过红噪声检验的样本数量（Num） ………… (157)

表 5.4　2015 年研究区土地利用格局与关键性影响因子的小波相干系数（CS）、交叉小波功率谱密度（PSD）及其通过红噪声检验的样本数量（Num） ………… (159)

表 6.1　常用初等突变模型 …………………………………………… (210)

表 6.2　研究区土地利用格局不同安全状态的栅格数、面积及其百分比 ……………………………………………………… (214)

表 6.3　土地利用类型适宜性转换系数 ……………………………… (227)

表 6.4　研究区土地利用格局现状与 4 种优化方案土地利用数量结构统计与对比 …………………………………………… (241)

第一章 绪论

第一节 研究背景

自然条件变化和人类活动深刻地改变着自然地理环境（任志远等，2011；闫小培等，2006；宋乃平等，2007），直接作用结果是土地利用类型或地表覆被状况的改变（肖思思等，2012），各种土地利用类型或土地覆被通过竞争相互消长，最终形成土地利用格局（倪九派等，2011）。土地利用格局能够影响区域生态环境（GLP，2005；Kadiogullari，2008；DeFries，2004；Turner，1995；涂小松等，2008），在不同时空尺度上，可以反映区域土地利用现状、区域内土地资源的特点和优劣势，是诊断土地利用合理与否的重要依据（朱凤武等，2008），成为分析和解释区域土地利用空间现象、过程和机制的重要因素（谢花林等，2008）。据 Virtuosic（1997）估算，在过去的 150 年间，由于土地利用格局变化导致大气中 CO_2 的含量大约增加 30%；Ito（2007）对 1991—2007 年全球碳循环预测结果表明，由于大面积的林地转变为耕地，致使土壤碳转移达到 32%—57%，导致未来全球土壤侵蚀加剧；据 Cruzan（1990）测算，大气中 60% 的 CO_2 和 80% 的 N_2O 来源于土地利用类型和覆被格局的改变等等。实践证明，由于土地利用格局变化引发了诸如生态环境恶化（赵国松等，2014；史培军等，2006）、土壤侵蚀和土壤养分不足（Lal，2004；Smith，2008；赵文武等，2004；孔祥斌等，2005；苏子龙等，2013）、粮食匮乏（郝仕龙等，2014；张海峰等，2012）、自然灾害（史培军等，1999；游珍等，2013）、经济危机（臧淑英等，2011）等一系列生态环境和社会经济问题。

2017年1月国务院发布《全国国土规划纲要（2016—2030年）》强调，要不断优化国土空间开发格局和全面建立国土空间开发保护制度等，在调整优化城镇空间结构、优化现代农业生产布局、强化耕地资源保护等方面加强整治，构建政府主导、社会协同、公众参与的工作机制，增强国土开发利用与资源环境承载能力之间的匹配程度，加快转变国土开发利用方式，提高国土开发利用的效率和质量，建立国土空间开发保护制度，这是首个全国性国土开发与保护的战略性、综合性、基础性规划，是提出区域土地利用格局优化模式和调控对策的重要基础和依据。1997年，中共中央、国务院发布《关于进一步加强土地管理切实保护耕地的通知》使得土地管理特别是耕地保护工作得到了加强，该通知提出了最严格的耕地保护制度和节约用地制度；2006年《十一五纲要》明确提出18亿亩耕地是之后五年具有法律效力的约束性指标，是不可逾越的耕地红线；《中央一号文件》连续多年聚焦"三农"问题，提出深入推进农业供给侧结构性改革，强调"毫不放松抓好粮食生产，加快发展现代农业，增强农业综合生产能力，确保国家粮食安全和重要农产品有效供给"；2017年中共中央国务院提出《关于加强耕地保护和改进占卜平衡的意见》明确指出，耕地是中国最宝贵的资源，是国家粮食安全的根本保障，已确定的耕地红线仍然不能突破、已划定的城市周边永久基本农田绝不能随便占用；但从近些年的各项数据来看，耕地红线的划定仅仅保障了数量，忽略了耕地的质量和生态安全，因此，耕地资源的特殊战略地位坚决不能动摇。2017年2月，中国中央办公厅、国务院办公厅印发《关于划定并严守生态保护红线的若干意见》，该意见的总体目标是要建立生态保护红线制度、划定生态保护红线、严守生态保护红线，使得国土生态空间得到优化和有效保护，生态功能保持稳定，国家生态安全格局更加完善；2016年11月，国务院印发《"十三五"生态环境保护规划》的重要专项规划，规划提出以环境质量改善为核心、统筹生态环境保护；2011年10月，前国家环保部部长周生贤，在十一届全国人大常委会第二十三次会议报告中披露，中国受污染的耕地占18亿亩耕地的8.3%，约有1.5亿亩，污染最严重的耕地主要集中在土壤生产性状好、对土壤环境质量要求高的蔬菜水果种植基地和人口密集的城市周边地带。当前，中国约有1.2万座尾矿库，其中危、险、病库占12.4%，对周围水域和土壤环境污染严重；全国耕地水土流失面积占全部耕地面积的34.26%，受污染的耕地面积约为100万公顷（张福锁等，2008）；酸雨、垃圾、化肥和农药等，也在不断侵蚀着大量耕地（徐英华，2008）；中低产田占耕地面积的79%，有水源保证和灌溉设施的只占40%（孙大胜，2005）。各种相关土地政策的提出对推进区域土地利用格局优化、保障粮食生产、保护生态安全和促进区域社会经济可持续发展有重要作用和积极意义。

东北粮食主产区黑龙江省的耕地资源位居全国之首，是全国最大的商品粮基地，在保障国家粮食安全中具有举足轻重的地位。巴彦县位于黑龙江省中部偏南，连续10年一直是国家产量大县，其大部分区域由于土地利用格局变化而引发的水土流失、土地退化、土壤侵蚀、土地污染、林地锐减等负效应突出，严重影响和威胁着区域的粮食生产、生态安全和经济社会可持续发展。已有研究表明，1989—2000年，松嫩平原腹地由于土地利用类型变化导致生态系统服务功能损失约26%（汤洁等，2007）。前期调查和研究表明，在自然条件变化和人类活动的综合影响下，土地利用格局发生很大的变化；1976—2011年，研究区巴彦县土地利用类型变化及各种土地利用类型之间的转入和转出较为频繁，主要是耕地、林地、建设用地和其他用地之间的转化，土地利用格局整体稳定性呈波动特征（宋戈等，2015），各种土地利用类型的数量特征总体存在一定的差异性，土地利用类型组合方式和组合关系表现为土地整体功能较弱，土地利用程度高低不一(宋戈等,2012a)。同时研究还表明,1991—2009 年,研究区耕地面积年均净增速度呈现下降趋势,耕地资源生态安全状况呈现下降的态势(宋戈等,2013)。2009 年,耕地重金属含量个别地区超出土壤背景极限值,且近89%的采样点耕地污染程度处于警戒状态(邹朝晖等,2013;宋戈等,2012b),研究区大部分区域由于土地利用格局变化而引发的水土流失、土地退化、土壤侵蚀、土地污染、林地锐减等负效应突出,严重影响和威胁着区域的粮食生产、生态安全和经济社会可持续发展(宋戈等,2014:30;徐珊等,2014)。为使土地利用格局变化对粮食安全、经济社会和生态环境的不良影响降到最低,必须明确土地利用格局变化研究的最优时空尺度,在此基础上,深入了解土地利用格局时空变化特征及规律,阐明土地利用格局时空变化的自然条件和社会经济要素的作用机理,设计和建构符合区域实际的土地利用格局优化模式并提出保障土地利用格局优化模式运行的调控对策,这对有效改善区域生态环境、减少风险、抵御灾害和提高土地产出效率具有重要理论价值和实践指导意义。

第二节　研究目的与意义

一　研究目的

鉴于已有研究对土地利用格局的内涵理解,目前研究大多局限于短期土地利用某种社会经济属性的数量变化分布以及对空间格局的静态宏观解释,关于各种自然因素和社会经济因素对土地利用格局变化影响的作用机理的研究停留在驱动力分析和选取指标评价层面,成果的指导意义不强,区域粮食生产、生态安全和社会经济发展受到威胁,区域土地利用格局变化特征和变化机理亟待深入解决。鉴于此,以粮食生产、生态安全和社会经济发展为区域土地利用格局优化目标,明确各种土地利用主体的决策行为,优化区域土地利用格局,设计并建构区域土地利用格局优化模式,提出区域土地利用格局优化模式调控对策，以寻求区域土地利用格局在最优时空尺度下合理的数量结构和空间布局，致使区域土地利用格局在过程、功能和结构上达到趋优的目的。

（1）本研究旨在探寻研究区土地利用格局变化研究的适宜时空尺度。自动识别分析研究区土地利用格局变化的空间尺度，明确在适宜时间尺度下土地利用格局变化的波动性特征，确定研究区土地利用格局不同的发展阶段，为土地利用格局变化研究最优时空尺度的自动识别提供了新的思路和科学的研究方法，为正确表达适宜时空尺度下的格局变化特征及其规律和描述土地利用格局空间邻接和关联关系奠定基础。

（2）本研究旨在丰富土地利用格局优化模式研究的理论方法和模型。在土地利用格局变化最优时空尺度下，明确研究区研究期间土地利用类型自然、社会经济属性的数量变化特征和空间属性变化特征以及不同时点土地利用类型间相互作用的邻域特征及其空间构型关系，为深入了解土地利用格局时空变化过程和进一步阐明自然人文因子驱动机理奠定基础；提取影响研究区土地利用格局变化的关键性因子，深入阐释在关键性因子综合影响下的研究区土地利用格局变化的作用机理和产生原因，为建构研究区土地利用格局优化模式并调控土地利用格局优化模式提供科学依据。

（3）本研究旨在探索基于粮食生产、生态安全、社会经济发展的土地利用格局优化模式。建立符合研究区实际的多目标土地利用格局优化模式识别模型，设计与建构研究区以"粮食生产为核心、生态安全为前提和社会经济发展为基础"的宜耕则耕、宜林则林、宜牧则牧、宜建则建的土地利用格局优化模式，对合理开发利用土地和保障粮食安全及实现土地可持续利用具有重要的实践应用价值。

二　研究意义

本研究突破传统研究角度和研究方法的局限，以松嫩高平原全国产粮大县巴彦县为研究区，采取科学的方法和技术手段，探寻研究区土地利用格局变化研究的适宜时空尺度，揭示1979—2015年研究区土地利用格局时空变化的分异特征和分异规律，深入了解研究区土地利用格局时空变化过程的自然人文因子驱动机理，建立多目标土地利用格局优化模型，在明确土地利用格局安全阈值的基础上，设计和建构符合研究区实际的土地利用格局优化模式并提出相应优化模式的调控对策，有效降低由于土地利用格局变化对粮食生产、生态安全及社会经济发展产生的负效应。建构区域土地利用格局优化模式并提出保障区域土地利用格局优化模式运行的调控对策具有重要的学术价值和实践指导意义。

（一）理论意义

从研究的理论意义来看，当前关于区域土地利用变化的相关研究虽然具备了一定的理论积淀，取得了一系列土地利用变化的理论突破，形成了一套有益于区域土地利用变化研究的理论思路，但是在区域土地利用格局时空变化机理及其优化模式设计和建构方面的研究尚存在诸多不足。因此，进一步研究分析区域土地利用格局变化研究的最优时空尺度，在此基础上，深入了解土地利用格局时空变化过程及其自然人文因子驱动机理，明确区域土地利用格局安全所处的安全状态，合理配置土地利用格局，因地制宜，设计和建构符合区域实际的土地利用格局优化模式并提出保障土地利用格局优化模式运行的调控对策。该项研究为土地利用格局优化模式的研究提供了新的视角，对土地利用格局变化相关研究具有一定的理论意义。

（二）现实意义

从研究的现实意义来说，研究区巴彦县地处松嫩高平原中部，自然环境和资源禀赋较优越、农业生产相对发达，是国家重要的商品粮基地，随着社会经济的发展，土地资源越来越稀缺，现有的土地利用规划已经与实际情况和用地需求不相适应，探索一种适合研究区未来发展的土地利用格局优化模式,制定合理的土地利用规划成为区域土地利用与管理的重中之重,在社会经济发展的同时,土地资源利用粗放,生态环境问题也逐渐凸显。因此,建构区域土地利用格局优化模式并提出保障区域土地利用格局优化模式运行的调控对策,对于有效改善区域生态环境、减少风险、抵御灾害、提高土地产出效率和促进社会经济发展具有重要的现实意义。

研究成果将为保障国家粮食安全和改善区域生态环境构建科学体系,为土地利用总体规划编制提供依据,对促进区域土地可持续利用及社会经济可持续发展具有重要的理论价值和实践应用价值。

第三节 国内外研究动态

一 国内研究动态

国内关于土地利用格局的研究,主要集中在土地利用格局的概念和内涵、土地利用时空尺度特征、土地利用变化特征、土地利用变化驱动力、土地利用安全、土地利用优化模式及其调控等方面。

(一) 土地利用格局概念和内涵方面的研究

目前,国内关于土地利用格局及其相关研究较多,但在这些研究成果中,对土地利用格局的概念和内涵均没有明确的定义(王计平等,2010),都把土地利用格局作为约定俗成或已知的概念。相关研究主要集中在三方面,一是土地利用格局变化研究方面,研究认为土地利用格局由各种土地利用类型的形状、大小、数量和空间组合表征(蒙吉军等,2003;王根绪等,2006),土地利用格局的变化受自然环境的限制与人类活动的干预(宋戈等,2013;宋戈等,2014);二是土地利用类型变化研究方面,研究认为土地利用类型变化大多反映为土地利用某种属性的变化,是指一定时间范围内不同土地利用方式在地域空间上的改变与更替的过程(倪绍祥,2005);在数量上表现为各种土地利用类型之间的此消彼长,在空间上则表现为土地利用格局的演变（甘红等，2004）；三是土地利用/覆被变化研究方面，相关研究认为区域土地利用/覆被变化是自然环境与社会经济因素共同作用的结果（张成扬等，2015），体现为各种土地利用类型的变化及其相互之间的空间转化（宋戈等，2016；王越等，2017）。在土地利用基本术语（GB/T 19231—2003）中，将土地利用格局定义为：一定区域内，各种土地利用类型和（或）土地覆被在地域空间的分布，其组合形式和相互关系。关于土地利用格局的内涵，土地利用基本术语中的定义以及国内外相关研究在一点上形成了共识，即土地利用格局是一定区域内土地利用类型或土地覆被数量变化的空间属性及其组合方式，土地利用类型本身就是一种土地覆被。事实上，土地利用格局的科学内涵十分丰富。综合已有研究成果，本研究将土地利用格局界定为，一定区域内各种土地利用类型（或土地覆被）的形状、大小、数量等空间属性及其组合形式和相互关系的综合反映，即以均质性的地块单元（土地利用类型或土地覆被）为基础，在内涵上更侧重于不同土地利用类型的自然、社会经济要素等数量变化的空间属性和各种土地利用类型的邻域特征及空间构型关系，是自然和人类社会活动综合作用的结果。科学界定土地利用格局的内涵是本研究的首要问题。以"第二次全国土地调查"土地利用分类系统标准来确定土地利用类型对土地利用格局变化进行研究具有一定的实践意义。

（二）土地利用时空尺度特征方面的研究

土地利用变化引发的生态和社会经济问题在空间尺度和时间尺度上的变化，是土地利用变化表现出复杂性的重要原因，在不同时空尺度上，土地利用所表现的变化特征、空间现象均不同，具有明显的尺度效应（傅丽华等，2012；William，1997）。土地利用变化的空间尺度可以作为独立的地理单元分析土地利用变化的最小样本单位，在不同空间尺度上，土地利用变化受自然因素和人文因素的影响具有不确定性（邓祥征等，2004），其变化的尺度效应明显，致使土地利用表现出不同的变化特征，导致制定决策的空间尺度与有关土地利用过程的空间尺度不匹配；土地利用变化的时间尺度能够衡量土地利用变化的波动性特征，在不同时间尺度下，土地利用所表现出的变化规律不同，时间尺度选择过大，则使得重要时间段的细节信息被忽略，时间尺度过小，则会陷入时段内部的局部化分析，导致信息繁杂（李双成等，2005）。大量研究表明，土地利用过程与格局是尺度依存的，每种自然过程都有其作用的时空范围（李双成等，2008），其空间尺度和时间尺度的选择对土地利用变化研究结果的影响很大。人类在进行土地开发利用、发展经济和创造物质财富的同时，也对自然资源结构和生态环境产生巨大影响（Olley，2003）。目前，国内关于时空尺度问题的相关研究主要集中在多尺度表达、尺度效应、适宜尺度选择、尺度转换等尺度问题及其相干关系等方面（秦承志等，2014）。

在时间尺度的确定方面，大多数研究是基于数据的可获取性和计算的便捷程度，随机的选取一定的宏观时间跨度，凭借经验确定土地利用变化的时间尺度（樊风雷等，2008；王灿等，2017），对于其时间尺度确定的理论依据和方法体系的研究较少。小波分析作为时空尺度特征研究的一种新兴方法，在时间序列数据和空间数据的分析中已得到广泛关注，特别是在水文学（潘雅婧等，2012；桑燕芳等，2013）和植被变化（朴英超等，2016）等领域的时间序列分析方面应用较多，其时间序列的原始数据多是通过采样点连续时序的统计数据和在空间上选取典型样线的方法获取的（徐芝英等，2015），这些样本的选取导致分析结果不具典型性和代表性，影响小波分析模型的应用效果。在土地利用研究领域，小波分析主要应用在土地利用变化与影响因子间的多尺度相关性上（陈江平等，2013），也有学者应用在土地利用变化空间尺度特征方面（傅丽华等，2012），由于土地利用数据在时序上的数据难以获取，其在土地利用格局变化时间尺度特征的识别方面尚少见报道。因此，突破以往土地利用格局变化时间尺度特征识别的局限，探索能够客观、准确识别土地利用格局变化时间尺度特征的技术手段，在适宜的时间尺度下，揭示土地利用格局的变化特征及其变化规律具有重要意义。

在空间尺度确定方面，相关研究多是探索合适的土地利用空间分辨率或最佳分析粒度，认为空间尺度是指研究对象的面积大小或最小的信息单元（朱永清等，2005；冯桂香等，2015），而将土地利用格局空间尺度作为独立的地理单元分析土地利用格局变化最优尺度的相关研究极少。当前，国内外学者针对土地利用格局空间尺度确定的理论依据和方法体系构建方面的研究较少（李双成等，2005），相关研究主要集中在土地利用变化和景观格局演变的规律性探讨等方面（涂小松等，2015；朱晓华等，2008）。在确定空间尺度方法的研究方面，通常采用划分格网法分析样本数据，其格网大小的确定与无尺度区的识别过程类似，一般通过人工判定或经验判定，凭经验找出拟合曲线中线性关系较好的一段作为无尺度区（包安明等，2009），但不同观察者对于同一组数据的无尺度区划分有所差异，这种划分方法缺少理论依据，存在着主观性较强和误差较大的缺点，客观的自动识别无尺度区或格网方法亟待加强，采用遗传算法改进分形理论识别土地利用空间尺度域（吴浩等，2014），但该方法得到的空间尺度范围过大，几乎涵盖了研究区全域，没有实际意义；因此，突破以往土地利用格局空间尺度确定的缺陷，探索能够客观、准确并自动识别土地利用格局空间尺度的技术手段，在最优空间尺度下，揭示土地利用格局的空间变化特征及其变化规律具有重要意义。

（三）土地利用变化特征方面的研究

鉴于国内研究对土地利用格局内涵的认识和理解，已有研究多集中在土地利用变化时空特征方面，在数量变化分布上，大量研究侧重于不同土地利用类型某种社会经济属性的数量关系及其在空间上的分布特征研究，如研究的或是土地利用结构变化、或是土地利用变化速率和土地利用转化幅度、或是土地利用动态度和土地利用程度变化、或是土地利用强度变化、或是土地利用效益变化、或是土地利用集中化程度和土地利用多样性程度变化、或是土地利用类型的某几种社会经济属性的结合（王根绪等，2006；吴琳娜等，2014；侯西勇等，2011；刘纪远等，2014；陈其春等，2009；李晨曦等，2016），仅有少量研究涉及不同土地利用类型的区位影响（张映等，2014）及地形等自然属性（武爱彬等，2015），这样不能全面和综合反映区域土地利用格局数量变化的空间属性，导致研究成果指导性不强。因此，须全面揭示不同土地利用类型自然、社会经济属性的数量变化关系及其分布特征，全面刻画土地利用格局数量变化及其分布特征是本文的研究基础。在土地利用类型变化的空间分布特征方面，已有研究大多用景观格局指数定量反映土地利用类型的组成、空间分布、空间配置与组合特征（傅伯杰，2014），景观格局指数虽然无法将这些指数值定位到区域土地利用空间上（邬建国，2007），但它仍可以在宏观上反映土地利用格局变化的空间属性（刘智方等，2017）。也有一些学者分析不同土地利用类型间的转入转出数量在地域空间上的分布（张国坤等，2010），研究相对比较宏观。传统的土地利用空间变化研究大多局限于对土地利用类型的转化和土地质量变化的统计分析以及对空间格局的静态解释（胡文英等，2009）。

在土地利用变化空间关系的研究方面，大量研究运用分形理论对不同尺度的土地利用空间特征进行解释，采用各种分形维数衡量不同尺度下的土地利用空间变化特征（李保杰等，2013；郭碧云等，2012），采用空间关联规则方法，探讨研究区典型地类变化与其周边邻接地类变化间的关联性（吴洁璇等，2015）；值得强调的是应深入剖析一定时期内不同土地利用类型间的空间作用关系，进而分析和描述不同时段不同土地利用方式在空间上的关联关系及其变化规律，而目前这方面研究恰恰相对薄弱。

事实上，要研究土地利用格局空间变化，应深入剖析一定时期内不同土地利用类型间相互作用的邻域特征及其空间构型关系，进而分析和描述不同时段不同土地利用方式在空间上邻接和关联关系，而目前这方面研究恰恰相对薄弱。在研究手段和方法上，国内外已有研究在探讨和分析土地利用时空变化方面做了大量的工作，研究中所应用的现代遥感、GIS 手段、土地利用信息图谱以及计量分析模型等，为本研究分析土地利用格局时空变化特征提供了可靠的方法和技术支撑。

（四）土地利用变化驱动力方面的研究

不同驱动力因子对区域土地利用变化的影响机理不同，土地利用变化是众多自然因子、人文因子共同作用的结果（赵俊三等，2015），大量研究结果表明，其一，自然环境条件对区域土地利用变化的影响主要体现为长期控制作用，其影响主要体现为累积性、背景效应（肖思思等，2012）；各种自然因素对不同土地利用类型变化有不同的驱动作用，地形地貌条件和土壤条件是影响局地人类土地利用意识形成最直接、最关键的因素（孙丽等，2004；王成等，2007），土壤有机质的变化会引起土壤物理、化学、生物特性的变化，从而对土壤质量产生重要影响（王卫等，2002）；水文因素对沼泽湿地变化有重要作用，特别是降水和径流作为湿地的重要补给水源，对湿地变化至关重要（董李勤等，2013），同时，水资源的空间分布也导致不同地区在过去较长的时间段内形成了截然不同的土地利用空间格局（姜群鸥等，2007）；光照、气温、降水等气候因子是耕地生产潜力直接影响要素，其时空变化对耕地生产潜力时空变化特征起决定作用（赵昕奕等，2003）；其二，人文因素在较短时间尺度内决定着区域土地利用变化，是其变化的主因（战金艳等，2010）；人口是人文因素中影响土地利用变化最主要的因素之一，也是影响土地利用变化最根本的因素（后立胜等，2004）；政策因素是区域土地利用变化人文因素发挥作用的基础和保障，对土地利用变化有着强制性的现实影响，是区域土地利用变化的直接决定因素（闫小培等，2006）；经济发展主要改变了土地利用的数量、结构、方式和强度（郝静等，

2009；张起明等，2011；匡文慧，2011）；技术进步是引起土地利用变化的重要人文因素（海春兴等，2005）；自然观、价值观、饮食习惯等传统文化在土地利用变化中仍有一定的作用（摆万奇等，2002），观念和信仰是土地利用方式保持稳定的力量（邵景安等，2007），这些研究以定性分析各因素对土地利用变化的影响为主。

总之，国内已有研究在探讨和分析土地利用变化驱动机制方面做了大量工作，无论是单要素作用还是综合驱动力分析，均对本研究土地利用格局变化的时空分异产生机理研究提供了可靠的方法和技术支持。值得强调的是，由于土地利用变化的驱动因子错综复杂、相互制约又高度动态，对于驱动机理的研究通常只是分析土地利用变化的驱动力，或通过解释和描述来分析驱动机制，真正针对土地利用驱动机理的研究并不多见，在实际研究中，探讨影响因素在土地利用格局空间上的作用规律，明确影响因素对不同土地利用类型作用方式方面的研究尚少见报道。对土地利用格局变化作用机理进行研究，有助于全面了解土地利用格局变化过程，是深入揭示土地利用的社会经济和自然环境相互关系的重要途径，是本研究要解决的重要科学问题。

（五）土地利用安全方面的研究

作为土地利用优化的前提基础，区域土地利用安全状况是自然因素和人文因素共同作用的结果，土地覆被变化受到人类活动干扰所导致的诸如地球系统的气候、水文、生物地球化学循环及生物多样性等产生的重大变化，对区域土地利用安全起决定性作用（李昊等，2016；吕建树等，2012；李秀彬，1996；唐华俊等，2009；于兴修等，2004）。安全状态的确定在土地利用安全的相关研究中十分重要且复杂，尚未有有效、普适的评价或机理模型（郑荣宝等，2009；徐美等，2012）。目前，土地利用安全状态的确定多从土地生态安全评价、土地生态安全预警、土地生态风险评价等方面进行研究（马轩凯等，2017）。有学者通过计算生态服务价值随人口压力增长的拐点，获取土地生态安全的阈值（李晶等，2008；孙奇奇等，2012）；或通过指标安全状态的确定，对土地资源生态安全进行评价，以综合反映时间尺度上区域土地资源生态安全状态及变化趋势（张虹波等，2007）；或从"隐患—状态—免疫（Hazard-State-Immune）"（吕建树等，2012）、"压力—状态—响应（PSR）"及其修正模型（蒙吉军等，2011；左伟等，2002；张继权等，2011；李玉清等，2014；刘鹏飞等，2014）、"数量—质量—生态环境"（宋戈等，2012c）、"土地沙化－土壤侵蚀"（谢花林等，2010）等方面构建指标体系，建立区域土地生态安全评价或土地资源安全预警模型，以判定不同土地利用方式的生态安全水平（吴未等，2016）；或选择土地资源承载力作为土地资源安全的测度指标（张月平等，2004；孙婷等，2006），揭示研究区土地资源安全状况；或运用综合土地生态风险指数，确定土地生态风险的时空演变规律（韦仕川等，2008；廖和平等，2007）；或基于突变理论，运用突变评价模型，探讨区域土地生态安全的时间演变规律（王飒等，2009；宋戈等，2015）；另外，作者前期的相关研究成果中，基于突变理论，采用蝴蝶突变模型确定了耕地利用系统安全阈值范围（宋戈等，2015），为本研究土地利用格局安全阈值的确定提供技术手段，以上研究成果对揭示研究区土地利用格局安全阈值的时间演变规律和空间分异特征，探索土地利用格局变化的影响规律有一定借鉴。

（六）土地利用优化模式及其调控方面的研究

目前，国内外关于土地利用格局优化模式研究很少，已有成果多是从土地利用角度，进行土地利用优化模式研究。有学者在确定土地生态安全状况的基础上，建立了生态安全约束条件下的土地利用优化模式（梁伟桓等，2012；牛振国等；2002），或根据自然、社会、经济条件建立土地利用模式，提出一整套适合区域土地生态改良措施与土地利用的优化方案（刘黎明等，1998），或通过确定社会需求和经济目标，对农、林、牧业生产进行合理配置,进而建立土地利用结构优化模式,使得该优化模式具有社会可承受性和经济可行性(张明等,2001),或根据自然环境条件和社会经济发展水平的实际,从农林综合开发整理和新村建设两个方面提出两种不同的土地整理模式(杨庆媛等,2004);有学者从土地类型格局出发,提出土地类型格局具有空间层次性、结构多级性和功能多元性,设计区域山地系统的生态模式(刘彦随,1999),或根据流域立体分异特性,探讨流域土地持续利用特点,提出的土地利用模式为平地以粮食种植、坡地以经济果木和防护林为主导的山地林果药菌立体开发模式(李智广等,2000),或总结了流域土地资源合理利用模式,提出土地利用模式的推广实施对策(胡绪江等,2001);有学者基于土地资源优化利用原理和生态设计的理念,提出三峡库区土地资源优化利用应突出经济主导、生态效益、产业协调、区域特色等4种模式(廖和平等,2005);有学者划分土地利用区和土地利用最佳结构模式,进而确定优势资源组合的土地利用优化模式(卜晓燕等,2009),还有学者基于反比例关系衡量土地生态与经济发展关系构建土地发展潜力评价体系,进而提出发展潜力视角下的海岸带土地利用模式(李伟芳等,2016)。研究表明,以区域社会和经济发展为目标,合理配置农林牧业生产,可以建立土地利用结构优化模式及立体开发的土地利用模式。以土地生态安全状况为基础,从土地利用类型的空间层次性、结构多级性和功能多元性视角,可建立生态安全约束条件下土地利用优化模式。依据区域土地资源自然和社会经济特点(朱连奇等,2004),划分土地利用区(卜晓燕等,2009),可建立优势资源组合的土地利用优化模式和土地持续利用模式等。以上研究均从宏观上提出了各种土地利用优化模式的实施管控措施,如土地整理、复垦、政策制度约束及其规划管制等(罗格平等,2006),研究成果侧重于实地调查和案例分析上,缺乏对土地利用优化配置和土地利用模式科学基础的深入探讨,没有形成系统的可持续土地利用模式(余中元等,2013)。已有土地利用优化模式的设计及其调控措施,为本研究构建研究区土地利用格局优化模式及其调控对策的提出提供了一定的参考。

实际上，土地利用格局优化模式是从土地利用格局出发，它是区域土地利用系统结构特性和功能属性的综合描述，涉及不同土地利用类型的自然、经济、社会和生态等众多要素在不同时空尺度上的数量结构关系和空间分布，及不同要素在微观与宏观上的合理匹配与优化组合，同时还涉及各种土地利用类型的邻域特征、空间构型关系及其组合形式和相互关系的空间优化配置等。土地利用格局的优化模式也应根据研究区的职能定位和资源优势，充分考虑区域各种土地利用类型的自然条件、区位优势和人类活动等因素，从整体上寻求最佳的土地利用类型数量结构分布和空间组合优化配置模式，以协调生态效益、经济效益和社会效益三者之间的关系，实现区域土地资源可持续利用，最终确定满足研究区"粮食生产、生态安全和经济社会发展"的多目标要求。因此，设计多目标土地利用格局优化模式模型，以此剖析各因子的因果反馈关系，综合分析、调整和优化土地利用格局，确立研究区土地利用类型数量结构在时空上的合理匹配及其空间构型和空间组合方式的优化配置。最终建构以"粮食生产为核心、生态安全为前提和社会经济发展为基础"的宜耕则耕、宜林则林、宜牧则牧、宜建则建的土地利用格局优化模式并提出有效的调控对策，对促进区域土地可持续利用至关重要，这也是本研究的难点和拟解决的重要科学问题。

二 国外研究动态

国外关于土地利用格局方面的研究，多从土地利用覆被变化来探讨，相关研究主要集中在全球土地利用/覆被变化、土地利用变化的原因和土地利用变化的预测和模拟等方面。

（一）土地利用/覆被变化方面的研究

国外关于土地利用/覆被变化的研究始于人地关系，德国区域地理学家卡尔·李特尔（Karl Ritter）认为土地利用的变化即包括自然因素的变化，也包括人类社会因素的变化，注重人与地之间的协调和依存，是早期土地利用整体性与复合性思想的体现（Derbory，1988）。随着科技的飞速发展，伴随着数据采集和遥感技术等技术手段的兴起，土地自然条件数据的采集不再制约土地利用研究（Houet，2009；Acevedo，2008），土地清查、土地利用、土地评价等问题的研究，已在非洲、西亚和东南亚应用实施（陈百明，1996），推动了土地利用系统的研究；对于系统数据的采集和数据库的建立，国外学者进行了大量的研究，采用"FAO/UNEP 土地覆盖分类系统"对土地利用进行分类，土地覆盖变化受自然因素和人文因素的共同影响是研究土地利用/覆被变化的关键（Louisa，2003；Anna，2010），为获取关联可用的遥感数据，制定了决策规则的数据采集方式，进而逐步实现标准化的土地利用系统（Louisa，2004）。

土地利用覆被变化（LUCC）研究计划是"国际地圈与生物圈计划（IGBP）"和"全球环境变化人文因素计划（IHDP）"研究的核心内容，从土地利用动态变化和全球变化等方面针对人类活动在 LUCC 中的作用进行研究（Turner，1994；Hua，2013）。该计划的研究内容主要集中在三个方面：第一，土地利用动态变化研究（Meijl，2006）；第二，土地利用变化机制研究（Verburg，2006）；第三，LUCC 对其他环境要素的影响研究（Cai，2009）。有学者利用三期航空相片和遥感影像图，探索肯尼亚高原的土地利用/覆被变化，认为人口因素是较大尺度区域范围内所有影响土地变化的因素中最活跃、最明显的因素（Lambin，2003）。有学者分析土地利用景观格局变化的模型构建要求、特点以及所起的作用，认为土地利用景观格局模型的分析可以研究变化趋势（Veldkamp，2004；McGarigal，1995；Jerzy，2009；He，2000；Olsen，1993）。研究表明，土地利用/覆被变化对气候（Hua，2013）、水文（DeFries，2004）、土壤（Kosmas，2000）、生物（Weng，2001；Wimberly，2004；Reidsma，2006）等环境要素的影响极大（Chertow，2000），同时也是其社会、经济条件与自然条件相互作用的直接响应表现（Wrbka，2004；Bryan，2011；Turner，2007），研究证实，土地利用/覆被变化与其各种驱动因子是相互影响的。因此，土地使用者和管理者的行为在自然因素和人文因素的影响下，使得建立土地利用和土地覆被变化模型成为土地利用/覆被变化研究的重要组成部分，LUCC研究计划更倾向于全球大尺度作用机制的研究，对中小尺度土地利用/覆被变化方面的研究涉及较少，为研究区域土地利用格局变化及其影响因子的作用机理提供一定的借鉴。

"全球土地计划（GLP）"始于1995年"国际地圈与生物圈计划（IGBP）"和"全球环境变化人文因素计划（IHDP）"的联合研究项目，2005年，两者再次联合正式发起"全球土地计划（GLP）"。"全球土地计划（GLP）"是全球变化与陆地生态系统（GCTE）研究计划和LUCC研究计划的综合，其目标是测度、模拟和理解人类—环境耦合的陆地生态系统（Ojima，2005），用以解释地表过程的变化及其引起的社会经济和政治后果。"全球土地计划（GLP）"更加注重了人类活动对陆地生物圈自然过程的影响以及对这些过程主要的社会驱动力及动态过程的认识，需要评价这些变化在不同土地系统中的后果（Kates，2001；NRC，1999）。"全球土地计划（GLP）"意图界定由社会经济要素和自然条件相互作用而产生的土地利用状态变化，量化土地利用变化速率，揭示土地利用变化与各种影响因素之间隐含的因果关系和相关决策，从而为土地系统的认识论、概念和方法论的集成分析提供技术建议和有效参考。在研究方法上，国外应用较为普遍的模拟模型包括CLUE模型及其模型的改进、GEOMOD模型、元胞自动机模型等等（Veldkamp，1997；Niandry，2009），研究大多集中在土地系统的生物物理因素的影响，社会经济、文化等人文因素的参与度不高，导致自然因素和人文因素相互作用的模拟研究较少，相关研究为土地利用格局优化模式的研究提供了研究方法和借鉴。

总之，全球土地覆盖历史变化规律和变化速度研究取得了重大进展。土地覆盖变化是由人类几千年来土地利用造成的，并不是短期的现象，土地覆盖的快速变化也不是随机或均匀分布的，而是集中在特定区域，这就需要遥感技术监测土地覆盖变化，土地变化的监测应着眼于整体土地覆盖动态规律或土地利用转换，将遥感数据与其他数据信息来源融合，包括家庭调查数据、人口普查数据、土地经济统计数据等，这也是今后土地利用研究的发展方向。

（二）土地利用变化原因方面的研究

国际上对土地变化的研究基本都有两个步骤，一是检测土地变化（Jenson，1997；Xiao，2005；Mulders，2001；Britaldo，2002），二是找到引起该变化的原因（Veldkamp，1997；Lean，1989；Vitousek，1994；Carlson，2000）。当前，遥感影像在获取、处理和解译方面已有明显进步，但在分析观察到的土地变化时，往往在引起土地变化原因的影响因素进行因果判断时缺乏决断和理论基础（Geist，2005；Misselhorn，2005；Kaimowitz，1998），因此，在探讨土地利用格局变化的影响因素上，亟待探索土地利用格局变化原因的新理论。

国外学者在解释土地变化的原因时，注意到了直接原因和根本原因的区分有赖于时空尺度的分析，在做出不同尺度的土地利用决策时，对于不同时空尺度来说，其影响土地利用变化的原因也是有所区别的（Kaimowitz，1998），即在不同时空尺度下得出的土地变化原因只适合该时空尺度。其中，土地变化的直接原因和根本原因在不同的时空尺度下是不同的，但这些土地变化的原因大部分都是生物物理因素（Moran，2005；Kasischke，2002；Siegert，2001；McConnell，2002）、经济技术因素（Myers，2001；Wiggins，2000；Krausmann：2006；Ewert，2006）、人口因素（Waggoner，2001；Carr，2004；Boyd，2001；Mather，2000；Rindfuss，2004）、制度因素（Agrawal，1997；Young，2002；Young，2003）和文化因素（USNRC，1999；Deininger，1995；Hecht，1993；Rudel，2002）等驱动力，这些因素对不同的土地覆盖变化影响极为重要，但是，土地变化原因的组成结构取决于研究者的研究意图,当前,学者在确定一套完整的土地变化相关因素过程中已有更大的把握。

(三)土地利用变化模拟方面的研究

国外学者对土地系统动态模拟方面的研究大多包含于土地利用/覆被变化模拟中,认为土地利用/覆被变化取决于不同土地利用类型以及土地用途间的竞争关系(Koen,2005;Pontius,2001);对于土地利用变化空间模拟,都是用来模拟和计算不同土地利用类型以及土地用途对土地利用空间的需求。

土地利用动态变化模型的研究是国外土地利用变化模拟研究的一个重要方向,土地利用变化模型不仅具有解释驱动因素和揭示土地系统内部变化外,还对探索土地利用体系未来的可能发展发挥重要作用。遗传算法、粒子群算法、元胞自动机理论、多智能体系统、CLUE及其拓展系列模型、系统动力学等模型方法被广泛应用于土地利用动态变化模拟中,不同模型之间的核心区别是空间化和非空间化的区别;空间模型能够从空间上清晰的表述局部空间细节上的土地利用变化,也可以明确土地利用其他空间实体的土地利用变化,当前较为普及的空间模拟模型主要有CLUE及其拓展模型、SLEUTH模型和GEOMOD模型等(Pontius,2001;Verburg,2006;Goldstein,2004)。非空间模型侧重于模拟土地利用变化的速度和规模,不会特别关注土地利用的空间分布,较为常见的有回归分析模型等。总之,各种土地利用动态变化模拟模型的精确性在很大程度上依赖于研究的内容、研究的角度和需要解决的问题,没有一种通用的模型方法能够解决所有的问题。

尽管土地利用动态变化模型方法种类繁多,缺乏普适性,但这些模型可以找出一个共同的结构来模拟大量空间明确的土地利用变化模式,通常情况下,一种土地利用变化驱动因素会同时影响土地利用变化的数量和空间位置,对于不同土地利用变化的驱动因素,众多学者设计了在研究区土地利用变化驱动因素影响下符合各种土地利用类型的适宜性或优序图，用来表现某一种土地利用类型对其他土地利用类型的适合程度，土地利用动态变化模拟模型的精度取决于土地利用变化的驱动因素以及各种土地利用类型的适宜性程度，基于土地利用适宜性程度，可以明确研究区各种土地用途的转换规则，并对不同土地利用类型或不同土地用途之间的竞争关系进行动态模拟。

土地利用/覆被变化模拟的空间与时间尺度被视为 LUCC 研究和建模的基础和重中之重（Gibson，2000），如果土地利用/覆被变化模拟脱离时空尺度问题，那么该研究结果是有悖于科学常识且毫无意义的（Openshaw，1981）。在处理土地利用时空尺度的问题上，国外学者对土地利用变化及其模拟的时空尺度问题的研究有所进展但仍存在缺陷（Roberto，2001；Percival，2004），有必要对处理土地利用变化的时空尺度进行方法和技术的探讨（Martinez，2009）。时间和空间尺度的动态结合常常会引发复杂、非线性的行为，但众多土地利用变化模型仍然是基于回归分析对土地利用变化进行趋势性判断的（Mertens，2000；Geoghegan，1997；Schneider，2001），这些模型对于土地利用类型之间的竞争关系缺乏深入的探讨，其模拟的有效性值得商榷。因此，土地利用格局变化时空尺度的确定对于土地利用动态变化的模拟有至关重要的作用。

三　国内外研究动态评述

综合国内外相关研究现状，以景观生态学、计量经济学、伦理学等理论为原则，对土地资源利用的分析、综合效益的测算等方面的研究，以及针对人口增长、自然环境变化和经济发展等背景下的土地利用及其安全格局分布研究均较为广泛。在研究尺度问题上，不同的时空尺度使得土地利用特征、变化过程、各种影响土地利用格局变化的因素及其作用方式的体现也不同，且各种影响因子在不同尺度下的作用机理和作用效果均不相同，研究尺度问题一直是土地科学甚至是地理学方面的关键难题，迄今仍未探索出较为完善的解决办法，土地利用格局变化时空尺度的确定亟待解决。已有土地利用格局变化的研究大多侧重土地利用类型某种特定社会经济属性的数量变化特征及其分布，在一定程度上忽略了自然属性，对土地利用格局空间分布研究大多停留在区域分布的宏观层面和对空间格局的静态解释上，缺少将土地利用格局的自然、社会经济属性落实到空间上的方法，且在土地利用空间信息可视化表达方面的存在明显缺陷。在土地利用格局变化的驱动机理方面，多是考虑某种人文因素或自然因素的影响，在探讨影响因素在土地利用格局空间上的作用规律，明确影响因素对不同土地利用类型作用方式方面的研究尚少见报道。在土地利用格局动态优化方面，已有的格局优化和模拟通常没有考虑因子影响的空间不稳定性或忽略因子作用的空间分异特征，而考虑土地利用格局安全状态的影响，综合区域土地利用类型自然、社会经济要素数量变化的空间属性和空间组合方式及相互关系，明确土地利用行为主体的决策行为，建立符合区域实际的土地利用格局优化模式研究更少，亟待加强。

第四节　研究思路与技术路线

本研究以松嫩高平原的国家产粮大县巴彦县为研究区，运用 GIS、RS 技术，结合 Matlab 编程，将计盒维数模型应用到土地利用领域并采用二阶导数对该模型进行改进，实现由传统的人工识别到自动识别土地利用格局空间尺度方法上的重大转变；采用 K－L 变换将多波段的遥感影像提取为单波段图像作为原始信号数据，在研究区土地利用格局最优空间尺度下，应用快速傅里叶变换对小波分析模型进行改进，探寻研究区土地利用格局变化研究的适宜时间尺度，进而明确适宜时空尺度下土地利用格局变化的波动性特征。建立研究区不同时点（1979 年、1991 年、2003 年和 2015 年）的土地利用类型数量特征数据库，将不同时点的土地利用现状图进行空间叠加及运算，计算研究区不同时段土地利用类型的转移矩阵，在此基础上，测算和分析不同时点和不同时段（1979—1991 年、1991—2003 年、2003—2015 年）的土地利用类型自然、社会经济属性的数量变化特征，即单一土地利用动态度、综合土地利用动态度、土地利用相对变化频率、土地利用强度、土地利用多样性程度和土地利用类型区位指数，运用土地利用信息图谱，揭示土地利用类型数量变化时空分异规律。运用 ArcGIS 软件的栅格数据空间分析功能，采用空间关联维数法和拓展的 Moore 构型，深入分析和阐释研究区不同土地利用类型变化空间组合及相互关系分布特征，进而揭示研究区不同土地利用方式在空间上关联和邻接关系的变化。采用 Matlab 编程，运用交叉小波和小波相干模型，筛选和甄别不同时期影响土地利用格局时空分异的关键性影响因子，并揭示在自然因子和人文因子综合作用下研究区土地利用格局变化的响应规律，进而阐明在各种影响因子综合影响下研究区土地利用格局变化的作用机理。运用 Matlab 编程，结合研究区实际，基于突变理论，建立印第安人茅舍突变模型，确定不同时点研究区土地利用格局安全阈值，明确不同时点研究区土地利用格局所处的安全状态，在此基础上，建立基于多智能体粒子群算法的多目标土地利用格局优化模型，定义政府 Agent、部门 Agent 和个体 Agent 三个土地利用格局优化智能体的决策行为，实现区域粮食生产、生态安全、社会经济发展三个优化目标，设计粮食安全、土地生态承载力、土地生态相容性、土地利用经济产出、土地利用类型间转变总成本等五个优化子目标，提出研究区土地利用格局优化方案，结合土地规划思想，设计并建构研究区土地利用格局优化模式，提出保障研究区土地利用格局优化模式运行的调控对策。本研究按照"遥感影像解译→典型调查→基础数据库建立→时空尺度确定→土地利用类型变化数量和空间分布→关键性因子识别→作用机理→安全阈值确定→格局优化方案→优化模式的设计与建构→调控对策"的思路进行分析和研究。技术路线及关键步骤的研究方案详见图 1.1。

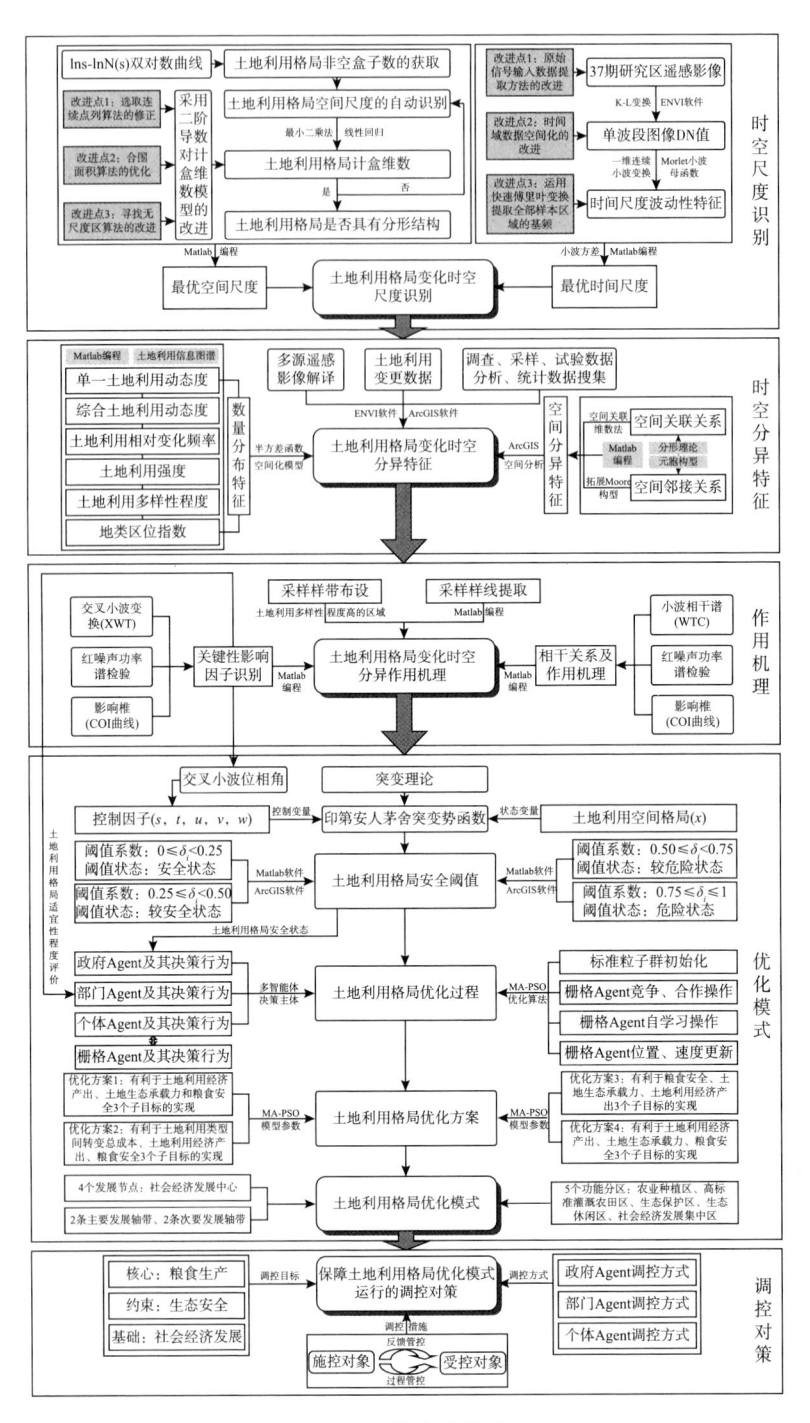

图 1.1 技术路线图

第五节 研究方法

一 遥感技术与地理信息技术相结合

遥感技术。本研究利用 ENVI 软件，经过最佳波段组合、几何校正、影像裁剪、投影变换、数据融合、图像增强、精度检验等一系列影像预处理手段，对1979年、2003年、2015年3期的遥感影像进行解译获得研究区土地利用数据；1991年土地利用数据由土地详查数据库获取。根据有关土地利用分类标准及土地第二次分类调查结果，并结合实地野外考察，将研究区土地利用类型划分为旱地、水田、园地、林地、草地、建设用地、水域和其他用地共8个一级类，建立研究区不同时点（1979年、1991年、2003年和2015年）土地利用类型数量特征数据库。

地理信息系统技术。本研究采用的原始数据来源多样，数据格式分为矢量数据和栅格数据，不同栅格数据的空间分辨率和投影坐标系也不一致。在 ArcGIS 平台下，实现矢量数据与栅格数据的相互转换、空间分辨率和投影坐标系的统一，为本研究的基础数据库进行准备和数据预处理。利用 GIS 强大的数据处理能力、空间信息分析功能和可视化的分析技术，综合处理和分析多种来源的时空数据，是支撑研究区不同土地利用类型数量变化分布及其空间组合特征的基础，也为研究区土地利用格局优化模式的建构提供技术支撑。

二 定性分析与定量分析相结合

本研究运用众多的计量分析方法和数学模型进行定量分析，主要包括空间插值法、计盒维数自动识别空间尺度法、小波方差识别时间尺度法、土地利用信息图谱、单一土地利用动态度模型、综合土地利用动态度模型、土地利用相对变化频率模型、土地利用强度模型、Gibbs-Martin 指数法、地类区位指数模型、空间关联维数模型、邻域统计分析模型、交叉小波和小波相干模型、印第安人茅舍突变模型和多智能体粒子群算法等，这些方法能够很好地解决本研究的主要研究内容，确保了土地利用格局研究的可靠性和科学性。在定量分析基础上，采用定性分析的方法阐述和概括其研究结果，对土地利用格局优化模式的调控对策进行定性的归纳总结。

三 计算机编程技术

本研究主要运用 Matlab 软件进行编程，结合研究区实际，改进并构建大量的数学模型，实现了大量数学模型的算法改进，使土地利用格局变化方面的研究更加系统化、定量化。本研究大多数据统计和分析均采用 Matlab 编程实现，特别是土地利用格局变化时空尺度识别模型的建立、土地利用格局时空变化特征的图谱分析、土地利用格局时空变化影响因子作用机理模型的建立、土地利用格局安全阈值模型的建立和土地利用格局优化模式模型的建立，为识别土地利用格局变化的时空尺度、分析土地利用格局时空变化特征、甄别和分析土地利用格局时空变化的关键性影响因子及其作用机理、确定土地利用格局安全阈值以及设计并建构土地利用格局优化模式提供技术支撑。

四 专家咨询方法

土地利用格局优化模式的设计和建构是一个非常复杂的问题，涉及自然、社会、经济和生态多个方面，需要多学科、跨专业的联合攻关和集成研究，在重视文献综述的同时，采取专家咨询与专家研讨方式，就土地利用格局优化模式涉及的内容进行广泛咨询与研讨，依靠专家的集体智慧，确保土地利用格局优化模式的科学性和可操作性。

第六节 创新点

一 建立土地利用格局变化时空尺度识别方法

本研究实现由传统的人工识别到自动识别土地利用格局变化时空尺度方法上的创新。在土地利用格局变化时间尺度上，基于长时间序列、较大空间范围的遥感影像数据，将改进的小波分析模型应用在土地利用格局变化时间尺度的自动识别上，该模型实现了传统研究对土地利用格局变化时间尺度经验确定方法上的改进，建立了土地利用格局变化的时间尺度自动识别模型，为土地利用格局变化时间尺度的确定提供了科学依据；在土地利用格局变化空间尺度上，基于分形理论，将计盒维数模型应用到土地利用领域并采用二阶导数对该模型进行改进，实现由传统的人工识别到自动识别土地利用格局空间尺度方法上的创新，完成客观、精确的自动识别适合分析研究区土地利用格局变化的最优空间尺度，为土地利用格局空间尺度的确定提供了科学的研究方法。

二 甄别土地利用格局变化关键性影响因子并揭示土地利用格局变化机理

本研究弥补了土地利用格局社会经济属性没有落实到空间上的不足，在此基础上，实现了土地利用格局变化关键性影响因子的识别，阐明了关键性影响因子对土地利用格局变化的作用机理。将交叉小波和小波相干模型应用到土地利用领域，识别了影响土地利用格局变化的关键性因子，明确影响土地利用格局变化关键性因子在空间上的作用规律，阐明关键性因子对各种土地利用类型的作用方式，进而详细分析每个关键性影响因子对土地利用格局变化的作用机理，揭示土地利用格局形成规律及共性特征，为定向调控土地利用格局优化模式提供重要的理论基础。

三 设计和建构土地利用格局优化模式

本研究建立基于多智能体粒子群（MA-PSO）优化算法的研究区多目标土地利用格局优化模型，设计和建构研究区土地利用格局优化模式。在土地利用格局变化适宜时空尺度下，确定研究区土地利用类型数量结构的最优分配及其空间构型和空间组合方式的最优配置，将土地利用格局优化模式的决策主体划分为政府 Agent、部门 Agent 和个体 Agent 三类智能体，设计和建构以"粮食生产为核心、生态安全为前提和社会经济发展为基础"的宜耕则耕、宜林则林、宜牧则牧、宜建则建的土地利用格局优化模式并提出相应的调控对策，为促进土地可持续利用、合理开发利用区域土地资源和保障粮食安全指明方向和提供科学指导。

本章小结

本研究以松嫩高平原国家产粮大县巴彦县为研究区，在自然环境和人类社会活动的综合作用下，对研究区土地利用格局优化模式及其调控对策进行研究。试图为保障国家粮食安全和改善区域生态环境构建科学体系，为土地利用总体规划编制提供依据，对促进区域土地可持续利用及社会经济可持续发展提供重要参考。在对土地利用格局相关研究进行梳理的基础上，提出本研究的研究思路、研究方法和创新点，为本研究奠定了坚实的基础。

第二章 土地利用格局变化机理及其优化模式理论概述

第一节 核心概念的界定

一 土地利用格局

本研究将土地利用格局界定为一定区域内各种土地利用类型（或土地覆被）的形状、大小、数量等空间属性及其组合形式和相互关系的综合反映，是自然条件和人类社会活动在土地利用空间上的投影，即以均质性的地块单元（土地利用类型或土地覆被）为基础，在内涵上更侧重于不同土地利用类型的自然、社会经济要素等数量变化的空间属性和各种土地利用类型的邻域特征及空间构型关系，是自然和人类社会活动综合作用的结果。本研究仅从综合土地利用动态度、单一土地利用动态度、土地利用相对变化频率、土地利用强度、土地利用多样性程度等6个指数来衡量土地利用类型的自然、社会经济要素等土地利用类型数量变化的空间属性。

二 土地利用格局优化模式

土地利用格局优化是在综合理解土地利用格局、功能和过程相互作用的基础上，以粮食生产、生态安全和社会经济发展三方面效益的极大化为优化目标，实现各种土地利用类型在数量结构和空间布局上的合理匹配。

土地利用格局优化模式是以土地利用格局的数量结构约束和空间布局为约束，受区域土地利用格局变化的自然因素和社会经济因素的影响，对政府、部门和个体三个土地利用主体的控制、组织、协调和分配等土地利用行为进行决策，在实现粮食生产、土地生态承载力、土地生态相容性、土地利用经济总产出、土地利用类型间转变总成本五个优化子目标的基础上，追求区域粮食生产、生态安全和社会经济发展三个土地利用格局最终优化目标的极大化，结合土地规划思想，对土地利用格局优化结果进行总结归纳，设计以"粮食生产为核心，生态安全为前提和社会经济发展为基础"各种土地利用类型在数量结构上的最优分配，形成"发展节点、发展轴带、发展功能区"的空间组合方式，进而实现各种土地利用类型在空间布局上"宜耕则耕、宜林则林、宜牧则牧、宜建则建"的最优配置。

第二节 相关理论基础

一 人地关系协调理论

人地关系协调理论的内涵主要有三个层次：第一，是人口数量与土地面积的关系；第二，不仅是人力资源与土地资源的关系，也是人口与食物供应的关系；第三，是人口与经济发展的关系，还是人口、环境与可持续发展的关系。人地关系协调理论对土地利用格局变化的研究有重要指导意义。

人地系统是一个动态的、开放的复杂巨系统，在认知和寻求人类与土地的过程中，应从时间延续、空间结构、组织序变、整体效应、互补协同等方面进行整体优化，对土地利用格局时空变化的粮食生产、生态安全和社会经济发展进行分析，人地关系的协调发展对土地利用格局的协调发展具有重要意义。某种意义上，人的参与是土地利用格局发生变化的本质特征，是土地利用格局时空变化中最核心的主客体关系，人地系统的协调共生是土地利用格局时空变化研究的灵魂。

二 复杂系统理论

复杂系统是由其组成要素的组合作用及其各种组成要素之间内在错综复杂的关系构成的耦合系统，是研究复杂系统微观层次各个子系统之间的非线性相互作用所导致的宏观层次上系统行为、结构、功能演化和调控规律的基础。在复杂系统理论体系中，自组织理论是研究复杂自组织系统的形成和发展机制问题的科学理论，主要包括协同学理论、耗散结构理论和突变理论。

协同学理论将动力学和统计学相结合，研究开放系统与外界环境的物质、能量和信息交换。从协同学的观点出发，土地利用格局通过各种影响因子与土地利用格局之间的相互作用产生巨大作用，各种影响因子之间的协同作用要大于各种影响因子简单的加和，体现了系统内部影响因子协同实现系统作用机制的理论。研究土地利用格局在外参量的驱动下和影响因子的相互作用下，在宏观尺度上，以自组织的方式产生空间、时间和功能有序的结构、特点及其演变规律，体现了一种土地利用格局时空变化的各种影响因子协同实现土地利用格局安全最大化的相互作用机理。

耗散结构理论为认识土地利用格局时空变化规律提供了新的视角，土地利用格局具有耗散结构理论所阐述"从无序到有序的发展过程"的性质，将土地利用格局看作一个耗散结构，综合土地利用格局内部自然生态因素和社会经济因素之间的相互作用，以自组织的方式在宏观尺度上从无序结构形成空间、时间和功能上的有序结构，由外界系统干扰产生涨落，连续不断的影响会使系统不断偏离平衡态，当涨落影响达到一定的程度时，系统就会产生巨涨落，从而发生突变，从当前的状态跃升到更加有序的状态，形成新的耗散结构，不断地推动土地利用格局向前发展。

突变论的思想为土地利用格局安全阈值的研究提供理论依据，土地利用格局微小的、连续的、渐变的原因可产生累积效应，达到某一限值便表现为某个阈值或阈值的组合，这种积累就会使土地利用格局产生突发性变化，从而使渐变型与突变型的土地利用格局变化产生机制统一到相同的理论基础上，当导致土地利用格局安全发生的连续变化的影响因子小于等于5个时，土地利用格局安全的突变过程，便可纳入8个最基本的数学模型中，包括：折叠型、尖点型、双曲型、椭圆型、抛物型、燕尾型、蝴蝶型和印第安人茅舍型（翟连荣等，1987）。

三 小波变换理论

小波变换理论是分析和处理非平稳信号的一种有力工具，土地利用数据可以看作是非平稳信号。"小波"即指小的波形，"小"意味着其具有衰减性，"波"意味着其具有波动性；小波变换在保留傅里叶变换优点的基础上，具有时间（空间）频率的局部化分析性能和优点，它通过伸缩平移运算对信号（函数）逐步进行多尺度分解，分解为一系列具有不同空间分辨率、不同频率特性和方向特性的子带信号，这些子带信号具有良好的时域、频域等局部特征，这些特征可用来表示原始信号的局部特征，最终达到高频处时间细分、低频处频率细分，能自动适应时频信号分析的要求，从而可聚焦到信号的任意细节，从而克服傅里叶分析在处理非平稳信号和复杂图像时存在的局限。

小波变换理论为土地利用格局变化时间尺度特征分析和土地利用格局变化影响因子作用机理的研究提供了理论依据。将遥感影像数据作为原始信号数据进行小波方差分析，可以识别土地利用格局变化时间尺度，小波变换理论为土地利用格局变化时间尺度特征分析提供了理论依据。在土地利用格局变化影响因子作用机理的研究上，本研究全部空间数据均可转换为栅格图像，可将各种土地利用类型及其影响因子的采样样线数据视为空间连续信号进行交叉小波功率谱和小波相干谱分析，小波变换理论为土地利用格局变化影响因子作用机理的研究提供了理论基础。

四　资源优化配置理论

资源优化配置是指能够带来高效率的资源使用，以资源的合理配置为前提，以经济和社会的可持续和协调发展为基础，由于资源的有限性，对于某一种资源投入的增加必然会导致其他资源投入的减少，因此，在多种可以相互替代的资源使用方式中，选择较优的一种以达到各方利益的满足，使得有限的资源得到充分利用。资源优化配置理论所研究的问题也是探讨在众多方案中的最优方案以及探寻最优方案。从数学意义上来看，最优化方法是寻找约束空间下给定函数取极大值（或极小值）的过程，是用科学的方法和手段进行决策并确定最优解。

土地资源具有稀缺的属性，土地资源的优化配置是提高土地集约节约利用的重要举措，是实现土地资源可持续利用的根本保证，对合理利用和使用土地资源具有重要作用（陈梅英等，2009）。本研究为达到粮食生产、生态安全和社会经济发展等多个目标的综合最优化，根据区域土地利用特点，对区域土地利用进行数量结构和空间布局的优化，该理论为土地利用格局优化模式的提出提供了理论依据。

本章小结

本章对土地利用格局的相关概念进行了界定，阐述了土地利用格局研究的理论基础。在参考大量相关研究的基础上，结合研究内容，界定本研究的相关概念，即土地利用格局和土地利用格局优化模式。理论基础主要包括人地关系协调理论、复杂系统理论、小波变换理论和资源优化配置理论，并提出各种理论对本研究的指导意义。概念的界定及理论的引入为本研究奠定了坚实的理论基础。

第三章 研究区概况及数据来源与处理

第一节 研究区概况

巴彦县位于黑龙江省中部偏南，松花江中游北岸，松嫩平原东部的边缘地带，是黑龙江省省会哈尔滨市所辖近郊县，距哈尔滨市区 87km，其地理坐标为 126°45′53″~127°42′16″E、45°54′28″~46°40′18″N，南靠松花江与宾县隔江相望，西依漂河与哈尔滨市呼兰区为邻，北枕泥河与绥化市、庆安县交界，东接骆驼砬子山及黄泥河与木兰县划疆而治，是松嫩高平原黑土区内具有很强代表性的区域（图3.1），总土地总面积 31.36 万 hm²，

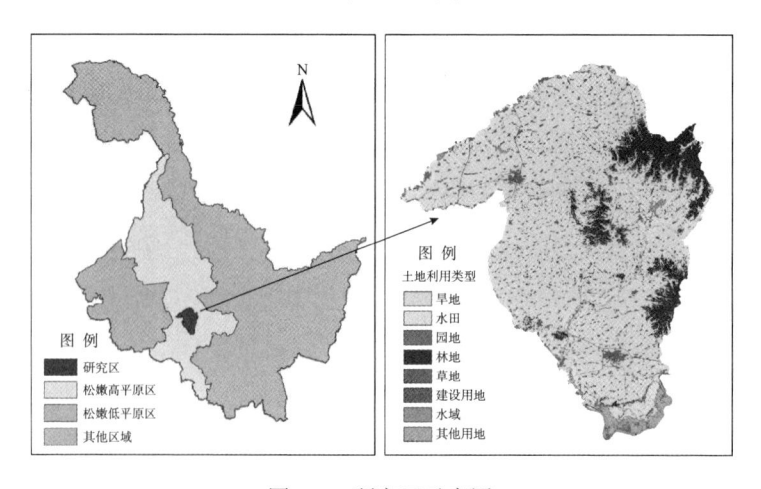

图 3.1 研究区示意图

县境南北最大间距85km，东西跨度最宽72.4km，现辖10个镇（巴彦镇、兴隆镇、西集镇、洼兴镇、龙泉镇、巴彦港镇、万发镇、天增镇、黑山镇、龙庙镇）8个乡（红光乡、德祥乡、丰乐乡、松花江乡、富江乡、山后乡、华山乡、镇东乡），116个行政村。

一　自然条件概况

（一）气候及光照条件

巴彦县属中温带大陆性季风气候。春季风大干燥，夏季温暖多雨，秋季温凉湿润，冬季寒冷少雪，四季冷暖、干湿分明，温差较大。全县年平均气温3℃，最热月7月平均气温22.4℃，最冷月1月平均气温-20.9℃，≥10℃的年积温2100-2800℃，年均无霜期为131天；多年平均降水量541.9mm，年内分配不均，其中夏季年降水量占65%，春季占11%，春季降水量少，易发干旱，对农作物生长不利；太阳辐射资源较为丰富，年辐射总量为$44 \times 10^8 J/m^2$，年平均日照百分率为46.9%，多年平均日照时数为2669h，农作物生长季节辐射总量占全年的55—60%。

（二）水文条件

巴彦县河网密度不大，水资源不够丰富。水资源总量为4.21亿m^3，其中多年平均地表水总径流量为2.10亿m^3，地下水总补给量为2.11亿m^3，可开采量为1.22亿m^3，水资源年利用总量5.73亿m^3，人均用水量809m^3，土地亩均用水量212m^3。均低于全省人均水资源占有量和亩均水资源占有量。过境河流有松花江，境内有少陵河、泉眼河、泥河、漂河、五岳河、大猪蹄河等14条主要河流，河道总长475.7km，地表水资源在地域和季节分布上不均衡，受地形地貌、植被、人类活动等因素的影响较大，东北部有余，西北部不足，东部山区为巴彦县降雨中心，径流变化较大，易造成洪涝灾害，中西部地表水资源丰富，但水利工程覆盖低，水资源利用不合理，易发生旱涝灾害，南部松花江沿岸和西部少陵河、漂河下游地表水较为丰富，北部地表水较为贫乏。

（三）土壤条件

巴彦县是黑龙江省主要的黑土地带，土壤受地形地貌、气候、植被等自然因素和人为活动的影响，形成的土壤类型较多，按照第二次全国土壤普查分类，境内有黑土、草甸土、暗棕壤、白浆土、泛滥土、沼泽土、泥炭土、水稻土、砂土 9 个土类，续分为 19 个亚类，33 个土属和 54 个土种。土壤总面积 29.20 万 hm^2，其中，黑土占总面积的 53.55%，草甸土占总面积的 23.38%，暗棕壤占总面积的 10.42%，白浆土占总面积的 8.31%，泛滥土占总面积的 1.88%，沼泽土占总面积的 1.78%，泥炭土占总面积的 0.43%，水稻土占总面积的 0.21%，砂土占总面积的 0.06%，（表 3.1）。

表 3.1　　　　　　　　巴彦县主要土壤类型面积及其百分比

土壤类型	黑土	草甸土	暗棕壤	白浆土	泛滥土	沼泽土	泥炭土	水稻土	砂土
面积（hm^2）	156216	68201	30396	24257	5475	5184	1242	604.2	169
百分比（%）	53.55	23.38	10.42	8.31	1.88	1.78	0.43	0.21	0.04

数据来源：第二次全国土壤普查。

巴彦县耕地土壤容重平均为 $1.14 g/cm^3$，变化幅度在 $0.83 \sim 1.48 g/cm^3$。全县主要耕地土壤类型中，黑土平均为 $1.13 g/cm^3$，草甸土平均为 $1.13 g/cm^3$，暗棕壤平均为 $1.12 g/cm^3$，白浆土平均为 $1.13 g/cm^3$，沼泽土平均为 $1.11 g/cm^3$，泥炭土平均为 $1.15 g/cm^3$，水稻土平均为 $1.20 g/cm^3$。土类间水稻土、泥炭土容重较高，沼泽土容重较小。全县土壤耕地 pH 平均为 6.04，变化幅度在 4.8~8.5 之间。在全县土壤中，沼泽土 pH 平均值最高为 6.3，其次是泥炭土为 6.2，最低的是水稻土 pH 为 5.6。

二　社会经济概况

巴彦县隶属于哈尔滨市，是哈尔滨市的近郊县，地处哈尔滨、绥化两市"一小时经济圈"内，截至 2015 年底，巴彦县总人口 66.83 万人，其中非农业人口 11.35 万人，人口由汉族、朝鲜族、回族、蒙古族、壮族等

15 个民族组成，以汉族为主。

巴彦县是黑龙江省粮食生产大县，粮食种植结构以玉米、水稻、大豆、薯类种植为主，其他作物种植为补充。经济作物种植以生产甜菜、亚麻、烤烟等工业原料为主，随着工业发展状况和比较效益而波动。巴彦县农业生产稳步发展，农村经济水平逐步提高，是全国商品粮、商品鱼、瘦肉型猪、大豆出口基地县和秸秆养牛示范县，2015 年巴彦县农业总产值为 131.50 亿元，播种面积为 2296.45hm^2，粮食总产量为 249.0 万 t。

2015 年，巴彦县地区生产总值 1817097 万元，第一产业增加值 569278 万元；第二产业增加值 340805 万元；第三产业增加值 907014 万元。

巴彦县主要交通方式为公路运输，辅以铁路、航空运输，县内南北最大运距为 85km，东西最宽运距为 75.4km，滨北铁路过境县北部，哈肇干线公路横贯东西，哈绥高速公路途经县境西北部，松花江航运经过南部各镇，通乡、通村公路密集，"四横三纵"呈环状，形成铁路、干线公路连国内，支线公路连城乡，方便快捷的交通运输网络。

三　土地利用现状

巴彦县土地资源较为丰富，其中以黑土分布广，占土地总面积的 53.5%；平原占总面积的 2/3，对发展农业较为有利。2015 年，巴彦县土地总面积为 31.36 万 hm^2，其中，旱地 21.87 万 hm^2，占土地总面积的 69.73%；水田 2.13 万 hm^2，占土地总面积的 6.81%；园地不足 0.01 万 hm^2，占土地总面积的 0.01%；林地 3.43 万 hm^2，占土地总面积的 10.93%；草地 0.56 万 hm^2，占土地总面积的 1.78%；建设用地 2.08 万 hm^2，占土地总面积的 6.63%；水域 0.49 万 hm^2，占土地总面积的 1.55%；其他用地 0.80 万 hm^2，占土地总面积的 2.56%。该区域自然环境条件多变，水土流失、土壤侵蚀和耕地污染等区域生态环境问题突出，人口减少、经济增长率逐年下降，严重影响着区域粮食生产、生态环境的保护和社会经济的发展。

第二节 数据来源与处理

一 数据来源

本研究所需的数据主要包括遥感影像数据、地形地貌数据、土地利用数据、农户调查数据、光温水土等自然条件数据和社会经济数据等。

（一）遥感影像数据来源

本研究选取研究区 1979 年 Landsat MSS 遥感影像（80m×80m）、1991 年、2003 年和 2015 年 Landsat TM 遥感影像（30m×30m），为确保遥感影像的清晰程度，考虑研究区的自然物候特点，主要选择每年 6—9 月份的影像，其影像的云覆盖低于影像面积的 10%，保证影像的高度清晰，以获取研究区土地利用结构及各类植被指数数据。

（二）地形地貌数据来源

高程、坡度和坡向数据是测算不同土地利用类型的地形位指数和地形影响度的重要指标，以研究区 1∶5 万数字化地形图为数据源，提取等高线和高程点，获取高程数据；通过等高线和高程点建立不规则的三角网（TIN），再通过线性和双线性内插生成 DEM，获取坡度和坡向数据。对巴彦县原始地貌类型图进行扫描、纠正、矢量化、检验，得到数字化地貌类型图。

（三）土地利用数据来源

本研究已搜集到研究区 1991 年土地变更数据库、2006 年和 2009 年土地利用现状数据库，可以获取研究区各种土地利用类型的位置、面积和分布信息等，为遥感影像的解译提供基础。

（四）农户调查数据来源

本研究采取调查问卷的方式对研究区 300 个农户进行调查，调查内容包括耕作制度、作物种植种类、农户的耕作方式、农户的种植习惯、灌溉设施、作物亩产量、投入和农产品价格、化肥、农药的施用量及其对土壤和作物生态环境产生的影响等数据，除此之外，还调查了研究区农户的实际需求、意愿、政策满意度、土地利用的价值取向、对土地资源保护的态度等数据。

（五）光温水等自然条件数据来源

本研究光温水等自然条件数据由"中国科学院信息化建设专项—人地系统主题数据库"[①] 和"Worldclim 数据库"提供，具体数据包括：1979年、1991年、2001年和2015年中国1km格网月平均降水数据，1979年、1991年、2001年和2015年1平方公里降水量数据库，1979年、1991年、2001年和2015年中国1平方公里气温数据库中的年最高、最低及平均气温数据库，1979年、1991年、2001年和2015年1平方公里年日照时数数据库，1979年、1991年、2001年和2015年1平方公里年相对湿度数据库。本研究中2003年的光温水等自然条件的数据无法获取，采用2001年的光温水等自然条件数据代替。

（六）土壤数据来源

本研究1979年土壤数据来源于巴彦县第二次土壤普查1：5万图件，土壤数据包括：土壤类型、土壤全氮、土壤速效钾、土壤速效磷、土壤有机质等。本研究1991年、2003年和2009年的土壤数据由"黑龙江省松嫩平原南部区域生态地球化学评价土地质量地球化学评价项目"的多目标区域地球化学调查项目提供，该项目的土壤样品理化性质分析由具有多目标地球化学调查样品分析资质的黑龙江省地质矿产测试中心和吉林省地质科学研究所测试中心承担测试和分析。本研究1991年和2003年土壤数据包括：黑土层厚度、土壤类型、土壤质地、土壤有机质、土壤全氮、土壤速效磷、土壤速效钾、土壤pH值、土壤Cl含量、土壤微量元素、土壤重金属元素（汞、铬、铅、铜、锌、镉、砷、镍）。本研究2015年土壤数据来

[①] 数据来源于"中国科学院信息化建设专项—人地系统主题数据库"成果。

源于《东北黑土区耕地质量主要性状数据集》，土壤数据包括：土壤有机质、土壤全氮、土壤速效磷、土壤速效钾、耕层厚度。

（七）社会经济及规划资料数据来源

社会经济数据主要来源于《黑龙江统计年鉴（1985—2015）》、《哈尔滨统计年鉴（1991—2015）》、《哈尔滨年鉴（1991—2015）》、《巴彦县志（2010）》、《巴彦统计年鉴（1980—2015）》和统计公报以及公开发表的论文数据。另外，GDP和人口空间化的数据由"中国科学院信息化建设专项——人地系统主题数据库"[②] 和"Worldclim数据库"提供，具体数据包括：1995年、2000年、2003年、2005年、2010年和2014年1平方公里GDP和人口数据库。

在土地管理部门及城建部门分别收集巴彦县土地利用总体规划和巴彦县城市总体规划、控制性详细规划，包括文本、说明书和图件资料等，以此获取研究区生态管控区、重点建设区、限制建设区、禁止建设区的布局以及重大基础设施、各级公路、铁路、居住用地、工业用地和商服用地的位置、面积和分布等信息，以此作为土地利用格局优化模式设计的验证和调控参照。

二 数据处理

本研究介绍了重要数据的处理方法，主要包括遥感影像数据的处理、部分自然因素数据的处理和部分人文因素数据的处理。

（一）遥感影像数据处理

运用ENVI4.7软件，结合GIS手段，对研究区1979年、1991年、2003年、和2015年的遥感影像进行解译，通过几何校正、裁剪、数据融合与影像增强等处理，以研究区1∶5万数字化地形图作为参考图，采用控制点纠正方式，结合野外实地考察，采用监督分类方法将研究区土地利用

---

② 数据来源于"中国科学院信息化建设专项—人地系统主题数据库"成果。

类型解译为 8 个一级类，分别为旱地、水田、园地、林地、草地、建设用地、水域和其他用地等的位置、面积、分布信息，运用 ArcGIS9.3 软件确定遥感解译后的土地利用数据的投影信息为 Krasovsky_1940_Transverse_Mercator，各年份土地利用解译数据精度达到 94% 以上。建立研究区土地利用数据库，运用 ArcGIS9.3 软件工具箱中的 Feature to raster 功能将研究区各个年份的土地利用矢量数据栅格化，取像元分辨率为 30m×30m 的正方形格网作为基本单元，其行列数为 2829×2430，栅格数据为 GRID 格式。

另外，本研究选取研究区 1979—1983 年 MSS 影像、1984—2000 年与 2002—2010 年 TM 影像、2001 年 ETM 影像、2011—2012 年 ETM+影像和 2013—2015 年 Landsat8 TM 影像共 37 期 6—9 月份的遥感影像，获取的每幅影像云量不超过 10%。运用 ENVI5.1 软件，采用 K-L 变换，对经过校正后的 37 期原始波段遥感影像进行波谱信息的线性投影变换，将多个波段的遥感影像提取为单波段图像，生成与原始波段不相关的输出波段，获得单波段图像所包含的波段信息均达到 82% 以上，其 37 期单波段图像能够反映土地利用格局在自然、社会等多种因素影响下的综合作用结果，并将单波段图像波段信息的灰度值（即 DN 值）作为土地利用格局变化时间尺度特征识别的表征数据。

（二）自然因素数据处理

1. 植被指数数据处理

归一化植被指数（NDVI）。归一化植被指数（NDVI）能够反映植被覆盖信息，从植被生长状况可以体现出土壤的肥力状况，从而得出巴彦县耕地的土壤肥力指数。在遥感影像中，运用近红外波段的反射值与红光波段的反射值计算 NDVI，计算公式为：$NDVI = (NIR - R) / (NIR + R)$，其中，NIR 表示近红外波段的反射值，R 表示红光波段的反射值。

比值植被指数（RVI）。比值植被指数（RVI）能够间接反映土壤盐渍化信息，从土壤污染等环境因素对叶绿素产生的影响可以通过植被冠层反射率体现出土壤盐渍化危害程度，在遥感影像中，运用近红外波段的反射值与红光波段的反射值比值计算 RVI，计算公式为：RVI = NIR/R。

差值植被指数（DVI）。差值植被指数（DVI）能够间接反映植物生物量信息，在遥感影像中，运用近红外波段的反射值与红光波段的反射值差值计算 DVI，计算公式为：DVI = NIR − R。

2. 光温水土等自然因素数据处理

光温水等自然因素数据处理。在 ArcGIS 平台下，采用 Spatial analysis 工具箱下的 Reclassify 功能对各年份的年日照时数、年均气温、年降水量进行栅格重采样，获取像元分辨率为 30m × 30m 的正方形格网作为基本单元，其行列数为 2829 × 2430，栅格数据为 GRID 格式。

土壤数据处理。在 ArcGIS 平台下，将 1979 年的土壤类型、土壤全氮、土壤速效钾、土壤速效磷、土壤有机质等土壤图件矢量化，进而获得空间化的土壤数据。1991 年和 2003 年，在研究区范围内布设点间距为 2000m 的采样点 782 个，每个样点均按采样要求在直径 100m 范围内选择 3—5 个点，记录样点实际经纬度坐标、灌溉条件及农田设施等情况，采集深度为 100—120cm，划分层次，通过观察、记载土壤剖面情况，按照四分法取样，记录样点土壤类型、土壤质地、黑土层厚度、地形地貌情况；对采集的土壤样品进行土壤理化性质的实验室分析，得到土壤全氮、土壤速效磷、土壤速效钾、土壤有机质、土壤氯及土壤重金属污染元素（汞、铬、铅、铜、锌、镉、砷、镍）的含量及土壤 pH 值等数据，在 ArcGIS 平台下，将各类土壤数据进行空间插值处理，进而获得各类土壤数据的空间化数据。2015 年，将土壤有机质、土壤全氮、土壤速效磷、土壤速效钾、耕层厚度等样本点的数据分别赋值到不同的土壤类型上，进而获得土壤有机质、土壤全氮、土壤速效磷、土壤速效钾、耕层厚度的空间化数据。

3. 重金属污染数据处理

通过布设的 782 个土地采样点，将野外调研采集的土壤样品进行实验室理化分析后进行土壤重金属含量测定，得到巴彦县农田土壤中汞、铬、铅、铜、锌、镉、砷、镍等 8 种耕地土壤重金属含量。各重金属含量参考标准分别为：汞 0.1mg/kg、铬 95mg/kg、铅 25mg/kg、铜 50mg/kg、锌 100mg/kg、镉 0.2mg/kg、砷 18mg/kg、镍 40mg/kg。综合内梅罗综合污染指数法和潜在生态危害指数法对研究区土壤重金属污染状况进行评价。

4. 水土流失数据处理

水土流失能够反映土壤侵蚀程度。事实上，土壤侵蚀和水土流失二者之间是有区别的，土壤侵蚀是指土壤及其母质在水力、风力、冻融、重力、风力等外力作用下，被破坏、剥蚀、搬运和沉积的过程；而水土流失是指在水力、重力、风力等外力作用下，水土资源和土地生产力的破坏和损失，包括土地表层侵蚀及水的损失（张成武，2008）。二者之间存在一定的共同点，但也有较为明显的差别，水土流失源于我国，而土壤侵蚀为外来词，含义较水土流失狭隘，但在生产生活上土壤侵蚀可等同于水土流失。土壤侵蚀的测算方法主要有通用土壤侵蚀方程、侵蚀模数法、对比法、流失系数法等。本研究运用通用土壤流失方程（USLE）估算研究区水土流失状况，在 ArcGIS 平台下，运用 Raster Calculator 计算水土流失量，$A = R \times K \times L \times S \times C \times P$。其中，$A$ 为单位面积年均水土流失量，单位为 $t/hm^2 \cdot a$；R 为降雨侵蚀力因子；K 为土壤可蚀性因子；L 和 S 分别为坡度因子和坡长因子；C 为植被覆盖因子；P 为水土保持措施因子。各因子计算方法如下：从研究区巴彦县气象站点获取研究时点相应月份的降水数据，采用 FAO 修订的 Fournier 指数法计算（Arnildus，1980；张奎宪，1992），计算降雨侵蚀量因子 R；利用巴彦县相应年份土壤数据获取土壤的机械组成、粒级含量和有机质含量等，采用 EPIC（Erosion-Productivity Impact Calculator）模型估算（Wischmeier，1971），计算土壤可蚀性因子 K；以 1:5 万数字化地形图为数据源，运用巴彦县相应年份土地利用数据，计算水土保持措施因子 P；运用 ArcGIS 空间分析功能生成坡度、坡向和高程专题图，计算坡度因子 S；采用 ArcGIS 软件的水文分析模块，在坡度、坡向和高程专题图的基础上生成坡长专题图，计算坡长因子 L；利用 ENVI 软件提取归一化植被指数 NDVI，计算植被覆被因子 C。

(三) 人文因素数据处理

1. GDP 数据处理

将乡镇 GDP 与乡镇面积之比作为巴彦县各乡镇的地均 GDP，结合不同来源的 GDP 数据，获得本研究 GDP 的空间化数据。

2. 人口数据处理

将各乡镇的人口数与行政面积之比作为巴彦县各乡镇的人口密度，结合不同来源的人口数据，在 ArcGIS 平台下，获得本研究人口的空间化数据。

3. 政策法规数据处理

政策法规的量化是当前研究的热点和难点，本研究运用公式 $R = \dfrac{S}{A} + \sum\limits_{k=1}^{k} g_k \cdot K_k + e$ 计算，其中 R 表示土地利用格局安全评价值，S 表示1979—2015 年 GDP 和人口综合值的变化，A 表示 1979—2015 年土地面积的变化，g_k 表示政策事件 k 对土地利用格局变化的影响，k 为所研究的土地政策事件点个数（$k=1, 2, \cdots$），K 表示政策法规事件虚拟变量，当 $K=1$ 时，表示该政策对土地利用格局变化产生正向影响，当 $K=-1$ 时，表示该政策对土地利用格局变化产生负向影响，e 表示随机误差项，假定符合均值为 0 的正态分布，并独立于 GDP 和人口综合值、土地面积和政策法规事件虚拟变量。

本章小结

本章从研究区土地利用和气候、光照、水文、土壤等自然条件与社会经济状况对研究区情况进行概述。此外，本研究对所需数据进行收集和处理，收集到的数据主要包括遥感影像数据、地形地貌数据、土地利用数据、光温水土等自然条件数据和社会经济数据，通过解译遥感影像获取研究区土地利用数据，将土地利用格局自然因素与人文因素在空间上进行匹配。本章内容为研究区土地利用格局的研究提供数据支撑。

第四章　研究区土地利用格局时空变化特征

本研究基于分形理论，首次将计盒维数模型应用到土地利用领域并采用二阶导数对该模型进行改进，实现由传统的人工识别到自动识别土地利用格局空间尺度方法上的创新，完成客观、精确的自动识别适合分析研究区土地利用格局变化的最优空间尺度；同时，运用 K-L 变换将多个波段的遥感影像提取为单波段图像作为原始数据，在确定研究区土地利用格局最优空间分析尺度的基础上，打破行政区界限，以覆盖研究区的正方形等积规则网格划分样本区域，将划分的 4148 个样本区域数据作为土地利用格局变化时间尺度特征识别的原始信号数据，运用改进的小波分析模型，探寻研究区土地利用格局变化研究的适宜时间尺度，明确在适宜时间尺度下土地利用格局变化的波动性特征，确定研究区土地利用格局不同的发展阶段，以期为土地利用格局变化时空尺度的确定提供新的思路，为阐明土地利用格局变化的实质和机理、优化区域土地利用格局和改进土地利用总体规划编制提供科学依据。

利用 GIS、RS 技术，分析 1979—2015 年不同时段（1979—1991 年、1991—2003 年和 2003—2015 年）各种土地利用类型转入转出方式，测算各种土地利用类型的面积、单一土地利用动态度、综合土地利用动态度、土地利用相对变化频率、土地利用强度、土地利用多样性程度、土地利用类型区位指数等自然、社会经济要素的数量变化特征和空间属性变化特征。在此基础上，结合本研究识别出的研究区土地利用格局变化研究的最优时空尺度，利用AcrGIS平台，建立研究区不同时点（1979年、1991年、2003年和2015年）各种土地利用类型的数量特征数据库，运用土地利用信息图谱，揭示土地利用类型数量的时空变化规律。在ArcGIS平台下，运用栅格数据空间分析功能，将不同时点的土地利用现状数据转换为栅格数据，在此基础上，采用空间关联维数法和拓展的Moore构型，分析不同时点研究区不同土地利用类型间相互作用的邻域特征及其空间构型关系，进而分析和描述不同时段不同土地利用方式在空间上关联和邻接关系的变化。

第一节 研究区土地利用格局变化空间尺度特征识别

一 自动识别土地利用格局变化空间尺度模型的建立

本文首次将计盒维数模型应用到土地利用领域并采用二阶导数对该模型进行改进，实现由人工识别到自动识别土地利用格局变化空间尺度方法上的重大转变。在获取土地利用格局的非空盒子数的基础上，采用二阶导数对计盒维数模型进行改进，通过对选取连续点列算法的修正、合围面积算法的优化及选取尤尺度区算法的改进，实现土地利用格局变化空间尺度自动识别模型的改进，通过土地利用格局的计盒维数确定其是否具有分形结构，当土地利用格局具有分形结构时，该空间尺度即为最优的土地利用格局变化空间尺度。

（一）土地利用格局非空盒子数的获取

假设二维土地利用空间为 M，可用 $L \times L$ 的正方形完全覆盖。①以 $L \times L$ 正方形为标尺，取其尺度 $s_1 = L$，则量测区域土地利用空间 M 所需的非空盒子数目为 $N(s_1) = 1$。②按照将正方形长宽各二等分的整数比例缩减正方形标尺，则第 n 次缩减的正方形标尺大小为 $L/2^{n-1} \times L/2^{n-1}$，尺度 $s_n = L/2^{n-1}$，覆盖区域土地利用空间 M 所需的非空盒子数为 $N(s_n)$。

在实际计算中，尺度 s 不宜太小也不能过大，当尺度 s 值过小时，非空盒子数 $N(s)$ 的值无限接近于 0，当尺度 s 值过大时，非空盒子数 $N(s)$ 的值趋近于 1，两种情况下的尺度 s 都将超出二维土地利用空间的无尺度区，导致计算结果无意义。

（二）土地利用格局计盒维数的确定

计盒维数是利用不同尺度的标尺量测空间所得的分形维数，反映了分形体的面积随空间尺度变化的规律（张忠华等，2015）。在土地利用分形维数估计过程中，土地利用的线性尺度与非空盒子数之间服从负幂律关系（式 4.1）。

$$N(s) \propto s^{-D_1} \qquad (式4.1)$$

式中：D_1 为计盒维数，s 为尺度，$N(s)$ 为非空盒子数。在二维空间情况下，为统一尺度确定的标准，不同矩形标尺须有相同的长宽比，对（式 4.1）式两边同时取对数得：

$$\lg N(s) = -D_1 \lg s + C \qquad (式4.2)$$

式中：C 为常数。在分形情况下，尺度 s 与非空盒子数 $N(s)$ 在双对数坐标系上呈线性关系，采用最小二乘法对对数变换后的尺度 s 与非空盒子数 $N(s)$ 进行线性回归，回归直线的斜率 $-D_1$ 的绝对值即为计盒维数。

（三）二阶导数改进的计盒维数模型及其自动识别过程

土地利用格局的分形特征只表现在一定尺度范围内，该尺度范围称为无尺度区。本文运用 Matlab 编程，建立基于 $\ln s - \ln N(s)$ 曲线二阶导数信息的自动识别方法，提高无尺度区识别的客观性和精确性。$\ln s - \ln N(s)$ 曲线在某一区域近似为一条直线，该区域即为无尺度区（王成栋等，2012）。

在无尺度区内，$\ln s - \ln N(s)$ 曲线上点的局部斜率在某一固定值上下微幅波动，求取双对数曲线上第 i 个点 $[\ln s_i, \ln N(s_i)]$ 的一阶导数即为双对数曲线的局部斜率（式4.3）。

$$\ln' N(s_i) = \frac{d[\ln N(s_i)]}{d(\ln s_i)} = \frac{\ln N(s_{i+1}) - \ln N(s_i)}{\ln s_{i+1} - \ln s_i}, (i = 1, 2, 3, \cdots, K-1)$$

（式4.3）

式中：$\ln' N(s)$ 为 $\ln s - \ln N(s)$ 曲线第 i 个点的局部斜率；K 为 $\ln s - \ln N(s)$ 曲线上点的数量。对局部斜率再次求导，即求取第 i 个点（$\ln s_i$, $\ln N(s_i)$）在 $\ln s - \ln N(s)$ 曲线上的二阶导数（式4.4）。

$$\ln'' N(s_i) = \frac{d[\ln' N(s_i)]}{d(\ln s_i)} = \frac{\ln' N(s_{i+1}) - \ln' N(s_i)}{\ln s_{i+1} - \ln s_i}, (i = 2, 3, 4, \cdots, K-2)$$

（式4.4）

根据上述分析，无尺度区的识别实际上转化为寻找二阶导数曲线中取值在0附近的一段连续区域，且这段连续区域越长，拟合点的数量越多，拟合直线段的斜率越精确。无尺度区具体识别方案为：在二阶导数曲线上选取 P（$2 \leq P \leq K-2$）个连续的点，实现连续点列选取算法的修正，计算 P 个点合围 x 轴的面积 S，实现合围面积算法的优化（式4.5）。则在点数 P 相同的情况下，S 越小就代表点列在0附近的波动幅度越小，无尺度区的识别便转化为寻找尽量小的 S 和尽量大的 P，最终，实现自动识别土地利用格局变化空间尺度模型的改进。

$$S = \sum_{i=j}^{j+P-1} |\ln'' N(s_i)| \times \Delta \ln s, (2 \leq P \leq K-4, 2 \leq j \leq K-P-1)$$

（式4.5）

在实际选择过程中，S 取值需要设定阈值 μ，阈值 μ 的大小决定所选择无标度区 $\ln s - \ln N(s)$ 曲线的线性度，μ 越小，表示对线性度的要求越高，当 $S \leq \mu$ 时，点列的斜率波动幅度被认为满足无尺度区要求，成为无尺度区的候选点，进而确定土地利用格局的空间尺度（图4.1）。

第四章 研究区土地利用格局时空变化特征

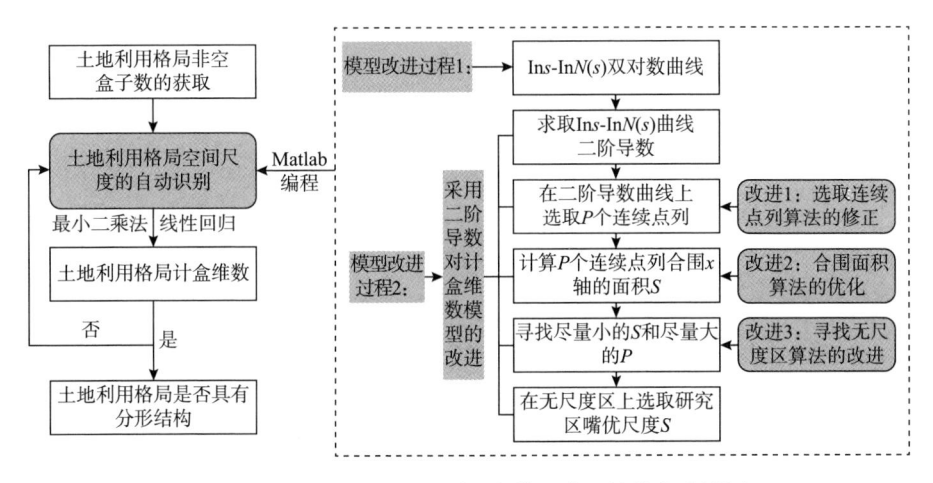

图4.1 计盒维数自动识别尺度模型建立的技术路线图

二 研究区土地利用格局变化空间尺度的确定

(一) 研究区土地利用格局非空盒子数的测算

本研究以2015年研究区土地利用现状图为基础，设定正方形最小空间分辨率为30m×30m，以30m×30m为基础数据组，按照最小空间分辨率的整数倍依次递增，即第 n 个空间尺度 $s = (30 \times n)\text{m} \times (30 \times n)\text{m} = 900 \times n^2 \text{ m}^2$，以30m×30m为基础数据覆盖研究区范围的行列数分别为2535和2981个，则 n 增长到行列数最大的数据为止，则 $n = 99.37$，取整后 n 值为100，即 $n = 1$，2，3…，100。结果表明，研究区不同土地利用格局的空间尺度 s 及其对应的非空盒子数 $N(s)$ 之间服从负幂律关系（图4.2）。

(二) 研究区土地利用格局变化空间尺度的自动识别及计盒维数的确定

针对 $\ln s - \ln''N(s)$ 曲线上的 $K - 7$ 个点，获得 $P = 4 + 5 + \cdots\cdots + K - 4 = K \times (K-7)/2$ 个连续点序列，分别计算 $K \times (K-7)/2$ 个点列对应的所有 S 值。当 $K = 100$ 时，$\ln s - \ln''N(s)$ 曲线上共93个点，运用Matlab编程，获取4650个连续点列对应的所有 S 值；设定阈值 $\mu \leq 0.5$，则点列

数最多的连续区域即为最优空间尺度，最优结果为 $n=30$ 时，P 个点合围 x 轴的面积 S 最小为 0.0241（图 4.3），即土地利用格局最优空间尺度为 $900\mathrm{m} \times 900\mathrm{m}$。

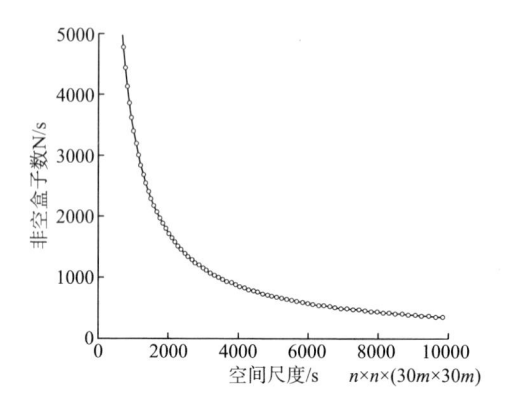

图 4.2 研究区空间尺度与非空盒子数

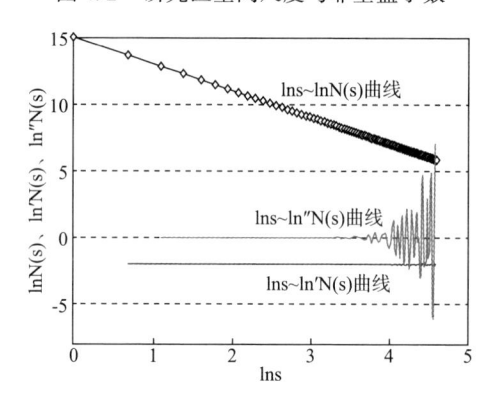

图 4.3 lns-lnN（s）曲线及其一阶导数和二阶导数曲线图

采用最小二乘法对研究区无尺度区的连续点列的对数值进行线性拟合，拟合方程为：

$$\lg N(s) = -1.9996 \lg s + 15.0631 \quad\quad (式4.6)$$

研究区无尺度区点列线性拟合的测定系数 R^2 值为 0.98，说明点列线性拟合效果较好。在 $900\mathrm{m} \times 900\mathrm{m}$ 的空间尺度下，研究区土地利用格局的计盒维数 D_1 为 1.9996，说明在该空间尺度下，研究区土地利用格局具有明显的分形特征。

第二节　研究区土地利用格局变化时间尺度特征识别

一　土地利用格局变化时间尺度特征识别模型的建立

本研究首次基于长时间序列、较大空间范围的遥感影像数据将改进的小波分析模型应用在土地利用格局变化时间尺度特征的自动识别上，模型改进后实现了由经验确定到自动识别土地利用格局变化时间尺度方法上的重要创新，为土地利用格局变化时间尺度特征的确定提供了新的思路和科学的研究方法。本研究在原始信号输入数据处理和小波分析模型构建两个部分共进行三方面的改进和优化：第一，原始信号输入数据提取方法的改进；第二，时间域数据空间化的改进；第三，运用快速傅里叶变换提取全部样本区域最重要的时间尺度（即基频）。

（一）1979—2015年研究区单波段遥感影像的连续小波变换

建立土地利用格局变化时间尺度特征识别的小波分析模型，采用复Morlet小波作为小波母函数，对1979—2015年共37期经K-L变换后单波段图像灰度值（即DN值）进行一维连续小波变换，该小波函数在数据的时间域局部化处理方面具有显著优势（式4.7）。

$$W_s(a,b) = |a|^{-1/2} \int_{-\infty}^{+\infty} s(t)\bar{\psi}(\frac{t-b}{a})dt \quad \text{（式4.7）}$$

式中：$W_s(a, b)$是小波变换系数；$s(t)$是分析小波，表示时间域上原始信号数据函数；a是尺度参数；b为位移参数，反映时间上的位移；$\psi(t)$是基小波函数。

土地利用格局在时间域上的原始信号数据是离散序列，连续小波变换可改变计算形式（式4.8）。

$$W_s(a,b) = |a|^{-1/2}\Delta t \sum_{k=1}^{n} s(k \cdot \Delta t)\bar{\psi}(\frac{k \cdot \Delta t - b}{a}), \ k=1,2,\cdots,n, \ n=37$$

$$\text{（式4.8）}$$

式中：Δt 是采样间隔；小波变换将通过增加或减小伸缩尺度 a 得到原始信号数据的低频或高频信息，其中，低频信息是原始信号数据全局的变化趋势，高频信息反映了原始信号数据特定时间点上的细节信息。

为消除小波变换对单波段图像在时间域起始点上的边界数据产生的偏差，需利用 Matlab 小波工具箱中的 Signal Extension 功能，对单波段图像起始点的数据进行对称性延伸，并在对称时间域上截取对应原始数据起始时段的连续小波变换结果。

（二）1979—2015 年研究区单波段遥感影像小波方差

将时间域上所有小波系数的平方值在 b 域上积分，获得小波方差（式4.9），其能够反映原始信号数据能量波动随尺度参数 a 的变化特征，小波方差可确定原始信号中不同时间尺度土地利用格局变化的相对强弱，对应小波方差图峰值处的时间尺度即为该时间域上起主要作用的最优时间分析尺度。

$$Var(a) = \int_{-\infty}^{+\infty} |W_s(a,b)|^2 db \qquad （式4.9）$$

复 Morlet 小波母函数带通滤波器的带宽和中心频率由尺度参数 a 来确定，Morlet 小波的带宽和中心频率越大，其在时频图上反映的时频聚集性越好。在时间域的原始信号数据通过划分样本区域空间化后，运用快速傅里叶变换，将获取的土地利用格局变化的周期信号用正弦函数的线性组合表示，其最大振幅所对应的基频即为全部样本区域最优时间分析尺度。

经本研究改进的小波分析模型实现了土地利用格局变化研究的时间尺度特征确定的过程，该研究为客观的确定土地利用格局变化研究的适宜时间分析尺度提供了新方法。

二　土地利用格局变化时间尺度识别结果

小波系数实部等值线能够反映单波段图像存在的不同时间尺度及其在时间域中的分布状态。在研究区土地利用格局变化过程中存在着 10—20

年、30—40 年和 40—50 年 3 种时间尺度下的波动性特征；其中，在 10—20 年时间尺度上出现准 1 次震荡，在 30—40 年时间尺度上出现准 2 次震荡，在 40—50 年时间尺度上出现准 3 次震荡，可以看出 30—40 年、40—50 年 2 个时间尺度的变化在整个分析时段表现地非常稳定，具有全域性；而 10—20 年尺度的变化，在 1984 年前和 2004 年后表现地较为稳定。从土地利用格局变化的能量密度在时频域中分布集中程度来看，在 40—50 年的时间尺度上，该时间尺度变化较明显，30—40 年时间尺度的变化次之，10—20 年时间尺度的变化最小（图 4.4）。

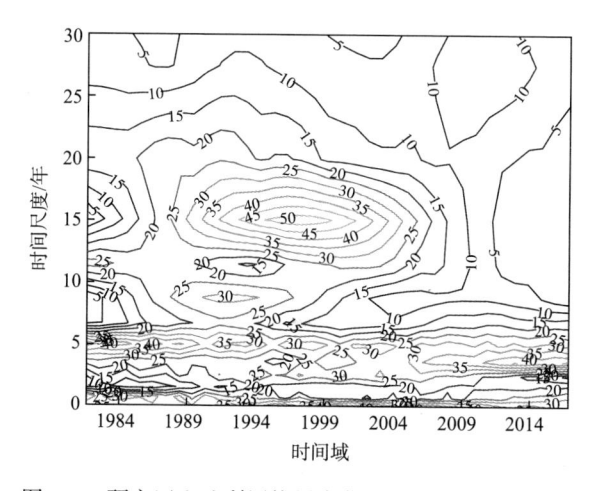

图 4.4　研究区土地利用格局变化小波系数实部等值线

研究区土地利用格局年际变化的小波方差有 5 个较为明显的峰值，依次对应着 3 年、5 年、8 年、13 年和 36 年的时间尺度；其中，最大峰值对应着 36 年的时间尺度，说明 36 年的时间尺度波动性特征最强，是土地利用格局变化的第一主时间尺度，13 年时间尺度对应着第二峰值，是土地利用格局变化的第二主时间尺度，8 年、5 年和 3 年的时间尺度对应着第三、第四和第五峰值，是土地利用格局变化的第三、第四和第五主时间尺度。说明上述 5 个时间尺度的波动控制着土地利用格局在整个时间域内的变化特征（图 4.5）。

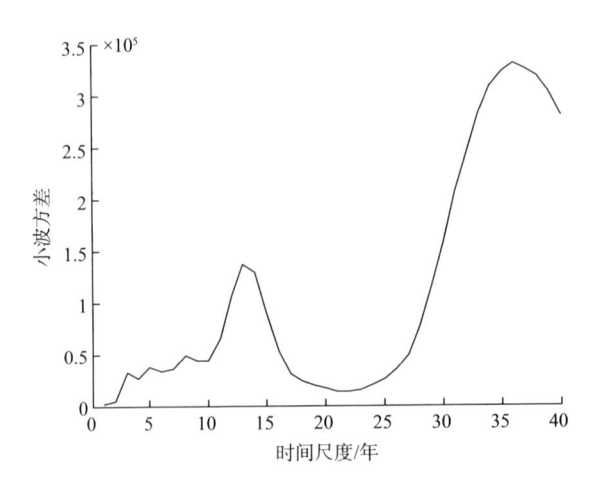

图 4.5　研究区土地利用格局变化小波方差

综上所述，研究区在 40—50 年时间尺度上，土地利用格局变化的波动性特征最为明显，但本文时间域仅为 37 年，在小波方差图上无法形成一个完整波形，因此，不能确定 40—50 年的时间尺度是否是最主要的时间尺度；在 30—40 年的时间尺度上，土地利用格局变化的波动性特征十分明显，其小波方差峰值对应的时间尺度为 36 年；对比这 2 个时间尺度的小波系数实部等值曲线可知，若 40—50 年的长时间尺度存在，那么该时间尺度更有可能是该研究区土地利用格局变化的主要时间尺度。鉴于此，在 1979—2015 年土地利用格局变化的时间域上，将 36 年的时间尺度作为研究区土地利用格局变化研究的最优时间分析尺度。

三　土地利用格局变化时间尺度特征分析

本研究本研究采用小波系数实部变化表达土地利用格局随时间的变化特征。在 36 年时间尺度上，研究区土地利用格局的变化特征在时间域上具有全局性，土地利用格局波动能量强，其变化的平均波动期为 12.33 年左右，经历了 3 个时段的显著变化（图 4.6）。在 1979—2015 年的时间域上，研究区土地利用格局具有明显的波动性变化特征。

在 1979—2015 年的时间域上，研究区样本区域的土地利用格局变化具有明显的波动性变化特征；其中，土地利用格局变化波动期为12.33年的样本区域数量占研究区样本区域总量的95.37%，其他波动期的样本区域数量占研究区样本区域总量的4.63%（图4.7），说明在空间上研究区土地利用格局变化的全局化时间尺度和土地利用格局变化的局部化时间尺度具有较高水平的一致性。因此，在36年土地利用格局变化的时间尺度上，研究区全域土地利用格局变化时间尺度的波动期约为12.33年。

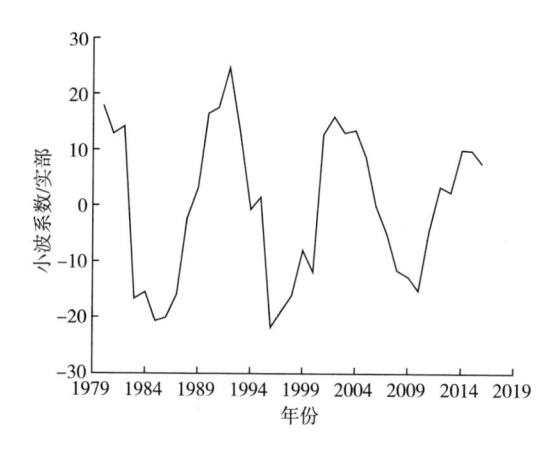

图4.6　1979—2015年研究区土地利用格局变化特征曲线

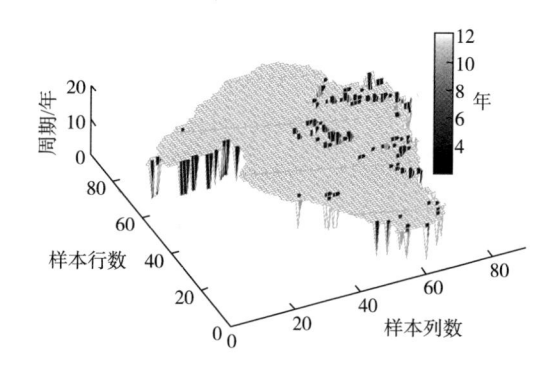

图4.7　研究区样本区域土地利用格局变化波动性特征

综上所述，在1979—2015年土地利用格局变化的时间域上，研究区土地利用格局变化的最优时间分析尺度为36年，其时间间隔为12.33年左右，本研究将研究区时间域划分为3个发展阶段：发展初期1979—1991年、发展中期1991—2003年、发展近期2003—2015年。

总之，本研究运用 GIS、RS 技术，结合 Matlab 编程，通过对小波分析模型的改进，为客观、准确的确定土地利用格局变化时间尺度的特征规律提供了新的科学方法和手段。在土地利用格局变化原始数据的处理方面，由于时序较长、数据量巨大，不可能解译获取研究区域的全部遥感影像，本研究采用 K-L 变换对原始数据进行处理，将生成的单波段遥感影像的波段信息作为土地利用格局变化时间尺度特征识别的原始信号数据，该原始信号数据提取方法为识别土地利用格局变化的时间尺度提供了一种新的数据处理思路。

目前，土地利用格局变化时间尺度的识别主要是随机选取一定的宏观时间跨度，凭借经验确定土地利用格局变化的时间尺度（Gibson，2000），这种划定方法缺少理论依据；一般情况下，区域土地利用格局的变化较为微小，受各种自然因素和人文因素的影响，其格局的波动随时间的变化是不平稳序列，运用小波变换能够分析土地利用格局波动的频率及其在时间域上变化的具体时点，该方法为客观的确定土地利用格局变化的适宜时间尺度提供了新的思路，研究区土地利用格局变化最优时间尺度的识别将为土地利用格局变化时间尺度的确定提供有益探索。

第三节 研究区土地利用类型数量变化的时空特征

在研究区土地利用格局最优时空尺度下，运用 ArcGIS 软件，基于 1979 年、1991 年、2003 年和 2015 年 4 期土地利用数据库，建立能够全面反映研究区土地利用变化的时空信息平台。在 ArcGIS 平台下，分析统计研究区 36a 间旱地、水田、园地、林地、草地、建设用地、水域、其他用地面积的变化情况；采用 ArcGIS 软件和 Matlab 软件，运用土地利用转移矩阵，测算不同时段（1979—1991 年、1991—2003 年和 2003—2015 年）各种土地利用类型之间的相互转化关系；建立单一、综合土地利用动态度模型，度量研究区不同时段（1979—1991 年、1991—2003 年和 2003—2015

年）单一、综合土地利用类型变化速率；建立土地利用相对变化频率模型，测算研究区不同时段（1979—1991 年、1991—2003 年和 2003—2015 年）各种土地利用类型相对变化频率，以描述研究区各种土地利用类型分布的均匀程度及其区域差异；本研究将土地利用强度分级，运用土地利用强度综合指数反映研究区不同时点（1979 年、1991 年、2003 年和 2015 年）土地利用强度大小；运用 Gibbs-Martin 指数对研究区不同时点（1979 年、1991 年、2003 年和 2015 年）土地利用多样性程度进行测算，反映研究区土地利用结构组成复杂程度；运用地类区位指数模型对研究区不同时点（1979 年、1991 年、2003 年和 2015 年）土地利用类型区位指数进行测算，测度各种土地利用类型的区位优势。

（1）土地利用信息空间化模型的建立

本研究运用 ArcGIS 软件中的地统计分析模块，利用半方差函数模型（式 4.10）获取研究区单一土地利用动态度、综合土地利用动态度、土地利用相对变化频率、土地利用强度、土地利用多样性程度、土地利用类型区位指数的空间分布特征图谱，弥补了区域土地利用空间化方面的研究缺陷。

在地统计学中，半方差函数能够有效探索土地的空间变异性，该模型具有较强的拟合能力，可将数学函数与指定数量的点或指定范围内的所有点进行拟合，以确定任意空间位置的输出值。当空间点 x 在一维 x 轴上变化时，区域化变量 $Z(x)$ 在点 x 和 $x+h$ 处的值 $Z(x)$ 与 $Z(x+h)$ 差的方差的一半是区域化变量 $Z(x)$ 在 x 轴方向上的变异函数。计算公式为：

$$r(h) = \frac{1}{2N(h)}\sum_{i=1}^{N(h)}\{Z(x_i) - Z(x_i + h)\}^2 \quad （式4.10）$$

式中，$r(h)$ 为变异函数，其中基台值（sill）、块金值（nugget）、变程（range）是变异函数分析过程中的重要参数（刘欢等，2012）；$Z(x_i)$、$Z(x_i+h)$ 分别是单一土地利用动态度、综合土地利用动态度、土地利用相对变化频率、土地利用强度、土地利用多样性程度、土地利用类型区位指数在空间位置 x_i 和 x_i+h 处的实际值；$N(h)$ 是间隔距离为 h 的单一土地利用动态度、综合土地利用动态度、土地利用相对变化频率、土地利用强度、土地利用多样性程度、土地利用类型区位指数的实际点对的数量。

在地统计分析中，在平稳假设的基础上，生成数据曲面的插值，在一定程度上要求所有数据值具有相同的变异性，且所有数据需服从正态分布。半变异值的变化一般随着距离的加大而增加，衡量半变异函数优劣的重要参数主要有块金值（Nugget）、基台值（Sill）和变程（Range）。块金值（C_0）是变异函数在原点的值。块金值的产生是由于存在测量误差和空间变异，使得采样点间的距离非常接近时，其半变异函数值不为 0，若块金值较大，则表明在较小空间尺度上的某种过程不可忽视。基台值（C_0+C）指变异函数 $r(h)$ 随着间隔距离 h 增大时，从初始的块金值达到的相对稳定常数；研究区土地利用总变异（包括结构性变异和随机性变异）的基台值越高，相应的总空间异质性越高。块金值和基台值之比（C_0/C_0+C）为空间结构化比率，表示块金方差占总空间异质性变异的大小，其值高说明土地利用总变异由随机部分引起的空间异质性程度较大，其值低说明土地利用总变异由空间自相关部分引起的空间异质性程度较大。变程指变异函数 $r(h)$ 达到基台值时的间隔距离 a，当样本点的间隔距离$\geq a$ 时，区域化变量 $Z(x)$ 空间相关性消失。空间结构比率是块金值和基台值之比，其值的范围为（0，1］，空间结构比率以 0.5 为临界点，空间结构比率小于 0.5 时，结构性因素对综合土地利用动态度、土地利用强度和土地利用多样性程度的影响较大，空间结构比率大于 0.5 时，随机性因素对综合土地利用动态度、土地利用强度和土地利用多样性程度的影响较大。当空间结构比率在（0，0.4］之间时，综合土地利用动态度、土地利用强度和土地利用多样性程度的空间异质性由结构性因素引起的空间异质性较大；当空间结构比率在（0.4，0.5］之间时，综合土地利用动态度、土地利用强度和土地利用多样性程度的空间异质性由结构性因素和随机性因素共同引起，且结构性因素影响较大；当空间结构比率在（0.5，0.6］之间时，综合土地利用动态度、土地利用强度和土地利用多样性程度的空间异质性由结构性因素和随机性因素共同引起，且随机性因素影响较大；当空间结构比率在（0.6，1]之间时，综合土地利用动态度、土地利用强度和土地利用多样性程度的空间异质性由随机性因素引起的空间异质性较大（表4.1）。因此，空间异质性的产生可以解释为结构性因素和随机性因素的共同作用，结构性因素反映自然因素对土地利用过程的影响，随机性因素反映人类活动对土地利用过程的干扰。

表4.1　　　　　　　空间结构比率范围及其主要影响因素

空间结构比率范围	引发空间异质性的因素	主要影响因素
（0，0.4]	结构性	自然因素
（0.4，0.5]	结构性为主 随机性为辅	自然因素为主 人文因素为辅
（0.5，0.6]	随机性为主 结构性为辅	人文因素为主 自然因素为辅
（0.6，1]	随机性	人文因素

（2）土地利用动态度分布特征图谱的空间化

在 ArcGIS 平台下，运用地统计分析模块中，分别对1979—2015年研究区单一土地利用动态度、综合土地利用动态度、土地利用相对变化频率、土地利用强度、土地利用多样性程度、土地利用类型区位指数空间变异规律进行分析，得到精度较高的3种半方差函数模型，即 Spherical 模型、Circular 模型和 Gaussian 模型（式4.11 – 式4.13），综合3种空间变异模型获取研究区研究区单一土地利用动态度、综合土地利用动态度、土地利用相对变化频率、土地利用强度、土地利用多样性程度、土地利用类型区位指数的空间分布特征图谱。3种半方差函数模型公式如下：

Spherical 模型：$C \times \text{Spherical}(Z_1, Z_2, W) + C_0 \times \text{Nugget}$　　（式4.11）

Circular 模型：$C \times \text{Circular}(Z_1, Z_2, W) + C_0 \times \text{Nugget}$　　（式4.12）

Gaussian 模型：$C \times \text{Gaussian}(Z_1, Z_2, W) + C_0 \times \text{Nugget}$　　（式4.13）

式中，C 为偏基台值；C_0 为块金值；$C_0/(C_0+C)$ 为空间结构比率；Z_1 为主自相关阈值；Z_2 为次自相关阈值；W 为方向。标准均方根预测误差越接近于1，说明该半方差函数模型越能够描述研究区各衡量指标的空间分布特征及分异规律。主自相关阈值和次自相关阈值分别表示综合土地利用动态度、土地利用强度和土地利用多样性程度空间自相关变异的尺度范围的最大值和最小值,即单一土地利用动态度、综合土地利用动态度、土地利用相对变化频率、土地利用强度、土地利用多样性程度、土地利用类型区位指数分布在次自相关阈值和主自相关阈值范围内存在自相关。方向能反映单一土地利用动态度、综合土地利用动态度、土地利用相对变化频率、土地利用强度、土地利用多样性程度、土地利用类型区位指数的半方差和距离在不同方位上相关性大小,本研究得到的单一土地利用动态度、综合土地利用动态度、土地利用相对变化频率、土地利用强度、土地利用多样性程度、地类区位指数方向值的半方差和距离在该方向上的相关性最大。

一 土地利用类型面积变化特征

在 ArcGIS 平台下,对研究区 1979—2015 年 4 期土地利用数据进行统计,分析研究区 36a 年间旱地、水田、园地、林地、草地、建设用地、水域、其他用地面积的变化情况,明确各种土地利用类型面积的变化特征(表 4.2)。

表 4.2　　1979—2015 年间研究区各种土地利用类型面积

(单位:万 hm^2,%)

土地利用类型	1979 年		1991 年		2003 年		2015 年	
	面积	所占比重	面积	所占比重	面积	所占比重	面积	所占比重
旱地	21.15	67.45	21.16	67.47	22.31	71.14	21.87	69.73
水田	1.07	3.41	0.96	3.06	1.13	3.59	2.13	6.81
园地	0.01	0.03	0.02	0.05	0.01	0.02	0.00	0.01
林地	4.16	13.27	4.28	13.63	3.69	11.77	3.43	10.93
草地	0.90	2.87	0.73	2.34	0.70	2.23	0.56	1.78
建设用地	1.60	5.09	1.92	6.11	1.81	5.77	2.08	6.63
水域	0.63	2.02	0.54	1.76	0.61	1.95	0.49	1.55
其他用地	1.84	5.86	1.75	5.58	1.10	3.53	0.80	2.56
总计	31.36	100.00	31.36	100.00	31.36	100.00	31.36	100.00

1979 年,各种土地利用类型的面积占研究区总面积的比重由大到小的

排序为：旱地＞林地＞其他用地＞建设用地＞水田＞草地＞水域＞园地（图4.8a）；1991年，各种土地利用类型的面积占研究区总面积的比重由大到小的排序为：旱地＞林地＞建设用地＞其他用地＞水田＞草地＞水域＞园地（图4.8b）；2003年，各种土地利用类型的面积占研究区总面积的比重由大到小的排序为：旱地＞林地＞建设用地＞水田＞其他用地＞草地＞水域＞园地（图4.8c）；2015年，各种土地利用类型的面积占研究区总面积的比重由大到小的排序为：旱地＞林地＞水田＞建设用地＞其他用地＞草地＞水域＞园地（图4.8d）。

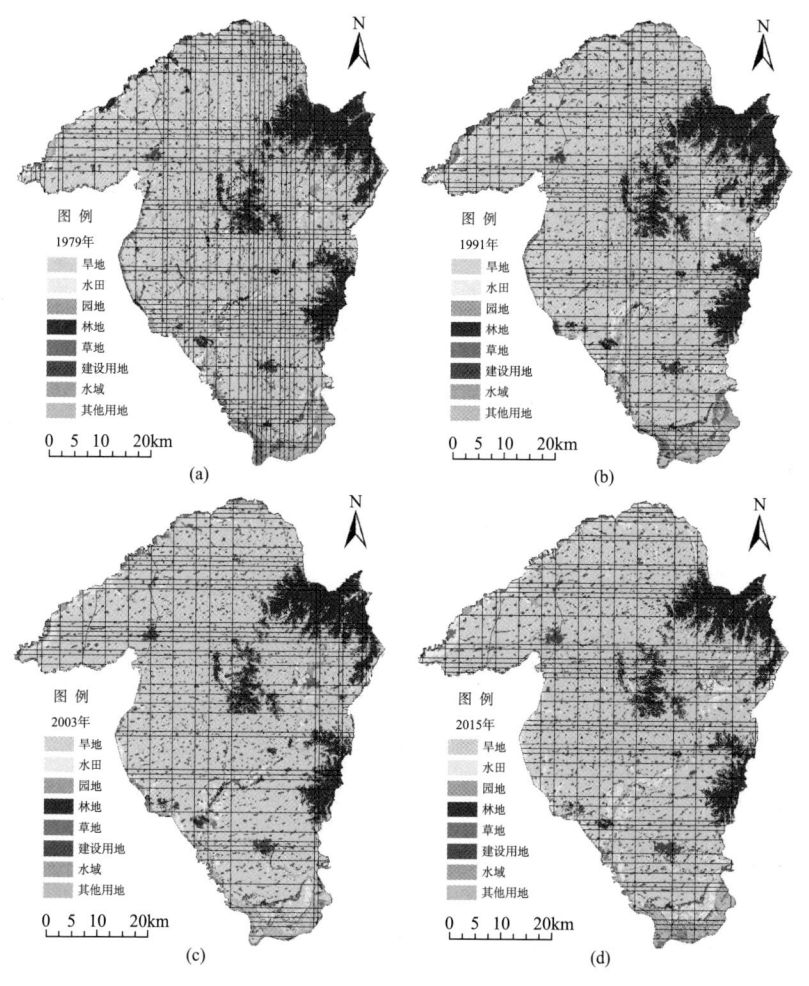

图4.8 1979年、1991年、2003年和2015年研究区土地利用样本及空间分布

1979—2015 年间，研究区土地利用总面积为 31.36 万 hm²，土地利用类型以旱地为主，林地、建设用地次之，水田、草地、水域和其他用地的面积相对较少，园地最少。研究区旱地面积占总面积的比重最大，呈现先增长后下降的趋势，面积从 1979 年的 21.15 万 hm² 增加到 2015 年的 21.87 万 hm²，所占比重由 1979 年的 67.45% 上升到 2015 年的 69.73%；水田面积所占比重较小，1991 年面积略有下降，2015 年面积增加明显，面积总体变化表现为增长趋势，面积从 1979 年的 1.07 万 hm² 增加到 2015 年的 2.13 万 hm²，所占比重由 1979 年的 3.41% 上升到 2015 年的 6.81%；园地面积在研究区土地利用类型中所占比重最少，且逐年减少，面积从 1979 年的 0.01 万 hm² 减少到 2015 年不足 0.01 万 hm²，所占比重由 1979 年的 0.03% 下降到 2015 年的 0.01%；林地面积占总面积的比重仅次于旱地，呈现先增长后下降的趋势，面积从 1979 年的 4.16 万 hm² 减少到 2015 年的 3.43 万 hm²，所占比重由 1979 年的 13.27% 上升到 2015 年的 10.97%；草地面积呈现逐年减少的趋势，面积从 1979 年的 0.90 万 hm² 减少到 2015 年的 0.56 万 hm²，所占比重由 1979 年的 2.87% 下降到 2015 年的 1.78%；建设用地面积占总面积的比重适中，面积从 1979 年的 1.60 万 hm² 增加到 2015 年的 2.08 万 hm²，所占比重由 1979 年的 5.09% 上升到 2015 年的 6.63%；水域面积占总面积的比重略有下降，维持在 2% 左右，面积从 1979 年的 0.63 万 hm² 减少到 2015 年的 0.49 万 hm²，所占比重由 1979 年的 2.02% 下降到 2015 年的 1.55%；其他用地面积占总面积的比重减少明显，面积总体变化表现为逐年减少的趋势，面积从 1979 年的 1.84 万 hm² 减少到 2015 年 0.80 万 hm²，所占比重由 1979 年的 5.86% 下降到 2015 年的 2.56%。

总之，1979—2015 年，研究区各种土地利用类型变化的表现有所不同，总体表现为旱地、水田和建设用地面积增加，园地、林地、草地、水域和其他用地面积减少。

二 土地利用类型转入转出方式

土地利用转移矩阵表示不同时间段内同一区域内不同土地利用类型间

的转入转出方式,通常用二维表的形式来表达土地利用类型之间相互转化关系。各种土地利用类型在一定时期内,其净变化量虽然较少,但土地利用的转入和转出却十分频繁和复杂。土地利用转移矩阵的数学形式为(式4.14):

$$D_{ij} = \sum_{ij}^{n} \left[\frac{dS_{i-j}}{S_i}\right] \times 100\% \qquad (式4.14)$$

式中:D_{ij} 表示转移概率;S_i 表示研究初期第 i 类土地利用类型的总面积;dS_{i-j} 表示研究时段内第 i 种土地利用类型转化为第 j 种土地利用类型的面积总和;n 表示土地利用的类型数;i、j 分别表示研究初期与研究末期的土地利用类型。

在 ArcGIS 平台下,运用 statistics 功能,对研究区 1979 年、1991 年、2003 年和 2015 年 4 期土地利用类型的面积进行统计,导出研究区不同年份的土地利用类型数据,采用 Matlab 软件编程,获取 1979—1991 年、1991—2003 年、2003—2015 年 3 个阶段的研究区土地利用类型转入转出方式及其相应的面积大小,生成土地利用转移矩阵。

(一)1979—1991 年研究区土地利用类型转入转出特征

1979—1991 年,旱地向水田、园地、林地、草地、建设用地、水域和其他用地转移的土地面积分别为 0.23、0.01、0.62、0.08、0.42、0.05、0.42 万 hm^2,旱地向其他土地利用类型转出的土地面积共 1.83 万 hm^2;旱地的转出量水田、园地、林地、草地、建设用地、水域和其他用地向旱地转移的土地面积分别为 0.19、0.01、0.43、0.20、0.30、0.08、0.65 万 hm^2,其他土地利用类型向旱地转入的土地面积共 1.84 万 hm^2。

水田向旱地、园地、林地、草地、建设用地、水域和其他用地转移的土地面积分别为 0.19、0、0.02、0.11、0.03、0.05、0.13 万 hm^2,水田向其他土地利用类型转出的土地面积共 0.53 万 hm^2;旱地、园地、林地、草地、建设用地、水域和其他用地向水田转移的土地面积分别为 0.23、0、0.04、0.05、0.01、0.02、0.07 万 hm^2,其他土地利用类型向水田转入的土地面积共 0.42 万 hm^2。

园地向旱地、水田、林地、草地、建设用地、水域和其他用地转移的土地面积分别为 0.01、0、0、0、0、0、0 万 hm^2，园地向其他土地利用类型转出的土地面积共 0.01 万 hm^2；旱地、水田、林地、草地、建设用地、水域和其他用地向园地转移的土地面积分别为 0.01、0、0、0、0、0、0.01 万 hm^2，其他土地利用类型向园地转入的土地面积共 0.02 万 hm^2。

林地向旱地、水田、园地、草地、建设用地、水域和其他用地转移的土地面积分别为 0.42、0.04、0、0.08、0.02、0.02、0.11 万 hm^2，林地向其他土地利用类型转出的土地面积共 0.69 万 hm^2；旱地、水田、园地、草地、建设用地、水域和其他用地向林地转移的土地面积分别为 0.62、0.02、0、0.06、0.02、0.02、0.07 万 hm^2，其他土地利用类型向林地转入的土地面积共 0.81 万 hm^2。

草地向旱地、水田、园地、林地、建设用地、水域和其他用地转移的土地面积分别为 0.20、0.05、0、0.06、0.02、0.04、0.19 万 hm^2，草地向其他土地利用类型转出的土地面积共 0.56 万 hm^2；旱地、水田、园地、林地、建设用地、水域和其他用地向草地转移的土地面积分别为 0.08、0.11、0、0.08、0、0.06、0.06 万 hm^2，其他土地利用类型向草地转入的土地面积共 0.39 万 hm^2。

建设用地向旱地、水田、园地、林地、草地、水域和其他用地转移的土地面积分别为 0.30、0.01、0、0.02、0、0.01、0.02 万 hm^2，建设用地向其他土地利用类型转出的土地面积共 0.36 万 hm^2；旱地、水田、园地、林地、草地、水域和其他用地向建设用地转移的土地面积分别为 0.42、0.03、0、0.02、0.02、0.11、0.08 万 hm^2，其他土地利用类型向建设用地转入的土地面积共 0.68 万 hm^2。

水域向旱地、水田、园地、林地、草地、建设用地和其他用地转移的土地面积分别为 0.08、0.02、0、0.02、0.06、0.11、0.07 万 hm^2，水域向其他土地利用类型转出的土地面积共 0.36 万 hm^2；旱地、水田、园地、林地、草地、建设用地和其他用地向水域转移的土地面积分别为0.05、0.05、0、0.02、0.04、0.01、0.10万hm²，其他土地利用类型向水域转入的土地面积共0.27万hm²。

其他用地向旱地、水田、园地、林地、草地、建设用地和水域转移的土地面积分别为0.64、0.07、0.01、0.07、0.06、0.08、0.10万hm²，其他用地向其他土地利用类型转出的土地面积共1.03万hm²；旱地、水田、园地、林地、草地、建设用地和水域向其他用地转移的土地面积分别为0.42、0.13、0、0.11、0.19、0.02、0.07万hm²，其他土地利用类型向其他用地转入的土地面积共0.94万hm²（表4.3）。

表4.3　1979—1991年研究区土地利用类型相互变化的转移矩阵

（单位：万hm²）

土地利用类型		1991年土地利用类型								1979年总量	变化量
		旱地	水田	园地	林地	草地	建设用地	水域	其他用地		
1979年土地利用类型	旱地	19.32	0.23	0.01	0.62	0.08	0.42	0.05	0.42	21.15	0.01
	水田	0.19	0.54	0	0.02	0.11	0.03	0.05	0.13	1.07	-0.11
	园地	0.01	0	0	0	0	0	0	0	0.01	0.01
	林地	0.42	0.04	0	3.47	0.08	0.02	0.02	0.11	4.16	0.12
	草地	0.20	0.05	0	0.06	0.34	0.02	0.04	0.19	0.90	-0.17
	建设用地	0.30	0.01	0	0.02	0	1.24	0.01	0.02	1.60	0.32
	水域	0.08	0.02	0	0.02	0.06	0.11	0.27	0.07	0.63	-0.09
	其他用地	0.64	0.07	0.01	0.07	0.06	0.08	0.10	0.81	1.84	-0.09
1991年总量		21.16	0.96	0.02	4.28	0.73	1.92	0.54	1.75	31.36	0

总之，1979—1991年间，研究区各种土地利用类型之间的相互转化较少，旱地净增加面积为0.01万hm²，水田净减少面积为0.11万hm²，园地净增加面积为0.01万hm²，林地净增加面积为0.12万hm²，草地净减少面积为0.17万hm²，建设用地净增加面积为0.32万hm²，水域净减少面积为0.09万hm²，其他用地净减少面积为0.09万hm²；旱地、园地、林地和建设

用地面积呈现增长趋势，水田、草地、水域和其他用地面积呈现减少趋势。

（二）1991—2003年研究区土地利用类型转入转出特征

1991—2003年，旱地向水田、园地、林地、草地、建设用地、水域和其他用地转移的土地面积分别为 0.31、0、0.21、0.15、0.22、0.04、0.26 万 hm^2，旱地向其他土地利用类型转出的土地面积共 1.19 万 hm^2；水田、园地、林地、草地、建设用地、水域和其他用地向旱地转移的土地面积分别为 0.45、0.01、0.70、0.14、0.18、0.10、0.76 万 hm^2，其他土地利用类型向旱地转入的土地面积共 2.34 万 hm^2（表4.4）。

表4.4　1991—2003年研究区土地利用类型相互变化的转移矩阵

（单位：万 hm^2）

土地利用类型		2003年土地利用类型							1991年总量	变化量
		旱地	水田	园地	林地	草地	建设用地	水域	其他用地		
1991年土地利用类型	旱地	19.97	0.31	0	0.21	0.15	0.22	0.04	0.26	21.16	1.15
	水田	0.45	0.38	0	0.01	0.08	0.01	0.01	0.02	0.96	0.17
	园地	0.01	0	0.01	0	0	0	0	0	0.02	-0.01
	林地	0.70	0.03	0	3.31	0.07	0.02	0.03	0.12	4.28	-0.59
	草地	0.14	0.19	0	0.02	0.21	0	0.10	0.07	0.73	-0.03
	建设用地	0.18	0.02	0	0.03	0.03	1.53	0.09	0.04	1.92	-0.11
	水域	0.10	0.05	0	0.03	0.04	0	0.25	0.07	0.54	0.07
	其他用地	0.76	0.15	0	0.08	0.12	0.03	0.09	0.52	1.75	-0.65
2003年总量		22.31	1.13	0.01	3.69	0.70	1.81	0.61	1.10	31.36	0

水田向旱地、园地、林地、草地、建设用地、水域和其他用地转移的土地面积分别为 0.45、0、0.01、0.08、0.01、0.01、0.02 万 hm^2，水田向其他土地利用类型转出的土地面积共 0.58 万 hm^2；旱地、园地、林地、草地、建设用地、水域和其他用地向水田转移的土地面积分别为 0.31、0、0.03、0.19、0.02、0.05、0.15 万 hm^2，其他土地利用类型向水田转入的土地面积共 0.75 万 hm^2。

园地向旱地、水田、林地、草地、建设用地、水域和其他用地转移的土地面积分别为 0.01、0、0、0、0、0、0 万 hm^2，园地向其他土地利用类型转出的土地面积共 0.01 万 hm^2；旱地、水田、林地、草地、建设用地、水域和其他用地向园地转移的土地面积均为 0 万 hm^2。

林地向旱地、水田、园地、草地、建设用地、水域和其他用地转移的土地面积分别为 0.70、0.03、0、0.07、0.02、0.03、0.12 万 hm^2，林地向其他土地利用类型转出的土地面积共 0.97 万 hm^2；旱地、水田、园地、草地、建设用地、水域和其他用地向林地转移的土地面积分别为 0.21、0.01、0、0.02、0.03、0.03、0.08 万 hm^2，其他土地利用类型向林地转入的土地面积共 0.38 万 hm^2。

草地向旱地、水田、园地、林地、建设用地、水域和其他用地转移的土地面积分别为 0.14、0.19、0、0.02、0、0.10、0.07 万 hm^2，草地向其他土地利用类型转出的土地面积共 0.52 万 hm^2；旱地、水田、园地、林地、建设用地、水域和其他用地向草地转移的土地面积分别为 0.15、0.08、0、0.07、0.03、0.04、0.12 万 hm^2，其他土地利用类型向草地转入的土地面积共 0.49 万 hm^2。

建设用地向旱地、水田、园地、林地、草地、水域和其他用地转移的土地面积分别为 0.18、0.02、0、0.03、0.03、0.09、0.04 万 hm^2，建设用地向其他土地利用类型转出的土地面积共 0.39 万 hm^2；旱地、水田、园地、林地、草地、水域和其他用地向建设用地转移的土地面积分别为 0.22、0.01、0、0.02、0、0、0.03 万 hm^2，其他土地利用类型向建设用地转入的土地面积共 0.28 万 hm^2。

水域向旱地、水田、园地、林地、草地、建设用地和其他用地转移的土地面积分别为 0.10、0.05、0、0.03、0.04、0、0.07 万 hm^2，水域向其他土地利用类型转出的土地面积共 0.29 万 hm^2；旱地、水田、园地、林地、草地、建设用地和其他用地向水域转移的土地面积分别为 0.04、0.01、0、0.03、0.10、0.09、0.09 万 hm^2，其他土地利用类型向水域转入的土地面积共 0.36 万 hm^2。其他用地向旱地、水田、园地、林地、草地、建设用地和水域转移的土地面积分别为 0.76、0.15、0、0.08、0.12、0.03、0.09 万 hm^2，其他用地向其他土地利用类型转出的土地面积共 1.23 万 hm^2；旱地、水田、园地、林地、草地、建设用地和水域向其他用地转移的土地面积分别为 0.26、0.02、0、0.12、0.07、0.04、0.07 万 hm^2，其他土地利用类型向其他用地转入的土地面积共 0.58 万 hm^2。

总之，1991—2003 年间，研究区各种土地利用类型之间的相互转化较少，旱地净增加面积为 1.15 万 hm^2，水田净增加面积为 0.17 万 hm^2，园地净减少面积为 0.01 万 hm^2，林地净减少面积为 0.59 万 hm^2，草地净减少面积为 0.03 万 hm^2，建设用地净减少面积为 0.11 万 hm^2，水域净增加面积为 0.07 万 hm^2，其他用地净减少面积为 0.65 万 hm^2；旱地、水田和水域面积呈现增长趋势，园地、林地、草地、建设用地和其他用地面积呈现减少趋势。

（三）2003—2015 年研究区土地利用类型转入转出特征

2003—2015 年，旱地向水田、园地、林地、草地、建设用地、水域和其他用地转移的土地面积分别为 0.65、0、0.11、0.10、0.25、0.03、0.25 万 hm^2，旱地向其他土地利用类型转出的土地面积共 1.39 万 hm^2；水田、园地、林地、草地、建设用地、水域和其他用地向旱地转移的土地面积分别为 0.08、0、0.28、0.14、0.04、0.02、0.39 万 hm^2，其他土地利用类型向旱地转入的土地面积共 0.95 万 hm^2。

水田向旱地、园地、林地、草地、建设用地、水域和其他用地转移的土地面积分别为 0.08、0、0、0.07、0.01、0.02、0.01 万 hm^2，水田向其他土地利用类型转出的土地面积共 0.19 万 hm^2；旱地、园地、林地、草地、建设用地、水域和其他用地向水田转移的土地面积分别为 0.65、0、0.04、0.29、0、0.10、0.11 万 hm^2，其他土地利用类型向水田转入的土地面积共 1.19 万 hm^2。

园地向旱地、水田、林地、草地、建设用地、水域和其他用地转移的土地面积分别为0、0、0、0.01、0、0、0万hm²,园地向其他土地利用类型转出的土地面积共0.01万hm²;旱地、水田、林地、草地、建设用地、水域和其他用地向园地转移的土地面积均为0万hm²。

林地向旱地、水田、园地、草地、建设用地、水域和其他用地转移的土地面积分别为0.28、0.04、0、0.02、0.03、0.01、0.07万hm²,林地向其他土地利用类型转出的土地面积共0.45万hm²;旱地、水田、园地、草地、建设用地、水域和其他用地向林地转移的土地面积分别为0.11、0、0、0.02、0.01、0、0.05万hm²,其他土地利用类型向林地转入的土地面积共0.19万hm²。

草地向旱地、水田、园地、林地、建设用地、水域和其他用地转移的土地面积分别为0.14、0.29、0、0.02、0.01、0.02、0.07万hm²,草地向其他土地利用类型转出的土地面积共0.55万hm²;旱地、水田、园地、林地、建设用地、水域和其他用地向草地转移的土地面积分别为0.10、0.07、0.01、0.02、0、0.09、0.12万hm²,其他土地利用类型向草地转入的土地面积共0.41万hm²。

建设用地向旱地、水田、园地、林地、草地、水域和其他用地转移的土地面积分别为0.04、0、0、0.01、0、0、0.02万hm²,建设用地向其他土地利用类型转出的土地面积共0.07万hm²;旱地、水田、园地、林地、草地、水域和其他用地向建设用地转移的土地面积分别为0.25、0.01、0、0.03、0.01、0.01、0.03万hm²,其他土地利用类型向建设用地转入的土地面积共0.34万hm²。

水域向旱地、水田、园地、林地、草地、建设用地和其他用地转移的土地面积分别为0.02、0.10、0、0、0.09、0.01、0.02万hm²,水域向其他土地利用类型转出的土地面积共0.24万hm²;旱地、水田、园地、林地、草地、建设用地和其他用地向水域转移的土地面积分别为0.03、0.02、0、0.01、0.02、0、0.04万hm²,其他土地利用类型向水域转入的土地面积共0.12万hm²。

其他用地向旱地、水田、园地、林地、草地、建设用地和水域转移的土地面积分别为 0.39、0.11、0、0.05、0.12、0.03、0.04 万 hm²，其他用地向其他土地利用类型转出的土地面积共 0.74 万 hm²；旱地、水田、园地、林地、草地、建设用地和水域向其他用地转移的土地面积分别为 0.25、0.01、0、0.07、0.07、0.02、0.02 万 hm²，其他土地利用类型向其他用地转入的土地面积共 0.44 万 hm²（表 4.5）。

表 4.5　2003—2015 年研究区土地利用类型相互变化的转移矩阵

（单位：万 hm²）

土地利用类型		2015 年土地利用类型								2003 年总量	变化量
		旱地	水田	园地	林地	草地	建设用地	水域	其他用地		
2003年土地利用类型	旱地	20.92	0.65	0	0.11	0.10	0.25	0.03	0.25	22.31	-0.44
	水田	0.08	0.94	0	0	0.07	0.01	0	0.01	1.13	1
	园地	0	0	0	0	0.01	0	0	0	0.01	-0.01
	林地	0.28	0.04	0	3.24	0.02	0.03	0.01	0.07	3.69	-0.26
	草地	0.14	0.29	0	0.02	0.15	0.01	0.02	0.07	0.70	-0.14
	建设用地	0.04	0	0	0.01	0	1.74	0	0.02	1.81	0.27
	水域	0.02	0.10	0	0	0.09	0.01	0.37	0.02	0.61	-0.12
	其他用地	0.39	0.11	0	0.05	0.12	0.03	0.04	0.36	1.10	-0.3
2015 年总量		21.87	2.13	0	3.43	0.56	2.08	0.49	0.8	31.36	0

总之，2003—2015 年间，研究区各种土地利用类型之间的相互转化较少，旱地净减少面积为 0.44 万 hm²，水田净增加面积为 1.00 万 hm²，园地净减少面积为 0.01 万 hm²，林地净减少面积为 0.26 万 hm²，草地净减少面积为 0.14 万 hm²，建设用地净增加面积为 0.27 万 hm²，水域净减少面积为 0.12 万 hm²，其他用地净减少面积为 0.30 万 hm²；水田和建设用地面积呈现增长趋势，旱地、园地、林地、草地、水域和其他用地面积呈现减少趋势。

三　土地利用变化速率

本研究运用土地利用动态度模型表征土地利用变化速率的区域差异。

以 1979—2015 年期间 4 期样本划分研究区的土地利用现状图为基础，运用 ArcGIS 软件中的 Intersect 功能，对相邻两期的土地利用现状图进行空间叠加分析，在新生成图斑的属性表中重新计算叠加后的样本面积。新图斑的属性表中保留样本编码、初期土地利用类型编码、初期土地利用类型的面积、末期土地利用类型编码和空间叠加后的土地利用类型面积，作为计算单一土地利用动态度的数据源；新图斑的属性表中保留样本编码、初期土地利用类型编码、初期土地利用类型的面积、末期土地利用类型编码和末期土地利用类型面积，作为计算综合土地利用动态度的数据源。运用 Matlab 软件编程，建立单一土地利用动态度和综合土地利用动态度模型，获取 4148 个样本中各种土地利用类型的单一土地利用动态度和全部土地利用类型的综合土地利用动态度。在 ArcGIS 平台下，将单一土地利用度和综合土地利用度的计算结果赋值到 4148 个样本点上。具体步骤如下：

（1）单一、综合土地利用动态度模型的建立。单一土地利用动态度表示区域在一定时间内某种土地利用类型数量变化的情况，该模型主要用于单一土地利用类型变化速率的度量（式 4.15）；综合土地利用动态度表示区域整体在一定时间内各种土地利用类型数量变化的总体状况，该模型主要用于表征研究区总体的土地利用变化速率（式 4.16）。

$$S_{ij} = \left[\sum_{ij}^{n} \frac{\Delta S_{i-j}}{S_i}\right] \times \frac{1}{T} \times 100\% \qquad (式4.15)$$

式中，S_{ij} 为单一土地利用动态度；S_i 为初期第 i 类土地利用类型总面积；ΔS_{i-j} 为研究初期至末期第 i 类土地利用类型转换为其他土地利用类型面积的总和；T 为土地利用变化时段。

$$K_t = \sum_{i=1}^{n} |U_{bi} - U_{ai}|/2\sum_{i=1}^{n} U_{ai} \times 1/T \times 100\% \qquad (式4.16)$$

式中，K_t 为综合土地利用动态度；U_{ai} 和 U_{bi} 分别为初期和末期土地利用类型的面积；i 为土地利用类型；n 为土地利用类型数；T 为土地利用变化时段。

（一）研究区单一土地利用动态度

1. 1979—1991年研究区单一土地利用动态度分析

1979—1991年，研究区旱地、草地、建设用地和水域的单一土地利用动态度的空间变异模型中，Circular模型的标准均方根预测误差最接近1，是3种获取旱地、草地、建设用地和水域的单一土地利用动态度空间分布特征中的最优模型；水田、园地和其他用地的单一土地利用动态度模型中，Spherical模型的标准均方根预测误差最接近1，是3种获取水田、园地和其他用地的单一土地利用动态度空间分布特征中的最优模型；林地的单一土地利用动态度模型中，Gaussian模型的标准均方根预测误差最接近1，是3种获取林地的单一土地利用动态度空间分布特征中的最优模型。Spherical模型、Circular模型和Gaussian模型3种模型的空间结构比率均在36%—40%之间，反映出研究区各种土地利用类型的单一土地利用动态度具有较强的空间相关性，且其空间异质性主要是由结构性因素引起的，表明1979—1991年间研究区土地利用过程主要受自然因素的影响，人类活动对土地利用过程的干扰较小。Circular模型中，旱地的主自相关阈值为83184m，次自相关阈值为79358m，说明旱地的单一土地利用动态度在79358—83184m之间存在自相关；草地的主自相关阈值为82135m，次自相关阈值为78965m，说明草地的单一土地利用动态度在78965—82135m之间存在自相关；建设用地的主自相关阈值为83006m，次自相关阈值为79465m，说明建设用地的单一土地利用动态度在79465—83006m之间存在自相关；水域的主自相关阈值为81394m，次自相关阈值为77698m，说明建设用地的单一土地利用动态度在77698—81394m之间存在自相关。Spherical模型中，水田的主自相关阈值为80157m，次自相关阈值为76632m，说明水田的单一土地利用动态度在76632—80157m之间存在自相关；园地的主自相关阈值为75961m，次自相关阈值为71564m，说明园地的单一土地利用动态度在71564—75961m之间存在自相关；其他用地的主自相关阈值为82636m，次自相关阈值为78596m，说明其他用地的单一土地利用动态度在78596—82636m之间存在自相关。Gaussian模型中，林地的主自相关阈值为82513m，次自相关阈值为78184m，说明林地的单一土地利用动态度在78184—82513m之间存在自相关（表4.6）。

表4.6 1979—1991年研究区单一土地利用动态度的各半方差函数模型

土地利用类型	模型	偏基台值（C）	块金值（C_0）	空间结构比率（C_0/C_0+C）	标准均方根预测误差	主自相关阈值（Z_1）	次自相关阈值（Z_2）	方向（W）
旱地	Spherical	0.8951	0.5590	0.3844	0.9716	83184	79976	349.4°
	Circular	0.9653	0.5609	0.3675	0.9789	83184	79358	349.5°
	Gaussian	0.9636	0.5605	0.3678	0.9734	83184	79494	349.6°
水田	Spherical	0.8795	0.5412	0.3809	0.9814	80157	76632	327.3°
	Circular	0.9546	0.5537	0.3671	0.9769	80157	76953	327.5°
	Gaussian	0.9463	0.5578	0.3709	0.9757	80157	76489	327.1°
园地	Spherical	0.7964	0.4786	0.3754	0.9743	75961	71564	309.5°
	Circular	0.8132	0.5009	0.3812	0.9719	75961	71737	309.5°
	Gaussian	0.7543	0.4638	0.3808	0.9675	75961	71062	309.5°
林地	Spherical	0.9137	0.5931	0.3936	0.9735	82513	78595	311.7°
	Circular	0.8954	0.5876	0.3962	0.9713	82513	78231	311.4°
	Gaussian	0.9095	0.5601	0.3811	0.9769	82513	78184	311.6°
草地	Spherical	0.9057	0.6022	0.3994	0.9676	82135	78654	339.2°
	Circular	0.9136	0.6117	0.3999	0.9764	82135	78965	339.4°
	Gaussian	0.9055	0.6593	0.3994	0.9716	82135	78216	339.5°
建设用地	Spherical	0.9732	0.6423	0.3976	0.9865	83006	79533	325.6°
	Circular	0.9689	0.6314	0.3946	0.9897	83006	79465	325.4°
	Gaussian	0.9637	0.6328	0.3964	0.9840	83006	79596	325.9°
水域	Spherical	0.8966	0.5218	0.3679	0.9533	81394	77581	320.9°
	Circular	0.8851	0.5279	0.3736	0.9585	81394	77698	320.5°
	Gaussian	0.8793	0.5116	0.3678	0.9515	81394	77457	320.6°
其他用地	Spherical	0.9764	0.6356	0.3943	0.9673	82636	78596	314.3°
	Circular	0.9713	0.6345	0.3951	0.9642	82636	78037	314.3°
	Gaussian	0.9787	0.6369	0.3942	0.9644	82636	78696	314.5°

1979—1991年，研究区旱地的单一土地利用动态度在1.31%—23.62%之间，平均值为9.70%，且大部分分布在6.50%—11.79%之间，占旱地总面积的54.74%；单一土地利用动态度小于6.50%的旱地占其总面积的比例为19.22%，单一土地利用动态度大于11.79%的旱地占其总面积的比例为26.04%。研究区北部水田周围、东部靠近林地地区、南部和中部邻近水域的旱地利用变化速率较高，西部、南部的大部分地区旱地利用变化速率较低，该时段内研究区大部分旱地利用变化速率较为平稳。

研究区水田的单一土地利用动态度在3.75%—24.23%之间，平均值为13.90%，且大部分分布在10.42%—17.05%之间，占水田总面积的66.81%；单一土地利用动态度小于10.42%的水田占其总面积的比例为15.81%，单一土地利用动态度大于17.05%的水田占其总面积的比例为17.38%。北部和西南部邻近水域地、东部靠近林地地区的水田利用变化速率较高。

研究区园地的单一土地利用动态度在9.35%—16.63%之间，平均值为12.98%，且大部分分布在12.30%—13.64%之间，占园地总面积的55.56%；单一土地利用动态度小于12.30%的园地占其总面积的比例为22.22%，单一土地利用动态度大于13.64%的园地占其总面积的比例为22.22%。研究区园地占土地利用总面积的比例极低，园地利用的变化速率也不高。

研究区林地的单一土地利用动态度在0.32%—22.02%之间，平均值为8.61%，且大部分分布在4.79%—14.40%之间，占林地总面积的65.40%；单一土地利用动态度小于4.79%的林地占其总面积的比例为23.16%，单一土地利用动态度大于14.40%的林地占其总面积的比例为11.44%。研究区中部、东部旱地周围、西北部邻近水域的林地利用变化速率较高，东部靠近行政区边界地区的林地利用变化速率较低，该时段内研究区大部分林地利用变化速率较为平稳。

研究区草地的单一土地利用动态度在 1.05%—24.23% 之间，平均值为 13.35%，且大部分分布在 7.05%—17.45% 之间，占草地总面积的 79.19%；单一土地利用动态度小于 7.05% 的草地占其总面积的比例为 4.76%，单一土地利用动态度大于 14.40% 的草地占其总面积的比例为 16.06%。研究区全域草地的土地利用变化速率均较高，土地利用变化速率较低的草地主要分布在研究区东部林地周围。

研究区建设用地的单一土地利用动态度在 2.15%—21.55% 之间，平均值为 10.11%，且大部分分布在 7.11%—13.77% 之间，占建设用地总面积的 64.90%；单一土地利用动态度小于 7.11% 的建设用地占其总面积的比例为 20.00%，单一土地利用动态度大于 13.77% 的建设用地占其总面积的比例为 15.10%。研究区旱地利用变化速率较高的区域，建设用地利用变化速率也相应较高，该时段内研究区大部分建设用地利用变化速率较为平稳。

研究区水域的单一土地利用动态度在 4.14%—22.96% 之间，平均值为 12.70%，且大部分分布在 8.41%—16.53% 之间，占水域总面积的 72.79%；单一土地利用动态度小于 8.41% 的水域占水域总面积的比例为 9.99%，单一土地利用动态度大于 16.53% 的水域占水域总面积的比例为 17.22%。研究区水域利用变化速率较为平均，西北部水域利用变化速率相较其他地域的水域较高。

研究区其他用地的单一土地利用动态度在 2.80%—22.93% 之间，平均值为 11.62%，且大部分分布在 7.00%—15.52% 之间，占其他用地总面积的 71.49%；单一土地利用动态度小于 7.00% 的其他用地占其他用地总面积的比例为 19.24%，单一土地利用动态度大于 15.52% 的其他用地占其他用地总面积的比例为 14.08%。研究区其他用地利用变化速率较为平均，水域利用变化速率较高的区域，其他用地利用变化速率也相应较高（图 4.9）。

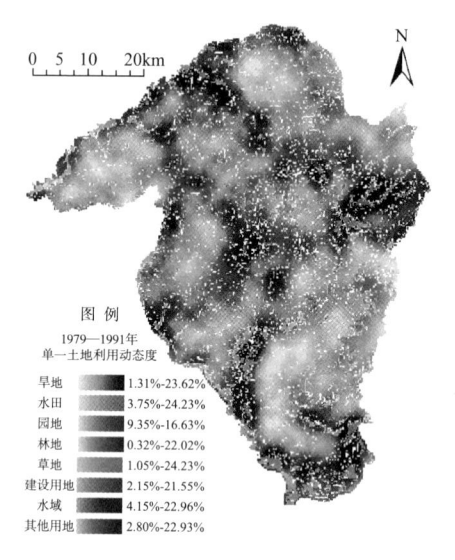

图 4.9　1979—1991 年研究区单一土地利用动态度空间分布特征

2. 1991—2003 年研究区单一土地利用动态度

1991—2003 年，研究区旱地、草地、建设用地和水域的单一土地利用动态度的空间变异模型中，Circular 模型的标准均方根预测误差最接近 1，是 3 种获取旱地、草地、建设用地和水域的单一土地利用动态度空间分布特征中的最优模型；水田、园地和其他用地的单一土地利用动态度模型中，Spherical 模型的标准均方根预测误差最接近 1，是 3 种获取水田、园地和其他用地的单一土地利用动态度空间分布特征中的最优模型；林地的单一土地利用动态度模型中，Gaussian 模型的标准均方根预测误差最接近 1，是 3 种获取林地的单一土地利用动态度空间分布特征中的最优模型。Spherical 模型、Circular 模型和 Gaussian 模型 3 种模型的空间结构比率均在 43%—52% 之间，反映出研究区各种土地利用类型的单一土地利用动态度具有较强的空间相关性，且其空间异质性是由结构性因素和随机因素共同引起的，表明 1991—2003 年间研究区土地利用过程不仅受自然因素的影响，同时也受人类活动的干扰。Gaussian 模型中，旱地的主自相关阈值为 79723m，次自相关阈值为 54997m，说明旱地的单一土地利用动态度在 54997—79723m 之间存在自相关；园地的主自相关阈值为 79781m，次自相关阈值为60682m，说明草地的单一土地利用动态度在60682—79781m之间存在自相关；建设用地的主自相关阈值为79779m，次自相关阈值为55397m，说明建设用地的单一土地利用动态度在55397—79779m之间存在自相关；其他用地的主自相关阈值为79814m，次自相关阈值为58412m，说明建设用地的单一土地利用动态度在79814—58412m之间存在自相关。Spherical模型中，水田的主自相关阈值为79760m，次自相关阈值为58275m，说明水田的单一土地利用动态度在58275—79760m之间存在自相关；林地的主自相关阈值为79781m，次自相关阈值为61488m，说明林地的单一土地利用动态度在61488—79781m之间存在自相关。Circular模型中，草地的主自相关阈值为79845m，次自相关阈值为56650m，说明草地的单一土地利用动态度在56650—79845m之间存在自相关；水域的主自相关阈值为79799m，次自相关阈值为60879m，说明水域的单一土地利用动态度在60879—79799m之间存在自相关（表4.7）。

表4.7　1991—2003年研究区单一土地利用动态度的各半方差函数模型

土地利用类型	模型	偏基台值（C）	块金值（C_0）	空间结构比率（C_0/C_0+C）	标准均方根预测误差	主自相关阈值（Z_1）	次自相关阈值（Z_2）	方向（W）
旱地	Spherical	1.1180	1.0653	0.4879	0.9517	79804	61992	352.8°
	Circular	1.0515	1.0337	0.4957	0.9526	79740	62019	354.0°
	Gaussian	1.1859	1.0218	0.4628	0.9431	79723	54997	353.2°
水田	Spherical	1.1720	1.0593	0.4748	0.9628	79760	58275	351.2°
	Circular	1.1206	1.0879	0.4926	0.9508	79792	56964	354.2°
	Gaussian	1.1709	1.0201	0.4656	0.9546	79713	58434	350.7°
园地	Spherical	1.1032	0.9686	0.4675	0.9391	79786	61517	350.6°
	Circular	1.0761	0.9946	0.4803	0.9347	79850	54947	350.1°
	Gaussian	1.1027	0.9866	0.4722	0.9360	79781	60682	352.4°
林地	Spherical	1.1248	1.0344	0.4791	0.9670	79781	61488	352.1°
	Circular	1.1392	1.0416	0.4776	0.9503	79734	61829	354.2°
	Gaussian	1.1147	1.0137	0.4763	0.9789	79802	59306	354.0°

续表

土地利用类型	模型	偏基台值（C）	块金值（C_0）	空间结构比率（C_0/C_0+C）	标准均方根预测误差	主自相关阈值（Z_1）	次自相关阈值（Z_2）	方向（W）
草地	Spherical	1.0440	1.0969	0.5124	0.9587	79732	58982	353.0°
	Circular	1.0173	1.0666	0.5118	0.9719	79845	56650	350.9°
	Gaussian	1.0159	1.0803	0.5154	0.9644	79779	59593	351.3°
建设用地	Spherical	1.1993	1.0788	0.4735	0.9711	79824	57654	351.1°
	Circular	1.1949	1.0604	0.4702	0.9753	79779	55397	352.3°
	Gaussian	1.1395	1.0255	0.4737	0.9589	79742	56587	353.4°
水域	Spherical	1.2454	1.0321	0.4532	0.9501	79827	55102	354.6°
	Circular	1.2371	1.0321	0.4548	0.9565	79799	60879	354.4°
	Gaussian	1.2257	1.0297	0.4565	0.9452	79759	61272	354.3°
其他用地	Spherical	1.1711	0.9524	0.4485	0.9783	79814	58412	354.1°
	Gaussian	1.1744	0.9159	0.4382	0.9450	79821	57148	351.6°
	Circular	1.1642	0.9495	0.4492	0.9481	79739	61606	352.5°

1991—2003年，研究区旱地的单一土地利用动态度在2.43%—25.01%之间，平均值为9.80%，且大部分分布在7.66%—14.47%之间，占旱地总面积的64.52%；单一土地利用动态度小于7.66%的旱地占其总面积的比例为11.56%，单一土地利用动态度大于14.47%的旱地占其总面积的比例为23.92%。研究区东北部、南部和中部邻近水域的旱地利用变化速率较高，西部、南部的大部分地区旱地利用变化速率较低，该时段内研究区大部分旱地利用变化速率较为平稳。

研究区水田的单一土地利用动态度在5.97%—23.35%之间，平均值为15.46%，且大部分分布在12.14%—18.50%之间，占水田总面积的60.60%；单一土地利用动态度小于12.14%的水田占其总面积的比例为19.94%，单一土地利用动态度大于18.50%的水田占其总面积的比例为19.46%。研究区中部邻近水域、东部靠近林地的水田利用变化速率较高。

研究区园地的单一土地利用动态度在9.65%—20.48%之间，平均值为14.80%，且大部分分布在12.17%—17.38%之间，占园地总面积的

57.90%；单一土地利用动态度小于12.17%的园地占其总面积的比例为21.05%，单一土地利用动态度大于17.38%的园地占其总面积的比例为21.05%。研究区园地占土地利用总面积的比例极低，该时段内全域园地利用的变化速率较高。

研究区林地的单一土地利用动态度在0.01%—25.18%之间，平均值为9.28%，且大部分分布在4.98%—13.14%之间，占林地总面积的56.64%；单一土地利用动态度小于4.98%的林地占其总面积的比例为21.24%，单一土地利用动态度大于13.14%的林地占其总面积的比例为22.12%。研究区中部、东部旱地周围的林地利用变化速率较高，全域其他区域的林地利用变化速率较低，该时段内研究区大部分林地利用变化速率较为平稳。

研究区草地的单一土地利用动态度在2.71%—23.94%之间，平均值为15.31%，且大部分分布在11.19%—18.49%之间，占草地总面积的68.50%；单一土地利用动态度小于11.19%的草地占其总面积的比例为11.14%，单一土地利用动态度大于18.49%的草地所占比例为20.36%。研究区全域草地的土地利用变化速率均较高。

研究区建设用地的单一土地利用动态度在1.81%—23.78%之间，平均值12.49%，且大部分分布在9.02%—15.40%之间，占建设用地总面积的59.40%；单一土地利用动态度小于9.02%的建设用地占其总面积的比例为19.28%，单一土地利用动态度大于15.40%的建设用地占其总面积的比例为21.32%。研究区旱地利用变化速率较高的区域，建设用地利用变化速率也相应较高，该时段内研究区大部分建设用地利用变化速率较高。

研究区水域的单一土地利用动态度在4.86%—23.94%之间，平均值为14.13%，且大部分分布在10.71%—18.00%之间，占水域总面积的67.76%；单一土地利用动态度小于10.71%的水域占水域总面积的比例为16.20%，单一土地利用动态度大于16.53%的水域占水域总面积的比例为16.04%。研究区水域利用变化速率较为平均，西北部、南部水域利用变化速率相较其他地域的水域较高。

研究区其他用地的单一土地利用动态度在4.29%—25.01%之间，平均值为14.45%，且大部分分布在10.04%—18.21%之间，占其他用地总面积的69.06%；单一土地利用动态度小于10.04%的其他用地占其他用地总面积的比例为11.95%，单一土地利用动态度大于18.21%的其他用地占总面积的比例为18.99%。研究区其他用地利用变化速率较为平均，水域和林地利用变化速率较高的区域，其他用地利用变化速率也相应较高（图4.10）。

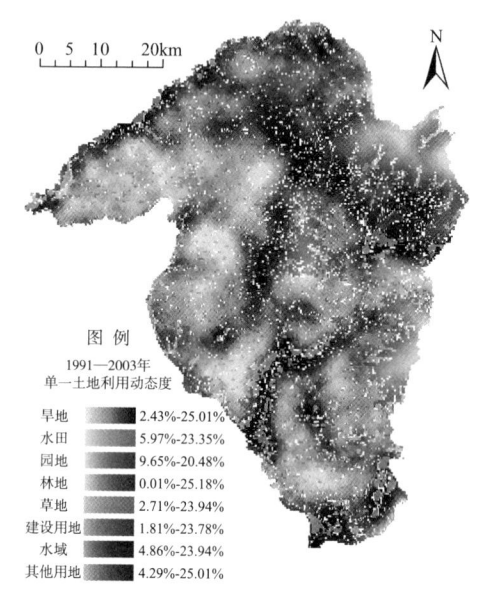

图4.10 1991—2003年研究区单一土地利用动态度空间分布特征

3. 2003—2015年研究区单一土地利用动态度

2003—2015年，研究区旱地、草地、建设用地和水域的单一土地利用动态度的空间变异模型中，Circular模型的标准均方根预测误差最接近1，是3种获取旱地、草地、建设用地和水域的单一土地利用动态度空间分布特征中的最优模型；水田、园地和其他用地的单一土地利用动态度模型中，Spherical模型的标准均方根预测误差最接近1，是3种获取水田、园地和其他用地的单一土地利用动态度空间分布特征中的最优模型；林地的单一土地利用动态度模型中，Gaussian模型的标准均方根预测误差最接近

第四章 研究区土地利用格局时空变化特征

1，是3种获取林地的单一土地利用动态度空间分布特征中的最优模型。Spherical 模型、Circular 模型和 Gaussian 模型3种模型的空间结构比率均在 48%—57% 之间，反映出研究区各种土地利用类型的单一土地利用动态度具有较强的空间相关性，其空间异质性是由随机因素和结构性因素共同引起的，表明 2003—2015 年间研究区土地利用过程受人类活动和自然因素的共同影响，且人类活动对土地利用过程的干扰较大。Circular 模型中，旱地的主自相关阈值为 79776m，次自相关阈值为 62025m，说明旱地的单一土地利用动态度在 62025—79776m 之间存在自相关；草地的主自相关阈值为 79783m，次自相关阈值为 66183m，说明草地的单一土地利用动态度在 66183—79783m 之间存在自相关；建设用地的主自相关阈值为 79727m，次自相关阈值为 64655m，说明建设用地的单一土地利用动态度在 64655—79727m 之间存在自相关；水域的主自相关阈值为 79727m，次自相关阈值为 67872m，说明建设用地的单一土地利用动态度在 67872—79727m 之间存在自相关。Gaussian 模型中，水田的主自相关阈值为 79587m，次自相关阈值为 65095m，说明水田的单一土地利用动态度在 65095—79587m 之间存在自相关；林地的主自相关阈值为 79855m，次自相关阈值为 68482m，说明林地的单一土地利用动态度在 68482—79855m 之间存在自相关。Spherical 模型中，园地的主自相关阈值为 79805m，次自相关阈值为 64643m，说明园地的单一土地利用动态度在 64643—79805 之间存在自相关；其他用地的主自相关阈值为 79856m，次自相关阈值为 62902m，说明其他用地的单一土地利用动态度在 62902—79856m 之间存在自相关（表4.8）。

表4.8 2003—2015 年研究区单一土地利用动态度的各半方差函数模型

土地利用类型	模型	偏基台值（C）	块金值（C_0）	空间结构比率（C_0/C_0+C）	标准均方根预测误差	主自相关阈值（Z_1）	次自相关阈值（Z_2）	方向（W）
旱地	Spherical	0.8797	0.9276	0.5133	0.9627	79825	69025	289.6°
	Circular	0.8985	0.9227	0.5066	0.9653	79776	62025	290.2°
	Gaussian	0.9655	0.9144	0.4864	0.9633	79867	68954	289.4°

续表

土地利用类型	模型	偏基台值（C）	块金值（C_0）	空间结构比率（C_0/C_0+C）	标准均方根预测误差	主自相关阈值（Z_1）	次自相关阈值（Z_2）	方向（W）
水田	Spherical	0.9762	1.0012	0.5063	0.9674	79782	67837	295.2°
水田	Circular	0.9044	1.1469	0.5591	0.9447	79860	66806	270.1°
水田	Gaussian	0.9137	1.1837	0.5644	0.9394	79587	65095	267.6°
园地	Spherical	0.9062	1.1008	0.5485	0.9788	79805	64643	279.0°
园地	Circular	0.9365	0.9305	0.4984	0.9742	79688	62084	287.0°
园地	Gaussian	0.9741	1.1646	0.5445	0.9694	79863	67807	278.1°
林地	Spherical	0.9213	0.9035	0.4951	0.9076	79738	67195	284.0°
林地	Circular	0.9569	1.0380	0.5203	0.9169	79858	66222	283.4°
林地	Gaussian	0.9652	0.9879	0.5058	0.9647	79855	68482	292.8°
草地	Spherical	0.9553	0.9002	0.4851	0.9454	79586	64211	289.8°
草地	Circular	0.9624	1.1136	0.5364	0.9726	79783	66183	299.2°
草地	Gaussian	0.9573	1.0756	0.5291	0.9553	79659	62120	263.1°
建设用地	Spherical	0.9749	1.0605	0.5210	0.9618	79514	66185	273.9°
建设用地	Circular	0.9038	0.9708	0.5179	0.9668	79727	64655	262.7°
建设用地	Gaussian	0.9462	0.9545	0.5022	0.9659	79622	67919	293.5°
水域	Spherical	0.9154	1.1699	0.5610	0.9031	79597	66331	263.2°
水域	Circular	0.8966	1.1466	0.5612	0.9405	79727	67872	268.2°
水域	Gaussian	0.9201	1.0921	0.5427	0.9015	79638	63693	276.9°
其他用地	Spherical	0.9157	1.1830	0.5637	0.9360	79856	62902	282.4°
其他用地	Circular	0.9266	1.0434	0.5297	0.9357	79526	66545	289.7°
其他用地	Gaussian	0.9651	1.0992	0.5325	0.9359	79825	64201	269.9°

2003—2015年，研究区旱地的单一土地利用动态度在0.17%—23.68%之间，平均值为7.56%，且大部分分布在3.70%—10.94%之间，占旱地总面积的67.19%；单一土地利用动态度小于3.70%的旱地占其总面积的比例为15.08%，单一土地利用动态度大于10.94%的旱地占其总面积的比例为17.73%。研究区东北部、南部和中部邻近水域的旱地利用变化速率较高，西部、南部的大部分地区旱地利用变化速率较低，该时段内

研究区大部分旱地利用变化速率较为平稳。

研究区水田的单一土地利用动态度在 2.93%—21.83% 之间，平均值为 11.64%，且大部分分布在 8.04%—15.25% 之间，占水田总面积的 70.30%；单一土地利用动态度小于 8.04% 的水田占其总面积的比例为 14.00%，单一土地利用动态度大于 15.25% 的水田占其总面积的比例为 15.70%。中部邻近水域的水田利用变化速率较高。

研究区园地的单一土地利用动态度在 5.33%—12.04% 之间，平均值为 9.11%，且大部分分布在 7.68%—11.37% 之间，占园地总面积的 62.50%；单一土地利用动态度小于 7.68% 的园地占其总面积的比例为 25.00%，单一土地利用动态度大于 11.37% 的园地占其总面积的比例为 12.50%。研究区园地占土地利用总面积的比例极低，该时段内全域园地利用的变化速率较低。

研究区林地的单一土地利用动态度在 0.42%—21.84% 之间，平均值为 7.60%，且大部分分布在 4.32%—13.16% 之间，占林地总面积的 74.34%；单一土地利用动态度小于 4.32% 的林地占其总面积的比例为 18.91%，单一土地利用动态度大于 13.16% 的林地占其总面积的比例为 6.75%。研究区中部邻近水域的林地利用变化速率较高，全域其他区域的林地利用变化速率较低，该时段内研究区大部分林地利用变化速率较为平稳。研究区草地的单一土地利用动态度在 2.25%—23.68% 之间，平均值为 12.46%，且大部分分布在 7.96%—16.84% 之间，占草地总面积的 71.50%；单一土地利用动态度小于 7.96% 的草地占其总面积的比例为 14.51%，单一土地利用动态度大于 16.84% 的草地占其总面积的比例为 13.99%。研究区全域草地的土地利用变化速率均较高。

研究区建设用地的单一土地利用动态度在 0.36%—23.24% 之间，平均值为 7.65%，且大部分分布在 3.82%—11.32% 之间，占建设用地总面积的 71.58%；单一土地利用动态度小于 3.82% 的建设用地占其总面积的比例为 13.51%，单一土地利用动态度大于 11.32% 的建设用地占其总面积的比例为14.91%。研究区旱地利用变化速率较高的区域，建设用地利用变化速率也相应较高，该时段内研究区大部分建设用地利用变化速率较平稳。

研究区水域的单一土地利用动态度在1.13%—22.76%之间，平均值为12.07%，且大部分分布在8.04%—16.72%之间，占水域总面积的78.50%；单一土地利用动态度小于8.04%的水域占水域总面积的比例为10.60%，单一土地利用动态度大于16.72%的水域占水域总面积的比例为10.90%。研究区水域利用变化速率较为平均，中部和东部靠近林地的水域利用变化速率相较其他地域的水域较高。

研究区其他用地的单一土地利用动态度在1.27%—21.22%之间，平均值为10.63%，且大部分分布在6.81%—13.96%之间，占其他用地总面积的78.50%；单一土地利用动态度小于6.81%的其他用地占其他用地总面积的比例为10.60%，单一土地利用动态度大于13.96%的其他用地占其他用地总面积的比例为10.90%。研究区其他用地利用变化速率较为平均，水域和林地利用变化速率较高的区域，其他用地利用变化速率也相应较高（图4.11）。

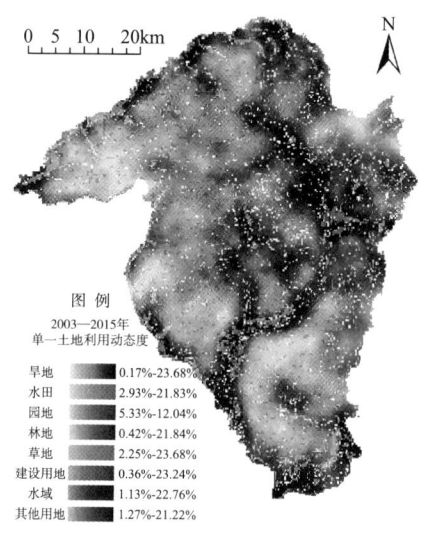

图4.11　2003—2015年研究区单一土地利用动态度空间分布特征

总之，1979—2015 年间，土地利用类型不总是以均匀、连续的方式发生变化，而是随着土地利用类型的变化呈现快速和不连续的转变；研究区土地利用变化速率呈现较为明显的差异，1991—2003 年研究区单一土地利用动态度最大，1979—1991 年研究区单一土地利用动态度次之，2003—2015 年研究区单一土地利用动态度最小；其中，各时段内水田、草地的土地利用变化速率最高，园地、水域和其他用地的土地利用变化速率较高，建设用地、旱地和林地的土地利用变化速率较低。

1979—1991 年、1991—2003 年和 2003—2015 年 3 个时段，研究区各种土地利用类型的单一土地利用动态度变化的均值划分为 3 个层级：第 1 层级为水田、草地和园地，第 2 层级为水域和其他用地，第 3 层级为建设用地、旱地和林地；3 个层级单一土地利用动态度变化频繁程度依次减弱。在空间上，研究区北部水田周围、东部邻近林地、东北部及南部邻近水域的旱地变化速率较高，西部、南部区域旱地变化速率较低；北部和西南部及中部邻近水域、东部邻近林地区域的水田变化速率较高；研究区中部、东部旱地周围、西北部邻近水域的林地变化速率较高；研究区全域草地变化速率均较高；研究区建设用地变化速率较高的区域位于西北部和南部；研究区西北部、南部的水域以及中部、东部靠近林地的水域变化速率相较其他地域的水域较高；研究区其他用地变化速率较为平稳。

研究期内，研究区单一土地利用动态度略有增加，地貌类型、土壤质地、水土流失、政策法规等因素对土地利用类型变化动态度的影响较为显著，特别是林地、水域的动态变化导致了土壤侵蚀和水土流失加剧；研究区建设用地和旱地间的联动变化较为显著，即旱地变化较为频繁的区域，建设用地变化相应也较高；而水域、林地与其他用地的动态变化联系密切。

(二) 研究区综合土地利用动态度

1. 1979—1991 年研究区综合土地利用动态度分析

1979—1991 年研究区综合土地利用动态度的空间变异模型中,Spherical 模型的标准均方根预测误差最接近 1,是 3 种获取综合土地利用动态度空间分布特征中的最优模型。Spherical 模型、Circular 模型和 Gaussian 模型 3 种模型的空间结构比率分别为 0.3655、0.3899、0.4264,反映出研究区综合土地利用动态度具有较强的空间相关性,且其空间异质性主要由结构性因素引起,表明 1979—1991 年间研究区土地利用过程主要受自然因素的影响,人类活动对土地利用过程的干扰较小,特别是地形地貌、土壤质地和水土流失对土地利用格局变化动态度的影响较为显著。Spherical 模型中,主自相关阈值为 79693m,次自相关阈值为 37501m,说明综合土地利用动态度在 37501—79693m 之间存在自相关,模型的方向为 353.5°,说明研究区综合土地利用动态度在该方向上的空间变异明显(表 4.9)。

表 4.9　1979—1991 年研究区综合土地利用动态度的各半方差函数模型

模型	偏基台值 (C)	块金值 (C_0)	空间结构比率 (C_0/C_0+C)	标准均方根预测误差	主自相关阈值 (Z_1)	次自相关阈值 (Z_2)	方向 (W)
Spherical	0.2410	0.1388	0.3655	0.9894	79693	37501	353.5°
Circular	0.2535	0.1620	0.3899	0.9722	79719	58520	355.7°
Gaussian	0.2579	0.1917	0.4264	0.9864	79787	65521	356.2°

1979—1991 年,研究区综合土地利用动态度在 0.01%—7.35% 之间,平均值为 1.12%,且大部分分布在 0.36%—2.00% 之间,占研究区总面积的 75.25%;综合土地利用动态度小于 0.36% 的土地面积占总面积的比例为 11.06%,综合土地利用动态度大于 2.00% 的土地面积占总面积的比例为 13.69%。研究区中部大部分区域的综合土地利用变化速率均较低,变化活跃的区域主要在水域和林地周边,该时段内研究区大部分区域的综合土地利用动态度较低(图 4.12)。

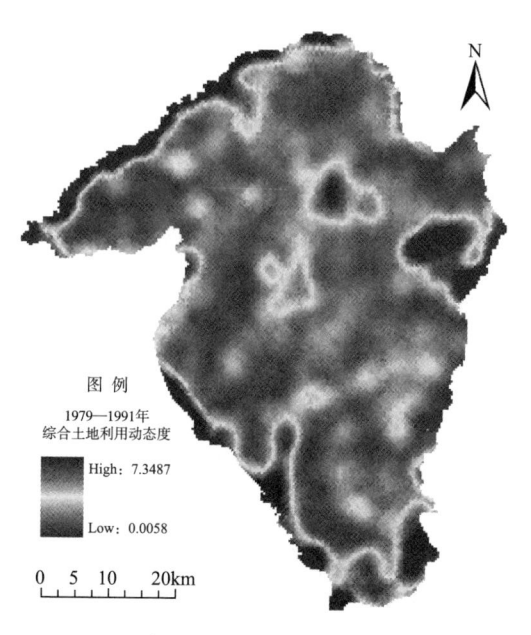

图 4.12　1979—1991 年研究区综合土地利用动态度空间分布特征

2. 1991—2003 年研究区综合土地利用动态度分析

1991—2003 年研究区综合土地利用动态度的空间变异模型中，Circular 模型的标准均方根预测误差最接近 1，是 3 种获取综合土地利用动态度空间分布特征中的最优模型。Spherical 模型、Circular 模型和 Gaussian 模型 3 种模型的空间结构比率分别为 0.4012、0.4419、0.3940，反映出研究区综合土地利用动态度具有较强的空间相关性，且其空间异质性主要由结构性因素和随机性因素共同引起，其土地利用过程不仅受自然因素的影响，也受人类活动的干扰，地形地貌、土壤质地、水土流失、政策法规和社会经济发展水平对土地利用格局变化动态度的影响均较为显著。Circular 模型中，主自相关阈值为 79743m，次自相关阈值为 58506m，说明综合土地利用动态度在 58506—79743m 之间存在自相关，模型的方向为 358.2°，说明研究区综合土地利用动态度在该方向上的空间变异明显（表 4.10）。

1991—2003 年，研究区综合土地利用动态度在 0.003%—6.81% 之间，平均值为 1.11%，且大部分分布在 0.26%—2.50% 之间，占研究区总面积的 73.85%；综合土地利用动态度小于 0.36% 的土地面积占总面积的比例为 13.86%，综合土地利用动态度大于 2.50% 的土地面积占总面积的比例为 12.29%。研究区西部行政区边界处林地和水域的综合土地利用动态度较高，西部其他大部分地区综合土地利用动态度偏低；南部水域沿岸的综合土地利用动态度较高，东部林地周围的综合土地利用动态度较高，该时段内研究区大部分区域的综合土地利用动态度较低（图 4.13）。

表 4.10 1991—2003 年研究区综合土地利用动态度的各半方差函数模型

模型	偏基台值 (C)	块金值 (C_0)	空间结构比率 (C_0/C_0+C)	标准均方根预测误差	主自相关阈值 (Z_1)	次自相关阈值 (Z_2)	方向 (W)
Spherical	0.2527	0.1693	0.4012	0.8763	79923	65467	358.9°
Circular	0.2598	0.2057	0.4419	0.9014	79743	58506	358.2°
Gaussian	0.2482	0.1614	0.3940	0.8923	79852	65481	358.6°

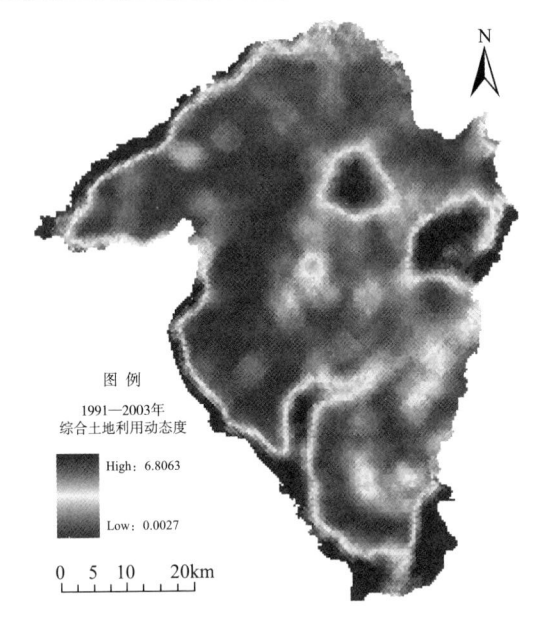

图 4.13 1991—2003 年研究区综合土地利用动态度空间分布特征

3. 2003—2015 年研究区综合土地利用动态度分析

2003—2015 年研究区综合土地利用动态度的空间变异模型中，Gaussian 模型的标准均方根预测误差最接近 1，是 3 种获取综合土地利用动态度空间分布特征中的最优模型。Spherical 模型、Circular 模型和 Gaussian 模型 3 种模型的空间结构比率分别为 0.4823、0.4576、0.5800，反映出研究区综合土地利用动态度具有较强的空间相关性，且其空间异质性主要由随机性因素和结构性因素共同引起，其土地利用过程受人类活动和自然因素的共同影响，且人类活动对土地利用过程的干扰较大，该时段水土流失、政策法规和社会经济发展水平对土地利用格局变化动态度的影响较为明显。Gaussian 模型中，主自相关阈值为 83184m，次自相关阈值为 80621m，说明综合土地利用动态度在 80621—83184m 之间存在自相关，模型的方向为 345.6°，说明研究区综合土地利用动态度在该方向上的空间变异明显（表 4.11）。

表 4.11　2003—2015 年研究区综合土地利用动态度的各半方差函数模型

模型	偏基台值（C）	块金值（C_0）	空间结构比率（C_0/C_0+C）	标准均方根预测误差	主自相关阈值（Z_1）	次自相关阈值（Z_2）	方向（W）
Spherical	0.2346	0.2186	0.4823	0.9521	83184	81737	347.1°
Circular	0.2606	0.2199	0.4576	0.9467	83184	80913	347.6°
Gaussian	0.2025	0.2796	0.5800	0.9587	83184	80621	345.6°

2003—2015 年，研究区综合土地利用动态度在 0.005%—6.28% 之间，平均值为 0.85%，且大部分分布在 0.20%—1.62% 之间，占研究区总面积的 70.52%；综合土地利用动态度小于 0.20% 的土地面积占总面积的比例为 15.58%，综合土地利用动态度大于 1.62% 的土地面积占总面积的比例为 13.90%。研究区西部行政区边界处林地和水域的综合土地利用动态度较高，西部大部分地区综合土地利用动态度偏低；南部水域沿岸的综合土地利用动态度较高，该时段内研究区大部分区域的综合土地利用动态度较低（图 4.14）。

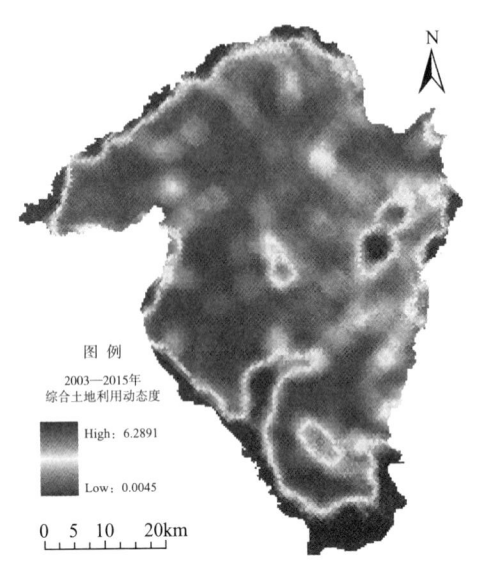

图 4.14 2003—2015 年研究区综合土地利用动态度空间分布特征

通过对 1979—1991 年、1991—2003 年和 2003—2015 年综合土地利用动态度的对比分析，3 个时间段的空间结构比率的均值分别为 39.39%、41.24%、47.33%，呈现逐年上升的趋势，说明研究区不同时段的土地利用的空间异质性分别是由结构性因素、结构性因素和随机性因素、随机性因素引起的，即研究区不同时段的土地利用变化过程分别受自然因素的影响为主、受自然因素和人类活动共同作用、受人类活动干扰为主；研究区 3 个时段的综合土地动态度平均值分别为 1.12%、1.11%、0.85%，呈现逐年下降的趋势，表明随着时间的推移，研究区土地利用变化程度有所减缓。研究区综合土地利用动态度的变化具有较为明显的区域分异特性，水域、林地和草地及其周边用地的综合土地利用动态度最高，土地利用变化过程最为活跃，特别是西部行政区边界处林地和水域、南部行政区边界处水域和草地、东部行政区边界处林地；建设用地和其他用地及其周边用地的综合土地利用动态度处于中等水平，土地利用变化程度较为活跃；旱地、水田、园地受相邻近其他用地类型变化的影响，其综合土地利用动态度与相邻近其他用地类型的动态度正相关。

研究期内，根据研究区实际情况，结合土地利用数据处理结果，研究区综合土地利用动态度略有下降，不合理的土地开发利用多是以牺牲生态环境为代价的，林地、水域的动态变化导致土壤侵蚀和水土流失加剧，对研究区生态环境造成了极为不利的影响。2003—2015 年之间，随着退耕还林工程的实施，在空间上，研究区全域综合土地利用动态度与 1979—1991 年、1991—2003 年 2 个阶段相比明显较小，东北部林地面积变化动态度逐渐下降，南部水域附近的用地变化仍较为频繁，在一定程度上对研究区的土地利用格局变化产生的生态环境效益起到积极的作用。

四　土地利用相对变化频率

土地利用相对变化频率模型用于测算各种土地利用类型分布的均匀程度及其区域差异（式 4.17、式 4.18）。

$$R_r = \left|\frac{A_e - A_b}{A_b}\right| \Big/ \left|\frac{T_e - T_b}{T_b}\right| \quad （式4.17）$$

$$S = \sum_{i=1}^{n} (R_r)_i \quad （式4.18）$$

式中，A_e、A_b 分别表示研究初期和末期局部区域某一土地利用类型的面积，T_e、T_b 分别表示研究初期和末期研究区域某一土地利用类型的面积。R_r 表示单一土地利用类型相对变化频率，当 $R_r = 1$ 时，样本区域某一土地利用类型的变化与研究区域无差异；当 $R_r > 1$ 时，样本区域某一土地利用类型的变化高于研究区域；当 $R_r < 1$ 时，样本区域某一土地利用类型的变化低于研究区域。S 表示区域内部土地利用变化差异性的统计值，S 值越大，区域土地利用类型变化的差异性越大。

（一）1979—1991 年研究区土地利用相对变化频率分析

1979—1991 年，研究区旱地、林地和建设用地的土地利用相对变化频率的空间变异模型中，Spherical 模型的标准均方根预测误差最接近 1，是 3 种获取旱地、林地和建设用地的土地利用相对变化频率空间分布特征中的最优模型；水田、园地和其他用地的土地利用相对变化频率的空间变异模型中，Gaussian 模型的标准均方根预测误差最接近 1，是 3 种获取水田、园地和其他用地的土地利用相对变化频率空间分布特征中的最优模型；草地、水域的土地利用相对变化频率的空间变异模型中，Circular 模型的标准均方根预测误差最接近 1，是 3 种获取草地、水域的土地利用相对变化频率空间分布特征中的最优模型。8 种土地利用类型相应模型的空间结构比率在 36%—41% 之间，反映出研究区各种土地利用类型的相对变化频率具有较强的空间相关性，且其空间异质性主要是由结构性因素引起的，表明该时段内研究区土地利用数量变化的区域差异主要受自然因素的影响，人类活动对土地利用过程干扰较小。Spherical 模型中，旱地的主自相关阈值为 79821m，次自相关阈值为 65534m，说明旱地的土地利用相对变化频率在 65534—79821m 之间存在自相关；林地的主自相关阈值为 79722m，次自相关阈值为 44465m，说明林地的土地利用相对变化频率在 44465—79722m 之间存在自相关；建设用地的主自相关阈值为 79664m，次自相关阈值为 64794m，说明建设用地的土地利用相对变化频率在 64794—79664m 之间存在自相关。Gaussian 模型中，水田的主自相关阈值为 79664m，次自相关阈值为 60980m，说明水田的土地利用相对变化频率在 60980—79664m 之间存在自相关；园地的主自相关阈值为 79664m，次自相关阈值为 60980m，说明园地的土地利用相对变化频率在 60980—79664m 之间存在自相关；其他用地的主自相关阈值为 79521m，次自相关阈值为 52006m，说明其他用地的土地利用相对变化频率在 52006—79521m 之间存在自相关。Circular 模型中，草地的主自相关阈值为 79757m，次自相关阈值为 55017m，说明草地的土地利用相对变化频率在 55017—79757m 之间存在自相关；水域的主自相关阈值为 79726m，次自相关阈值为 47956m，说明水域的土地利用相对变化频率在 47956—79726m 之间存在自相关（表 4.12）。

1979—1991 年期间，研究区土地利用相对变化频率小于 1 的旱地、水田、园地、林地、草地、建设用地、水域和其他用地面积分别占相应土地利用类型总面积的 56.89%、37.42%、1.35%、16.96%、64.54%、37.43%、33.29%和20.50%，土地利用相对变化频率大于1的旱地、水田、园地、林地、草地、建设用地、水域和其他用地面积分别占相应土地利用类型总面积的 43.11%、62.58%、98.65%、83.04%、35.46%、62.57%、66.71%和79.50%。

表4.12　1979—2015年研究区土地利用相对变化频率的各半方差函数模型

土地利用类型	模型	偏基台值（C）	块金值（C_0）	空间结构比率（C_0/C_0+C）	标准均方根预测误差	主自相关阈值（Z_1）	次自相关阈值（Z_2）	方向（W）
旱地	Spherical	0.3016	0.1924	0.3895	0.9734	79821	65534	291.8°
	Circular	0.3165	0.1995	0.3866	0.9647	79801	58517	293.2°
	Gaussian	0.3150	0.1981	0.3861	0.9572	79799	62026	293.4°
水田	Spherical	0.3346	0.1995	0.3735	0.9733	79664	60980	9.0°
	Circular	0.3148	0.1905	0.3770	0.9805	79664	60980	9.0°
	Gaussian	0.3408	0.2056	0.3763	0.9824	79664	60980	9.0°
园地	Spherical	0.2937	0.1859	0.3876	0.9423	79664	60980	9.0°
	Circular	0.3175	0.1972	0.3831	0.9406	79664	60980	9.0°
	Gaussian	0.2791	0.1780	0.3894	0.9454	79664	60980	9.0°
林地	Spherical	0.2771	0.1869	0.4028	0.9666	79722	44465	312.8°
	Circular	0.2989	0.1997	0.4005	0.9620	79724	40944	313.5°
	Gaussian	0.2661	0.1816	0.4056	0.9578	79693	40939	312.5°
草地	Spherical	0.3243	0.1930	0.3731	0.9688	79885	62037	279.4°
	Circular	0.3452	0.2088	0.3769	0.9786	79757	55017	280.1°
	Gaussian	0.3404	0.2005	0.3707	0.9765	79729	55019	281.1°
建设用地	Spherical	0.2830	0.1937	0.4063	0.9895	79664	64794	9.0°
	Circular	0.2999	0.2011	0.4014	0.9878	79664	64794	9.0°
	Gaussian	0.2810	0.1897	0.4030	0.9848	79664	64794	9.0°
水域	Spherical	0.2915	0.1728	0.3722	0.9711	79814	51440	293.3°
	Circular	0.3133	0.1916	0.3795	0.9786	79726	47956	293.6°
	Gaussian	0.3161	0.1862	0.3707	0.9673	79747	47949	295.6°
其他用地	Spherical	0.3335	0.2053	0.3810	0.9638	79521	52006	273.1°
	Circular	0.3362	0.2066	0.3806	0.9624	79521	52006	273.1°
	Gaussian	0.3235	0.1998	0.3818	0.9776	79521	52006	273.1°

(二) 1991—2003年研究区土地利用相对变化频率分析

1991—2003年,研究区旱地、林地和建设用地的土地利用相对变化频率的空间变异模型中,Spherical模型的标准均方根预测误差最接近1,是3种获取旱地、林地和建设用地的土地利用相对变化频率空间分布特征中的最优模型;水田、园地和其他用地的土地利用相对变化频率的空间变异模型中,Gaussian模型的标准均方根预测误差最接近1,是3种获取水田、园地和其他用地的土地利用相对变化频率空间分布特征中的最优模型;草地、水域的土地利用相对变化频率的空间变异模型中,Circular模型的标准均方根预测误差最接近1,是3种获取草地、水域的土地利用相对变化频率空间分布特征中的最优模型。8种土地利用类型相应模型的空间结构比率在48%—58%之间,反映出研究区各种土地利用类型的相对变化频率具有较强的空间相关性,且其空间异质性是由结构性因素和随机因素共同引起的,表明该时段内研究区土地利用数量变化的区域差异不仅受自然因素的影响,同时也受人类活动的干扰。Spherical模型中,旱地的主自相关阈值为79703m,次自相关阈值为40937m,说明旱地的土地利用相对变化频率在40937—79703m之间存在自相关;林地的主自相关阈值为79706m,次自相关阈值为40886m,说明林地的土地利用相对变化频率在40886—79706m之间存在自相关;建设用地的主自相关阈值为79679m,次自相关阈值为16304m,说明建设用地的土地利用相对变化频率在16304—79679m之间存在自相关。Gaussian模型中,水田的主自相关阈值为79704m,次自相关阈值为30383m,说明水田的土地利用相对变化频率在30383—79704m之间存在自相关;园地的主自相关阈值为79664m,次自相关阈值为40996m,说明园地的土地利用相对变化频率在40996—79664m之间存在自相关;其他用地的主自相关阈值为79693m,次自相关阈值为40924m,说明其他用地的土地利用相对变化频率在40924—79693m之间存在自相关。Circular模型中,草地的主自相关阈值为79719m,次自相关阈值为37408m,说明草地的土地利用相对变化频率在37408—79719m之间存在自相关；水域的主自相关阈值为 79720m，次自相关阈值为 47970m，说明水域的土地利用相对变化频率在 47970—79720m 之间存在自相关（表 4.13）。

表 4.13　1991—2003 年研究区土地利用相对变化频率的各半方差函数模型

土地利用类型	模型	偏基台值（C）	块金值（C_0）	空间结构比率（C_0/C_0+C）	标准均方根预测误差	主自相关阈值（Z_1）	次自相关阈值（Z_2）	方向（W）
旱地	Spherical	0.1856	0.2382	0.5620	0.9885	79703	40937	7.4°
	Circular	0.1794	0.2281	0.5598	0.9811	79691	37418	8.0°
	Gaussian	0.1853	0.2412	0.5655	0.9826	79683	33902	8.6°
水田	Spherical	0.2366	0.2425	0.5062	0.9766	79703	33904	330.6°
	Circular	0.2172	0.2335	0.5181	0.9759	79707	33896	330.0°
	Gaussian	0.2482	0.2365	0.4879	0.9802	79704	30383	330.3°
园地	Spherical	0.1877	0.2342	0.5551	0.9525	79664	40996	9.0°
	Circular	0.1875	0.2336	0.5548	0.9530	79664	40996	9.0°
	Gaussian	0.1969	0.2469	0.5563	0.9553	79664	40996	9.0°
林地	Spherical	0.1790	0.2379	0.5706	0.9678	79706	40886	324.6°
	Circular	0.1718	0.2278	0.5701	0.9612	79706	40886	324.6°
	Gaussian	0.1755	0.2331	0.5705	0.9644	79706	40886	324.6°
草地	Spherical	0.2436	0.2301	0.4857	0.9774	79704	37418	275.0°
	Circular	0.2430	0.2350	0.4916	0.9776	79719	37408	275.1°
	Gaussian	0.2317	0.2295	0.4976	0.9768	79691	33897	274.9°
建设用地	Spherical	0.1833	0.2422	0.5692	0.9798	79679	16304	352.2°
	Circular	0.1899	0.2456	0.5639	0.9777	79680	16303	352.5°
	Gaussian	0.1957	0.2401	0.5510	0.9793	79677	16302	351.9°
水域	Spherical	0.2575	0.2393	0.4817	0.9731	79721	51496	275.7°
	Circular	0.2480	0.2366	0.4882	0.9745	79720	47970	275.4°
	Gaussian	0.2443	0.2335	0.4887	0.9709	79715	51490	275.6°
其他用地	Spherical	0.1951	0.2419	0.5535	0.9657	79713	44441	323.8°
	Circular	0.1837	0.2314	0.5574	0.9650	79673	44459	324.3°
	Gaussian	0.1835	0.2287	0.5548	0.9699	79693	40924	324.0°

1991—2003 年期间，研究区土地利用相对变化频率小于 1 的旱地、水

田、园地、林地、草地、建设用地、水域和其他用地面积分别占相应土地利用类型总面积的51.08%、40.99%、90.91%、47.65%、22.49%、34.79%、40.17%和55.65%，土地利用相对变化频率大于1的旱地、水田、园地、林地、草地、建设用地、水域和其他用地面积分别占相应土地利用类型总面积的48.92%、59.01%、9.09%、52.35%、77.51%、65.21%、59.83%和44.35%。

（三）2003—2015年研究区土地利用相对变化频率分析

2003—2015年，研究区旱地、林地和建设用地的土地利用相对变化频率的空间变异模型中，Spherical模型的标准均方根预测误差最接近1，是3种获取旱地、林地和建设用地的土地利用相对变化频率空间分布特征中的最优模型；水田、园地和其他用地的土地利用相对变化频率的空间变异模型中，Gaussian模型的标准均方根预测误差最接近1，是3种获取水田、园地和其他用地的土地利用相对变化频率空间分布特征中的最优模型；草地、水域的土地利用相对变化频率的空间变异模型中，Circular模型的标准均方根预测误差最接近1，是3种获取草地、水域的土地利用相对变化频率空间分布特征中的最

优模型。8种土地利用类型相应模型的空间结构比率在60%—68%之间，反映出研究区各种土地利用类型的相对变化频率具有较强的空间相关性，其空间异质性是由随机因素和结构性因素共同引起的，表明该时段内研究区土地利用数量变化的区域差异受人类活动和自然因素的共同影响，且人类活动对土地利用数量变化的区域差异干扰较大。Spherical模型中，旱地的主自相关阈值为79761m，次自相关阈值为44437m，说明旱地的土地利用相对变化频率在44437—79761m之间存在自相关；林地的主自相关阈值为79749m，次自相关阈值为55017m，说明林地的土地利用相对变化频率在55017—79749m之间存在自相关；建设用地的主自相关阈值为79664m，次自相关阈值为50123m，说明建设用地的土地利用相对变化频率在50123—79749m之间存在自相关。Gaussian模型中，水田的主自相关

阈值为79732m，次自相关阈值为47978m，说明水田的土地利用相对变化频率在47978—79732之间存在自相关；园地的主自相关阈值为2530.9m，次自相关阈值为1273.1m，说明园地的土地利用相对变化频率在1273.1—2530.9m之间存在自相关；其他用地的主自相关阈值为79707m，次自相关阈值为40925m，说明其他用地的土地利用相对变化频率在40925—79707m之间存在自相关。Circular模型中，草地的主自相关阈值为79690m，次自相关阈值为40941m，说明草地的土地利用相对变化频率在40941—79690m之间存在自相关；水域的主自相关阈值为79676m，次自相关阈值为26855m，说明水域的土地利用相对变化频率在26855—79676m之间存在自相关（表4.14）。

表4.14　2003—2015年研究区土地利用相对变化频率的各半方差函数模型

土地利用类型	模型	偏基台值（C）	块金值（C_0）	空间结构比率（C_0/C_0+C）	标准均方根预测误差	主自相关阈值（Z_1）	次自相关阈值（Z_2）	方向（W）
旱地	Spherical	0.2067	0.4158	0.6680	0.9850	79761	44437	93.5°
	Circular	0.2124	0.4361	0.6725	0.9818	79695	40935	94.0°
	Gaussian	0.2367	0.4284	0.6441	0.9778	79698	40935	92.7°
水田	Spherical	0.1987	0.3237	0.6196	0.9773	79739	51499	10.4°
	Circular	0.2194	0.3661	0.6253	0.9804	79738	47980	9.7°
	Gaussian	0.2156	0.3653	0.6289	0.9831	79732	47978	10.9°
园地	Spherical	0.2347	0.4195	0.6412	0.9358	3288.7	2003.3	293.2°
	Circular	0.2223	0.4102	0.6485	0.9395	5265.3	4090.2	289.8°
	Gaussian	0.2261	0.4100	0.6446	0.9413	2530.9	1273.1	285.7°
林地	Spherical	0.2199	0.4495	0.6715	0.9682	79749	55017	282.2°
	Circular	0.2194	0.4479	0.6712	0.9627	79760	51490	282.4°
	Gaussian	0.2156	0.4475	0.6749	0.9665	79720	51494	285.4°
草地	Spherical	0.2047	0.3189	0.6090	0.9714	79711	47973	16.6°
	Circular	0.2026	0.3091	0.6041	0.9803	79690	40941	15.6°
	Gaussian	0.2043	0.3221	0.6119	0.9723	79695	40939	18.1°

续表

土地利用类型	模型	偏基台值（C）	块金值（C_0）	空间结构比率（C_0/C_0+C）	标准均方根预测误差	主自相关阈值（Z_1）	次自相关阈值（Z_2）	方向（W）
建设用地	Spherical	0.2154	0.4306	0.6666	0.9767	79664	50123	275.1°
	Circular	0.2189	0.4341	0.6648	0.9734	79664	50123	275.1°
	Gaussian	0.2076	0.4323	0.6756	0.9720	79664	50123	275.1°
水域	Spherical	0.1989	0.3015	0.6025	0.9799	79683	26855	341.6°
	Circular	0.1976	0.3077	0.6090	0.9808	79676	26855	343.3°
	Gaussian	0.1986	0.3097	0.6093	0.9766	79678	26852	344.6°
其他用地	Spherical	0.2120	0.4471	0.6784	0.9707	79709	40932	399.7°
	Circular	0.2226	0.4403	0.6642	0.9718	79713	40928	301.6°
	Gaussian	0.2319	0.4478	0.6588	0.9729	79707	40925	301.1°

2003—2015 年期间，研究区土地利用相对变化频率小于 1 的旱地、水田、园地、林地、草地、建设用地、水域和其他用地面积分别占相应土地利用类型总面积的 44.51%、35.37%、87.88%、60.14%、49.17%、62.99%、63.10% 和 60.03%，土地利用相对变化频率大于 1 的旱地、水田、园地、林地、草地、建设用地、水域和其他用地面积分别占相应土地利用类型总面积的 55.49%、64.63%、12.12%、39.86%、50.83%、37.01%、36.90% 和 39.97%。

1979—1991 年、1991—2003 年、2003—2015 年 3 个时间段的 S 值分别为 143862.76、169904.94、186229.92，说明 3 个时段土地利用类型变化的差异性在 1991—2003 年期间最大，2003—2015 年期间次之，1979—1991 年期间最小。

在空间上，研究区 4148 个样本区域的土地利用数量变化相较于全域的土地利用数量变化存在较为明显的区域差异；其中，旱地在研究区旱地与其他用地类型的交界处的变化高于研究区全域；林地在研究区东北部的林地中心地带和研究区东部林地东南地带的变化低于全域；草地在研究区西南部的变化高于全域；建设用地在研究区县域界线处的变化低于全域；水田、园地、水域和其他用地的变化在空间上的分布较为分散（图 4.15）。

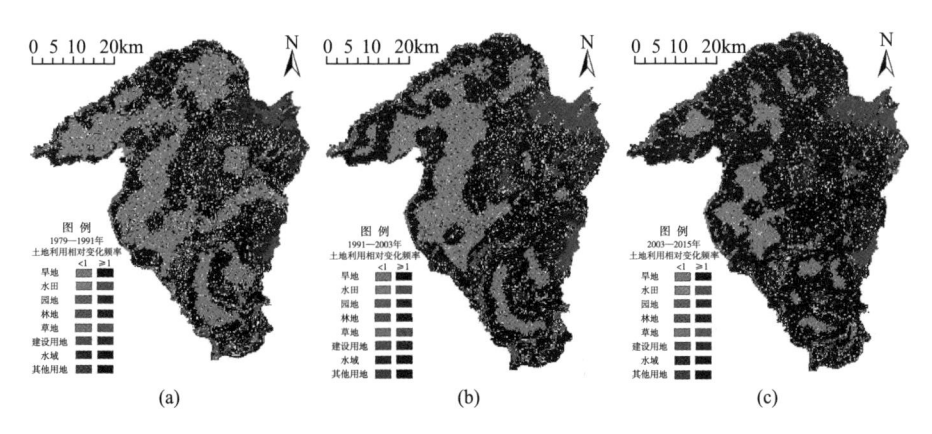

图 4.15　1979—2015 年研究区土地利用相对变化频率空间分布特征

研究期内，研究区土地利用相对变化频率呈现较为明显的分异特征，土地利用相对变化频率可划分为 3 个阶段：第一阶段是 1979—1991 年，各种土地利用类型的相对变化频率变化趋势相对平缓；第二阶段是 1991—2003 年，各种土地利用类型的相对变化频率变化趋势进入较为强烈的阶段，反映出由于经济发展迅速，建设用地扩张明显，耕地的减少也较为明显；第三阶段为 2003—2015 年，各种土地利用类型的相对变化频率变化增长的趋势明显减缓，反映出人们逐渐意识到土地利用变化带来的生态环境问题，建设用地扩张略有下降，耕地的减少也明显减慢。

五　土地利用强度

土地利用强度模型用于测度人类活动对土地利用格局的干扰程度。以往研究将土地利用强度划分为未利用土地级、林草水用地级、农业用地级和建设用地级四个等级，其中，"林草水土地利用等级"是林地、草地、水域 3 种土地利用类型的总体利用强度等级，结合研究区特点，水域作为研究区重要的土地利用类型，其在水利灌溉和水土资源配置中具有重要作用，因此将水域从"林草水土地利用等级"中分离出来，更能真实反映土地利用强度的实质，可以科学客观反映研究区土地利用格局。因此，本文将土地利用强度分为 5 个等级：Ⅰ级为未利用地，Ⅱ级为水域，Ⅲ级为林地和草地，Ⅳ级为旱地、水田和园地，Ⅴ级为建设用地（刘欢等，2012），并将其强度分级指数由小到大依次设定为1、2、3、4、5。运用土地利用强度综合指数反映土地利用强度大小（式4.19）。采用半方差函数挖掘土地利用强度图谱，对区域土地利用强度的空间分布规律进行可视化表达。

$$L = \sum_{i=1}^{n} A_i \times (S_i/S) \qquad （式4.19）$$

式中：L 为样本区域土地利用强度综合指数；A_i 为样本区域内第 i 级土地利用强度分级指数；S_i 为样本区域内第 i 级土地面积，S 为样本区域内土地总面积；n 为土地利用强度分级数。

（一）1979年研究区土地利用强度分析

1979年研究区土地利用强度的空间变异模型中，Circular模型的标准均方根预测误差最接近1，是3种获取土地利用强度空间分布特征中的最优模型。Spherical模型、Circular模型和Gaussian模型3种模型的空间结构比率分别为0.3197、0.3256、0.3656，反映出研究区土地利用强度具有较强的空间相关性，且其空间异质性主要是由结构性因素引起的，表明1979年研究区土地利用强度主要受自然因素的影响，人类活动的干扰较小，土地利用强度与土地利用强度分级指数呈正相关。Circular模型中，主自相关阈值为80542m，次自相关阈值为76013m，说明土地利用强度在76013—80542m之间存在自相关，模型方向为26.8°，说明研究区土地利用强度在该方向上的空间变异明显（表4.15）。

表4.15　　1979年研究区土地利用强度的各半方差函数模型

模型	偏基台值（C）	块金值（C_0）	空间结构比率（C_0/C_0+C）	标准均方根预测误差	主自相关阈值（Z_1）	次自相关阈值（Z_2）	方向（W）
Spherical	0.3172	0.1490	0.3197	0.9646	83184	81068	24.9°
Circular	0.3354	0.1619	0.3256	0.9718	80542	76013	26.8°
Gaussian	0.3470	0.1999	0.3656	0.9523	83184	80620	19.0°

1979年，研究区土地利用强度在1.48—4.29之间，平均值为3.66，且大部分分布在2.96—4.01之间，占研究区总面积的89.25%；土地利用强度小于2.96的土地面积占总面积的比例为4.61%，土地利用强度大于4.01的土地面积占总面积的比例为6.14%。

（二）1991年研究区土地利用强度分析

1991年研究区土地利用强度的空间变异模型中，Gaussian模型的标准均方根预测误差最接近1，是3种获取土地利用强度空间分布特征中的最优模型。Spherical模型、Circular模型和Gaussian模型3种模型的空间结构比率分别为0.3568、0.3390、0.3721，反映出研究区土地利用强度具有较强的空间相关性，且其空间异质性主要是由结构性因素引起的，表明1991年研究区土地利用强度主要受自然因素的影响，人类活动的干扰较小，土地利用强度与土地利用强度分级指数呈正相关。Gaussian模型中，主自相关阈值为83184m，次自相关阈值为79664m，说明土地利用强度在79664—83184m之间存在自相关，模型方向为9°，说明研究区土地利用强度在该方向上的空间变异明显（表4.16）。

表4.16　　1991年研究区土地利用强度的各半方差函数模型

模型	偏基台值（C）	块金值（C_0）	空间结构比率（C_0/C_0+C）	标准均方根预测误差	主自相关阈值（Z_1）	次自相关阈值（Z_2）	方向（W）
Spherical	0.3911	0.2169	0.3568	0.9135	83184	81921	1.50°
Circular	0.4310	0.2211	0.3390	0.9067	83184	81471	5.20°
Gaussian	0.4233	0.2509	0.3721	0.9238	83184	79664	9.00°

1991年，研究区土地利用强度在1.51—4.40之间，平均值为3.68，且大部分分布在2.98—4.05之间，占研究区总面积的90.43%；土地利用强度小于2.98的土地面积占总面积的比例为4.87%，土地利用强度大于4.05的土地面积占总面积的比例为4.70%。

（三）2003年研究区土地利用强度分析

2003年研究区土地利用强度的空间变异模型中，Gaussian模型的标准均方根预测误差最接近1，是3种获取土地利用强度空间分布特征中的最优模型。Spherical 模型、Circular 模型和 Gaussian 模型3种模型的空间结构比率分别为0.4444、0.4268、0.4614，反映出研究区土地利用强度具有较强的空间相关性，且其空间异质性主要是由结构性因素和随机性因素引起的，表明2003年研究区土地利用强度受自然因素和人类活动共同影响，土地利用强度与土地利用强度分级指数呈正相关。Gaussian 模型中，主自相关阈值为83184m，次自相关阈值为82718m，说明土地利用强度在82718—83184m之间存在自相关，模型方向为351.0°，说明研究区土地利用强度在该方向上的空间变异明显（表4.17）。

表4.17　　2003年研究区土地利用强度的各半方差函数模型

模型	偏基台值（C）	块金值（C_0）	空间结构比率（C_0/C_0+C）	标准均方根预测误差	主自相关阈值（Z_1）	次自相关阈值（Z_2）	方向（W）
Spherical	0.2967	0.2374	0.4444	0.9417	83184	81098	340.2°
Circular	0.3230	0.2405	0.4268	0.9233	83184	79664	253.2°
Gaussian	0.3231	0.2768	0.4614	0.9586	83184	82718	351.0°

2003年，研究区土地利用强度在1.71—4.40之间，平均值为3.76，且大部分分布在2.99—4.07之间，占研究区总面积的91.93%；土地利用强度小于2.99的土地面积占总面积的比例为3.96%，土地利用强度大于4.07的土地面积占总面积的比例为4.11%。

（四）2015年研究区土地利用强度分析

2015年研究区土地利用强度的空间变异模型中，Spherical 模型的标准均方根预测误差最接近1，是3种获取土地利用强度空间分布特征中的最优模型。Spherical 模型、Circular 模型和 Gaussian 模型3种模型的空间结构比率分别为0.4189、0.4111、0.4406，反映出研究区土地利用强度具有较强的空间相关性，且其空间异质性主要是由结构性因素和随机性因素引起的，表明2015年研究区土地利用强度受自然因素和人类活动共同影响，土地利用强度与土地利用强度分级指数呈正相关。Spherical 模型中，主自相关阈值为80368m，次自相关阈值为76126m，说明土地利用强度在76126—80368m之间存在自相关，模型方向为67.3°，说明研究区土地利用强度在该方向上的空间变异明显（表4.18）。

表4.18　　2015年研究区土地利用强度的各半方差函数模型

模型	偏基台值 (C)	块金值 (C_0)	空间结构比率 (C_0/C_0+C)	标准均方根预测误差	主自相关阈值（Z_1）	次自相关阈值（Z_2）	方向（W）
Spherical	0.3051	0.2199	0.4189	0.9755	80368	76126	67.3°
Circular	0.3185	0.2224	0.4111	0.9360	79856	69136	68.9°
Gaussian	0.3742	0.2947	0.4406	0.9687	83184	81528	69.4°

2015年，研究区土地利用强度在1.46—4.59之间，平均值为3.82，且大部分分布在3.06—4.12之间，占研究区总面积的92.42%；土地利用强度小于3.06的土地面积占总面积的比例为4.39%，土地利用强度大于4.12的土地面积占总面积的比例为3.19%。

在空间上，4148个样本区域的土地利用强度变化存在较为明显的区域差异；其中，研究区南部和西北部有2处土地利用强度极强的建设用地。研究区全域耕地的利用强度相对较高，而沿耕地向周围土地利用类型过渡区域的土地利用强度逐渐减弱，在研究区中部林地和接近研究区行政边界处的土地利用强度最低（图4.16）。

研究期内，根据研究区实际情况，结合数据处理结果，研究区土地利用强度不断增强，东北部林地开垦力度逐年加大，导致林地利用强度上升。南部和西北部的2处居民点发展水平逐年提高，经济发展水平越来越高，导致建设用地利用强度略有上升。研究区耕地开发水平逐年提高，在经济利益的驱使下，研究区林地、草地转变为耕地的情况越来越多；同时，1979—1991年间，局部地区因种植结构调整将水田转为旱地，1991—2015年间，在农田水利设施保障前提下，局部地区的旱地转为水田；以上均是1979—2015年36a间研究区耕地利用强度发生显著变化的主要原因。

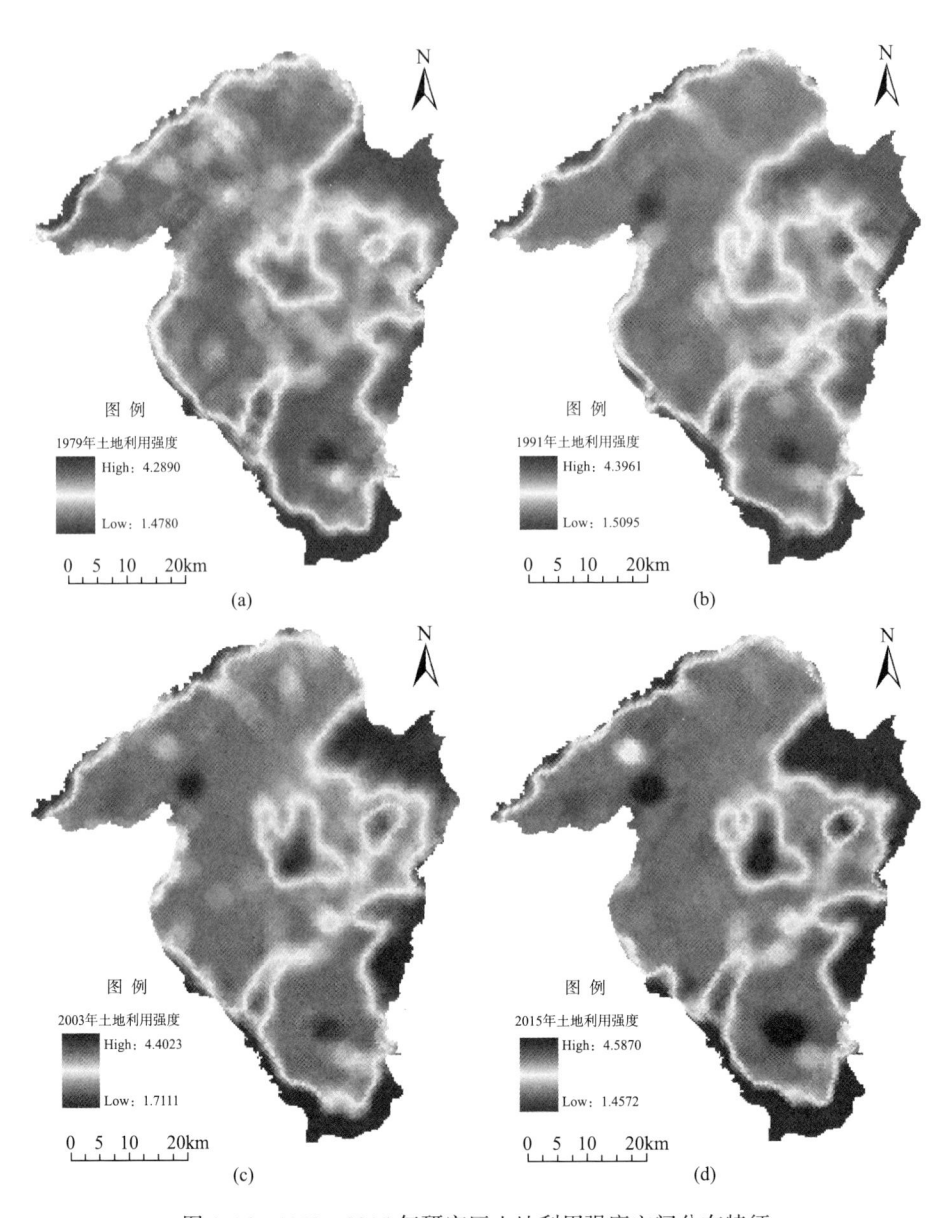

图 4.16 1979—2015 年研究区土地利用强度空间分布特征

六 土地利用多样性程度

土地利用多样性程度是度量土地利用结构组成复杂程度的指数,反映区域内各种土地利用类型的多样化状况。本研究运用 Gibbs-Martin 指数对研究区土地利用多样性程度进行测算（式4.20），采用半方差函数挖掘土地利用多样性程度图谱，对区域土地利用多样性程度的空间分布规律进行可视化表达。

$$G = 1 - \left[\sum_{i=1}^{n} x_i^2 \bigg/ \sum_{i=1}^{n} x_i\right]^2$$
（式4.20）

式中：G 为样本区域土地利用多样性程度指数，其理论最大值为 $(n-1)/n$；n 为土地利用类型数；x_i 为第 i 类土地面积。n 取值越大，区域土地利用类型数越多样。

（一）1979年研究区土地利用多样性程度分析

1979 年研究区土地利用多样性程度的空间变异模型中，Gaussian 模型的标准均方根预测误差最接近 1，是 3 种获取土地利用多样性程度空间分布特征中的最优模型。Spherical 模型、Circular 模型和 Gaussian 模型 3 种模型的空间结构比率分别为 0.7728、0.7634、0.7844，反映出研究区土地利用多样性程度具有较强的空间相关性，且其空间异质性主要是由随机性因素引起的，表明 1979 年研究区土地利用多样性程度主要受人类活动的干扰，自然因素的影响较小。Gaussian 模型中，主自相关阈值为 83184m，次自相关阈值为 80153m，说明土地利用多样性程度在 80153—83184m 之间存在自相关，模型方向为 344.5°，说明研究区土地利用多样性程度在该方向上的空间变异明显（表4.19）。

表4.19　1979年研究区土地利用多样性程度的各半方差函数模型

模型	偏基台值（C）	块金值（C_0）	空间结构比率（C_0/C_0+C）	标准均方根预测误差	主自相关阈值（Z_1）	次自相关阈值（Z_2）	方向（W）
Spherical	0.0116	0.0396	0.7728	0.9779	83184	80465	344.9°
Circular	0.0123	0.0397	0.7634	0.9632	80582	75516	344.2°
Gaussian	0.0114	0.0415	0.7844	0.9812	83184	80153	344.5°

1979 年，研究区土地利用多样性程度在 0—0.61 之间，平均值为 0.28，且大部分分布在 0.11—0.42 之间，占研究区总面积的 81.30%；土

地利用多样性程度小于0.11的土地面积占总面积的比例为4.51%，土地利用多样性程度大于0.42的土地面积占总面积的比例为14.19%。

（二）1991年研究区土地利用多样性程度分析

1991年研究区土地利用多样性程度的空间变异模型中，Spherical模型的标准均方根预测误差最接近1，是3种获取土地利用多样性程度空间分布特征中的最优模型。Spherical模型、Circular模型和Gaussian模型3种模型的空间结构比率分别为0.7433、0.7339、0.7662，反映出研究区土地利用多样性程度具有较强的空间相关性，且其空间异质性主要是由随机性因素引起的，表明1991年研究区土地利用多样性程度主要受人类活动的干扰，自然因素的影响较小。Spherical模型中，主自相关阈值为79913m，次自相关阈值为68943m，说明土地利用多样性程度在68943—79913m之间存在自相关，模型方向为353.3°，说明研究区土地利用多样性程度在该方向上的空间变异明显（表4.20）。

表4.20　　1991年研究区土地利用多样性程度的各半方差函数模型

模型	偏基台值（C）	块金值（C_0）	空间结构比率（C_0/C_0+C）	标准均方根预测误差	主自相关阈值（Z_1）	次自相关阈值（Z_2）	方向（W）
Spherical	0.0133	0.0384	0.7433	0.9662	79913	68943	353.3°
Circular	0.0139	0.0383	0.7399	0.9318	79797	58467	351.7°
Gaussian	0.0124	0.0407	0.7662	0.9567	79839	65455	352.7°

1991年，研究区土地利用多样性程度在0—0.63之间，平均值为0.28，且大部分分布在0.12—0.49之间，占研究区总面积的87.96%；土地利用多样性程度小于0.12的土地面积占总面积的比例为6.56%，土地利用多样性程度大于0.49的土地面积占总面积的比例为5.48%。

（三）2003年研究区土地利用多样性程度分析

2003年研究区土地利用多样性程度的空间变异模型中，Gaussian模型的标准均方根预测误差最接近1，是3种获取土地利用多样性程度空间分布特征中的最优模型。Spherical 模型、Circular 模型和 Gaussian 模型 3 种模型的空间结构比率分别为 0.6910、0.6822、0.7027，反映出研究区土地利用多样性程度具有较强的空间相关性，且其空间异质性主要是由随机性因素引起的，表明 2003 年研究区土地利用多样性程度主要受人类活动的干扰，自然因素的影响较小。Gaussian 模型中，主自相关阈值为 83184m，次自相关阈值为 82283m，说明土地利用多样性程度在 82283—83184m 之间存在自相关，模型方向为 264.3°，说明研究区土地利用强度多样性程度在该方向上的空间变异明显（表 4.21）。

表 4.21　2003 年研究区土地利用多样性程度的各半方差函数模型

模型	偏基台值（C）	块金值（C_0）	空间结构比率（C_0/C_0+C）	标准均方根预测误差	主自相关阈值（Z_1）	次自相关阈值（Z_2）	方向（W）
Spherical	0.0162	0.0363	0.6910	0.9674	83184	81057	260.5°
Circular	0.0170	0.0365	0.6822	0.9533	80528	76131	81.1°
Gaussian	0.0165	0.0389	0.7027	0.9763	83184	82283	264.3°

2003 年，研究区土地利用多样性程度在 0—0.63 之间，平均值为 0.25，且大部分分布在 0.13—0.45 之间，占研究区总面积的 82.91%；土地利用多样性程度小于 0.13 的土地面积占总面积的比例为 11.29%，土地利用多样性程度大于 0.45 的土地面积占总面积的比例为 5.81%。

（四）2015 年研究区土地利用多样性程度分析

2015 年研究区土地利用多样性程度的空间变异模型中，Circular 模型的标准均方根预测误差最接近 1，是 3 种获取土地利用多样性程度空间分布特征中的最优模型。Spherical 模型、Circular 模型和 Gaussian 模型 3 种模型的空间结构比率分别为 0.6745、0.6668、0.6824，反映出研究区土地利用多样性程度具有较强的空间相关性，且其空间异质性主要是由随机性因素引起的，表明 2015 年研究区土地利用多样性程度主要受人类活动的干扰，自然因素的影响较小。Circular 模型中，主自相关阈值为 79921m，次自相关阈值为 69083m，说明土地利用多样性程度在 69083—79921m 之间存在自相关，模型方向为 91.1°，说明研究区土地利用多样性程度在该方向上的空间变异明显（表 4.22）。

表 4.22　2015 年研究区土地利用多样性程度的各半方差函数模型

模型	偏基台值（C）	块金值（C_0）	空间结构比率（C_0/C_0+C）	标准均方根预测误差	主自相关阈值（Z_1）	次自相关阈值（Z_2）	方向（W）
Spherical	0.0164	0.0341	0.6745	0.9498	80422	76019	89.8°
Circular	0.0171	0.0343	0.6668	0.9544	79921	69083	91.1°
Gaussian	0.0171	0.0367	0.6824	0.9529	83184	79676	271.0°

2015 年，研究区土地利用多样性程度在 0—0.61 之间，平均值为 0.26，且大部分分布在 0.12—0.42 之间，占研究区总面积的 85.75%；土地利用多样性程度小于 0.12 的土地面积占总面积的比例为 5.39%，土地利用多样性程度大于 0.42 的土地面积占总面积的比例为 8.85%。

在空间上，4148 个样本区域土地利用结构组成的复杂程度存在较为明显的区域差异；其中，研究区靠近行政界限区域的土地利用结构组成最为复杂，特别是西北部、南部和东部的土地利用多样性程度最为多样，研究区中部偏西和东北部区域的土地利用多样性程度相对较低（图 4.17）。

研究期内，研究区土地利用多样性程度略有降低，说明人类活动对土地利用变化的干扰较为明显，阻碍了土地利用多样性水平的持续性，特别是 1979 年、1991 年研究区东北部土地利用多样性程度极高，但在 2003 年、2015 年该区域土地利用多样性程度下降明显，退耕还林等政策法规的实施，导致区域土地利用多样性水平的维持遇到较为严重的阻力；在 1979—2015 年土地开发建设过程中，研究区内部较为分散的土地利用格局，逐渐向邻近的土地利用类型转变，也是土地利用多样性水平降低的重要原因。

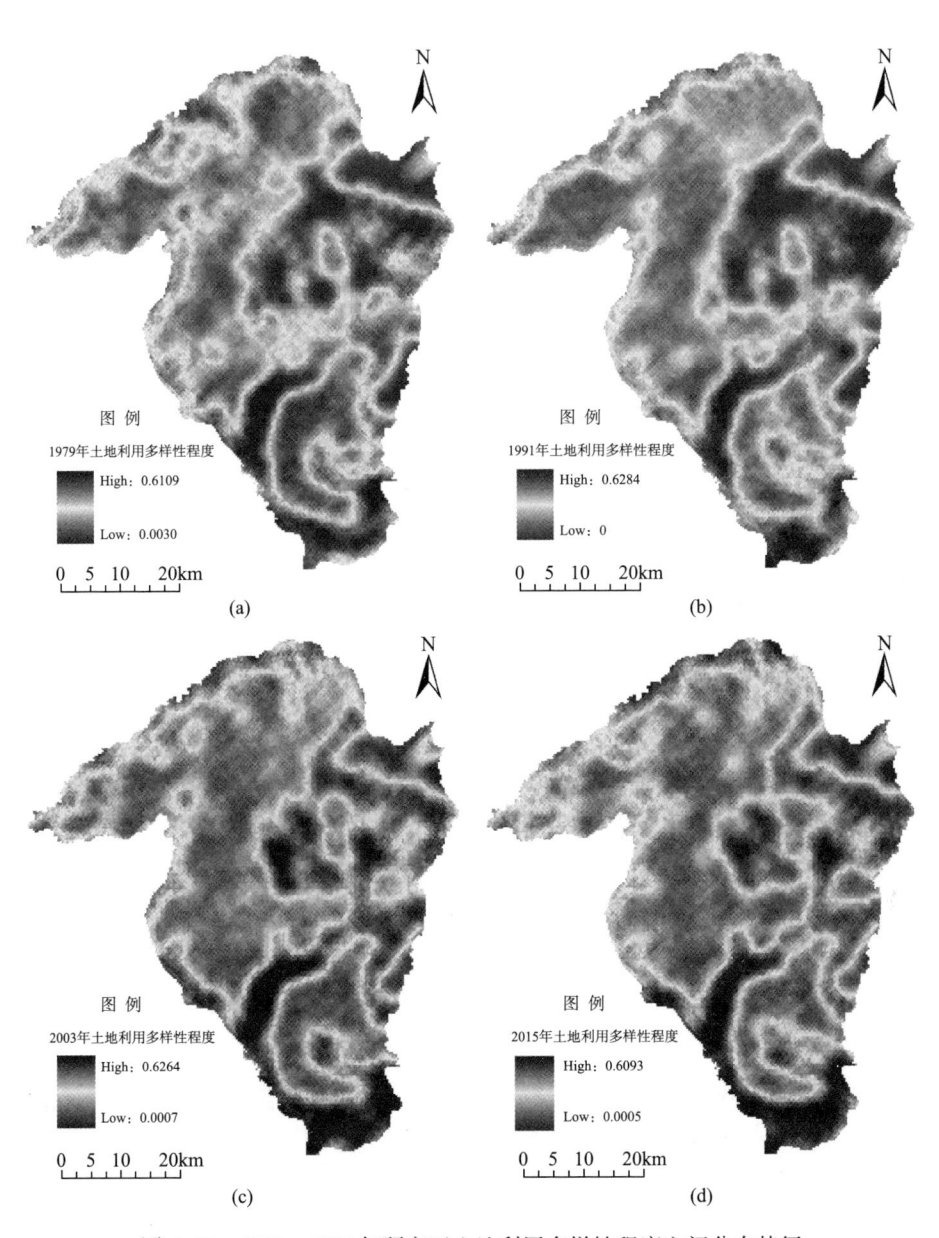

图 4.17 1979—2015 年研究区土地利用多样性程度空间分布特征

七 土地利用类型区位指数

地类区位指数模型用于测度各种土地利用类型的区位优势（式 4.21）。

$$Q_i = \frac{d_i}{\sum_{i=1}^{n} d_i} \bigg/ \frac{D_i}{\sum_{i=1}^{n} D_i} \qquad (式4.21)$$

式中，d_i 表示样本内第 i 类土地利用类型的面积；D_i 表示高层次区域内第 i 类土地利用类型的面积；n 表示土地利用类型数；Q_i 表示地类区位指数，当 $Q_i > 1$ 时，该种土地利用类型具有区位意义，当 $Q_i < 1$ 时，该种土地利用类型不具有区位意义。

（一）1979年研究区土地利用类型区位指数分析

1979年，研究区旱地、草地、建设用地地类区位指数的空间变异模型中，Circular 模型的标准均方根预测误差最接近1，是3种获取旱地、草地、建设用地地类区位指数空间分布特征中的最优模型；水田、林地和其他用地地类区位指数的空间变异模型中，Spherical 模型的标准均方根预测误差最接近1，是3种获取水田、林地和其他用地地类区位指数空间分布特征中的最优模型；园地、水域的地类区位指数的空间变异模型中，Gaussian 模型的标准均方根预测误差最接近1，是3种获取园地、水域地类区位指数空间分布特征中的最优模型。8种土地利用类型相应模型的空间结构比率在39%—42%之间，反映出研究区各种土地利用类型的地类区位指数具有较强的空间相关性，且其空间异质性是由结构性因素和随机因素共同引起的，表明1979年研究区土地利用类型的区位优势不仅受自然因素的影响，同时也受人类活动的干扰。Circular 模型中，旱地的主自相关阈值为79733m，次自相关阈值为51444m，说明旱地的地类区位指数在51444—79733m 之间存在自相关，模型方向为345.7°，说明研究区旱地的地类区位指数在该方向上的空间变异明显；草地的主自相关阈值为79772m，次自相关阈值为58508m，说明草地的地类区位指数在58508—79772m 之间存在自相关，模型方向为321.5°，说明研究区草地的地类区位指数在该方向上的空间变异明显；建设用地的主自相关阈值为79705m，次自相关阈值为51498m，说明建设用地的地类区位指数在51498—79705m 之间存在自相关，模型方向为25.0°，说明研究区建设用地的地类区位指数在该方向上的空间变异明显。Spherical 模型中，水田的主自相关阈值为 79793m，次自相关阈值为 65544m，说明水田的地类区位指数在 65544—79793 之间存在自相关，模型方向为 9.2°，说明研究区水田的地类区位指数在该方向上的空间变异明显；林地的主自相关阈值为 79700m，次自相关阈值为 40924m，说明林地的地类区位指数在 40924—79700 之间存在自相关，模型方向为 336.7°，说明研究区林地的地类区位指数在该方向上的空间变异明显；其他用地的主自相关阈值为 83184m，次自相关阈值为 80665m，说明其他用地的地类区位指数在 80665—83184m 之间存在自相关，模型方向为 31.6°，说明研究区其他用地的地类区位指数在该方向上的空间变异明显。Gaussian 模型中，园地的主自相关阈值为 47984m，次自相关阈值为 12784m，说明园地的地类区位指数在 12784—47984m 之间存在自相关，模型方向为 340.3°，说明研究区园地的地类区位指数在该方向上的空间变异明显；水域的主自相关阈值为 83184m，次自相关阈值为 82333m，说明水域的地类区位指数在 82333—83184m 之间存在自相关，模型方向为 62.2°，说明研究区水域的地类区位指数在该方向上的空间变异明显（表 4.23）。

表 4.23　1979 年研究区土地利用类型区位指数的各半方差函数模型

土地利用类型	模型	偏基台值（C）	块金值（C_0）	空间结构比率（C_0/C_0+C）	标准均方根预测误差	主自相关阈值（Z_1）	次自相关阈值（Z_2）	方向（W）
旱地	Spherical	0.3000	0.2006	0.4007	0.9687	79743	58480	345.9°
	Circular	0.3254	0.2122	0.3947	0.9722	79733	51444	345.7°
	Gaussian	0.3516	0.2265	0.3918	0.9690	79718	54977	345.5°
水田	Spherical	0.3243	0.2274	0.4122	0.9756	79793	65544	9.2°
	Circular	0.2948	0.2081	0.4138	0.9697	79746	58527	8.1°
	Gaussian	0.3066	0.2168	0.4142	0.9672	79834	62016	8.8°
园地	Spherical	0.3187	0.2221	0.4107	0.9665	47984	12784	340.3°
	Circular	0.3200	0.2211	0.4086	0.9778	47984	12784	340.3°
	Gaussian	0.3327	0.2233	0.4016	0.9802	47984	12784	340.3°

续表

土地利用类型	模型	偏基台值（C）	块金值（C_0）	空间结构比率（C_0/C_0+C）	标准均方根预测误差	主自相关阈值（Z_1）	次自相关阈值（Z_2）	方向（W）
林地	Spherical	0.3179	0.2153	0.4038	0.9796	79700	40924	336.7°
	Circular	0.3491	0.2267	0.3937	0.9607	79695	37409	337.0°
	Gaussian	0.3282	0.2119	0.3923	0.9629	79687	37408	336.5°
草地	Spherical	0.3366	0.2204	0.3957	0.9666	79829	69032	320.6°
	Circular	0.3170	0.2060	0.3939	0.9723	79772	58508	321.5°
	Gaussian	0.3143	0.2126	0.4035	0.9688	79793	65527	321.7°
建设用地	Spherical	0.3186	0.2223	0.4110	0.9784	79774	58511	26.2°
	Circular	0.2977	0.2087	0.4121	0.9822	79705	51498	25.0°
	Gaussian	0.3086	0.2173	0.4132	0.9755	79736	58516	25.6°
水域	Spherical	0.3231	0.2291	0.4149	0.9604	83184	81306	62.4°
	Circular	0.3261	0.2239	0.4071	0.9631	79978	69172	62.0°
	Gaussian	0.3126	0.2177	0.4105	0.9670	83184	82333	62.2°
其他用地	Spherical	0.3237	0.2233	0.4082	0.9641	83184	80665	31.6°
	Circular	0.3097	0.2148	0.4095	0.9617	80108	72585	31.0°
	Gaussian	0.3151	0.2162	0.4069	0.9625	83184	80133	27.9°

1979年，研究区旱地的地类区位指数在0.07—1.43之间，平均值为1.16，且大部分分布在0.67—1.38之间，占旱地总面积的49.35%；地类区位指数小于0.67的旱地占其总面积的比例为47.17%，地类区位指数大于1.38的旱地占总面积的比例为3.48%；研究区水田的地类区位指数在0.11—22.57之间，平均值为5.75，且大部分分布在1.66—13.70之间，占水田总面积的52.39%；地类区位指数小于1.66的水田占其总面积的比例为7.33%，地类区位指数大于13.70的水田占总面积的比例为39.28%。研究区园地的地类区位指数在7.95—18.19之间，平均值为15.37，且大部分分布在8.00—16.75之间，占园地总面积的48.08%；地类区位指数小于8.00的园地占其总面积的比例为44.01%，地类区位指数大于16.75

的园地占总面积的比例为 7.91%；研究区林地的地类区位指数在 0.01—7.52 之间，平均值为 4.41，且大部分分布在 1.17—6.76 之间，占林地总面积的 74.26%；地类区位指数小于 1.17 的林地占其总面积的比例为 15.53%，地类区位指数大于 6.76 的林地占总面积的比例为 10.21%；研究区草地的地类区位指数在 0.05—23.14 之间，平均值为 7.07，且大部分分布在 1.95—18.84 之间，占草地总面积的 72.99%；地类区位指数小于 1.95 的草地占其总面积的比例为 8.44%，地类区位指数大于 18.84 的草地占总面积的比例为 18.57%；研究区建设用地的地类区位指数在 0.08—8.31 之间，平均值为 1.59，且大部分分布在 0.55—4.47 之间，占建设用地总面积的 47.13%；地类区位指数小于 0.55 的建设用地占其总面积的比例为 6.64%，地类区位指数大于 4.47 的建设用地占总面积的比例为 46.23%；研究区水域的地类区位指数在 0.05—30.66 之间，平均值为 10.18，且大部分分布在 4.34—22.93 之间，占水域总面积的 60.63%；地类区位指数小于 4.34 的水域占其总面积的比例为 14.15%，地类区位指数大于 22.93 的水域占总面积的比例为 25.22%；研究区其他用地的地类区位指数在 0.05—10.32 之间，平均值为 2.25，且大部分分布在 0.86—7.03 之间，占其他用地总面积的 59.81%；地类区位指数小于 0.86 的其他用地占其总面积的比例为 8.37%，地类区位指数大于 7.03 的其他用地占总面积的比例为 31.82%。

（二）1991 年研究区土地利用类型区位指数分析

1991 年，研究区旱地、草地、建设用地地类区位指数的空间变异模型中，Circular 模型的标准均方根预测误差最接近 1，是 3 种获取旱地、草地、建设用地地类区位指数空间分布特征中的最优模型；水田、林地和其他用地地类区位指数的空间变异模型中，Spherical 模型的标准均方根预测误差最接近 1，是 3 种获取水田、林地和其他用地地类区位指数空间分布特征中的最优模型；园地、水域的地类区位指数的空间变异模型中，Gaussian 模型的标准均方根预测误差最接近 1，是 3 种获取园地、水域地类区位指数空间分布特征中的最优模型。8 种土地利用类型相应模型的空间结构比率在 29%—37% 之间，反映出研究区各种土地利用类型的地类区位指数具有较强的空间相关性，且其空间异质性是由结构性因素和随机因素共同引起的，表明 1991 年研究区土地利用类型的区位优势不仅受自然因素的影响，同时也受人类活动的干扰。Circular 模型中，旱地的主自相关阈值为 79764m，次自相关阈值为 47901m，说明旱地的地类区位指数在 47901—79764m 之间存在自相关，模型方向为 350.1°，说明研究区旱地的地类区位指数在该方向上的空间变异明显；草地的主自相关阈值为 79882m，次自相关阈值为 69058m，说明草地的地类区位指数在 69058—79882m 之间存在自相关，模型方向为 21.3°，说明研究区草地的地类区位指数在该方向上的空间变异明显；建设用地的主自相关阈值为 79684m，次自相关阈值为 40934m，说明建设用地的地类区位指数在 40934—79684m 之间存在自相关，模型方向为 357.2°，说明研究区建设用地的地类区位指数在该方向上的空间变异明显。Spherical 模型中，水田的主自相关阈值为 79657m，次自相关阈值为 51434m，说明水田的地类区位指数在 51434—79657 之间存在自相关，模型方向为 334.7°，说明研究区水田的地类区位指数在该方向上的空间变异明显；林地的主自相关阈值为 79696m，次自相关阈值为 40924m，说明林地的地类区位指数在 40924—79696 之间存在自相关，模型方向为 337.7°，说明研究区林地的地类区位指数在该方向上的空间变异明显；其他用地的主自相关阈值为 83184m，次自相关阈值为 80426m，说明其他用地的地类区位指数在 80426—83184m 之间存在自相关，模型方向为 299.2°，说明研究区其他用地的地类区位指数在该方向上的空间变异明显。Gaussian 模型中，园地的主自相关阈值为 79696m，次自相关阈值为 33891m，说明园地的地类区位指数在 33891—79696m 之间存在自相关，模型方向为 334.0°，说明园地的地类区位指数在该方向上的空间变异明显；水域的主自相关阈值为 80124m，次自相关阈值为 69081m，说明水域的地类区位指数在 69081—80124m 之间存在自相关，模型方向为 40.4°，说明水域的地类区位指数在该方向上的空间变异明显（表 4.24）。

表 4.24 1991 年研究区土地利用类型区位指数的各半方差函数模型

土地利用类型	模型	偏基台值（C）	块金值（C_0）	空间结构比率（C_0/C_0+C）	标准均方根预测误差	主自相关阈值（Z_1）	次自相关阈值（Z_2）	方向（W）
旱地	Spherical	0.3798	0.1692	0.3082	0.9533	79750	54949	350.5°
	Circular	0.3568	0.1513	0.2978	0.9597	79764	47901	350.1°
	Gaussian	0.3354	0.1661	0.3312	0.9556	79706	51464	349.8°
水田	Spherical	0.3451	0.1754	0.3370	0.9802	79657	51434	92.8°
	Circular	0.3648	0.1636	0.3096	0.9797	79632	44371	90.5°
	Gaussian	0.2613	0.1524	0.3684	0.9783	79707	61943	91.4°
园地	Spherical	0.3194	0.1633	0.3383	0.9694	79686	33901	334.7°
	Circular	0.3539	0.1519	0.3003	0.9661	79703	33893	333.8°
	Gaussian	0.4226	0.1736	0.2912	0.9703	79696	33891	334.0°
林地	Spherical	0.2774	0.1514	0.3531	0.9583	79696	40924	337.7°
	Circular	0.3283	0.1680	0.3385	0.9560	79680	37415	338.0°
	Gaussian	0.2893	0.1562	0.3506	0.9558	79684	37408	337.5°
草地	Spherical	0.3762	0.1577	0.2954	0.9635	83184	79261	22.3°
	Circular	0.3798	0.1663	0.3045	0.9658	79882	69058	21.3°
	Gaussian	0.4028	0.1770	0.3053	0.9648	83184	79181	17.1°
建设用地	Spherical	0.3541	0.1638	0.3163	0.9711	79702	44448	357.1°
	Circular	0.3678	0.1675	0.3129	0.9754	79684	40934	357.2°
	Gaussian	0.3628	0.1627	0.3096	0.9729	79690	44449	357.4°
水域	Spherical	0.3019	0.1673	0.3566	0.9545	83184	81617	43.3°
	Circular	0.3335	0.1728	0.3413	0.9563	79919	69148	41.6°
	Gaussian	0.2708	0.1553	0.3645	0.9608	80124	69081	40.4°
其他用地	Spherical	0.3291	0.1596	0.3266	0.9615	83184	80426	299.2°
	Circular	0.3820	0.1746	0.3137	0.9590	80352	76006	298.4°
	Gaussian	0.3627	0.1668	0.3150	0.9584	83184	80558	304.4°

1991 年，研究区旱地的地类区位指数在 0.03—1.43 之间，平均值为

1.15，且大部分分布在 0.60—1.36 之间，占旱地总面积的 52.87%；地类区位指数小于 0.60 的旱地占其总面积的比例为 42.35%，地类区位指数大于 1.36 的旱地占总面积的比例为 4.78%；水田的地类区位指数在 0.05—16.02 之间，平均值为 5.47，且大部分分布在 2.04—11.53 之间，占水田总面积 59.20%；地类区位指数小于 2.04 的水田占其总面积的比例为 12.75%，地类区位指数大于 11.53 的水田占总面积的比例为 28.05%；园地的地类区位指数在 2.90—37.00 之间，平均值为 19.28，且大部分分布在 9.05—26.28 之间，占园地总面积的 46.55%；地类区位指数小于 9.05 的园地占其总面积的比例为 24.48%，地类区位指数大于 26.28 的园地占总面积的比例为 28.97%；林地的地类区位指数在 0.01—7.34 之间，平均值为 4.33，且大部分分布在 1.92—5.89 之间，占林地总面积的 54.10%；地类区位指数小于 1.92 的林地占其总面积的比例为 26.20%，地类区位指数大于 5.89 的林地占总面积的比例为 19.70%；草地的地类区位指数在 0.21—25.17 之间，平均值为 11.51，且大部分分布在 4.65—19.92 之间，占草地总面积的 60.65%；地类区位指数小于 4.65 的草地占其总面积的比例为 18.47%，地类区位指数大于 19.92 的草地占总面积的比例为 20.88%；建设用地的地类区位指数在 0.03—8.05 之间，平均值为 1.70，且大部分分布在 0.71—4.83 之间，占建设用地总面积的 51.07%；地类区位指数小于 0.71 的建设用地占其总面积的比例为 8.94%，地类区位指数大于 4.83 的建设用地占总面积的比例为 39.99%；水域的地类区位指数在 0.02—39.22 之间，平均值为 13.84，且大部分分布在 4.11—29.84 之间，占水域总面积的 65.60%；地类区位指数小于 4.11 的水域占其总面积的比例为 10.48%，地类区位指数大于 29.84 的水域占总面积的比例为 23.92%；其他用地的地类区位指数在 0.02—9.58 之间，平均值为 3.08，且大部分分布在 2.21—7.69 之间，占其他用地总面积的 57.25%；地类区位指数小于 2.21 的其他用地占其总面积的比例为 23.06%，地类区位指数大于 7.69 的其他用地占总面积的比例为 19.69%。

（三）2003年研究区土地利用类型区位指数分析

2003年，研究区旱地、草地、建设用地地类区位指数的空间变异模型中，Circular模型的标准均方根预测误差最接近1，是3种获取旱地、草地、建设用地地类区位指数空间分布特征中的最优模型；水田、林地和其他用地地类区位指数的空间变异模型中，Spherical模型的标准均方根预测误差最接近1，是3种获取水田、林地和其他用地地类区位指数空间分布特征中的最优模型；园地、水域的地类区位指数的空间变异模型中，Gaussian模型的标准均方根预测误差最接近1，是3种获取园地、水域地类区位指数空间分布特征中的最优模型。8种土地利用类型相应模型的空间结构比率在26%—30%之间，反映出研究区各种土地利用类型的地类区位指数具有强烈的空间相关性，且其空间异质性主要是由结构性因素引起的，表明2003年研究区土地利用类型的区位优势主要受自然因素的影响，人类活动对土地利用过程的干扰较小。Circular模型中，旱地的主自相关阈值为79691m，次自相关阈值为44446m，说明旱地的地类区位指数在44446—79691m之间存在自相关；草地的主自相关阈值为83184m，次自相关阈值为80572m，说明草地的地类区位指数在80572—83184m之间存在自相关；建设用地的主自相关阈值为79708m，次自相关阈值为47979m，说明建设用地的地类区位指数在47979—79708m之间存在自相关。Spherical模型中，水田的主自相关阈值为79711m，次自相关阈值为51486m，说明水田的地类区位指数在51486—79711之间存在自相关；林地的主自相关阈值为79686m，次自相关阈值为40931m，说明林地的地类区位指数在40931—79686之间存在自相关；其他用地的主自相关阈值为79952m，次自相关阈值为65557m，说明其他用地的地类区位指数在65557—79952m之间存在自相关。Gaussian模型中，园地的主自相关阈值为5592.2m，次自相关阈值为2855.6m，说明园地的地类区位指数在2855.6—5592.2m之间存在自相关；水域的主自相关阈值为83184m，次自相关阈值为79469m，说明水域的地类区位指数在79469—83184m之间存在自相关（表4.25）。

表 4.25　2003 年研究区土地利用类型区位指数的各半方差函数模型

土地利用类型	模型	偏基台值（C）	块金值（C_0）	空间结构比率（C_0/C_0+C）	标准均方根预测误差	主自相关阈值（Z_1）	次自相关阈值（Z_2）	方向（W）
旱地	Spherical	0.3184	0.1286	0.2877	0.9618	79699	51476	347.0°
	Circular	0.2578	0.1056	0.2906	0.9629	79691	44446	346.9°
	Gaussian	0.2375	0.1004	0.2971	0.9584	79721	47935	346.9°
水田	Spherical	0.2596	0.1065	0.2909	0.9664	79711	51486	335.6°
	Circular	0.2696	0.1115	0.2926	0.9644	79716	47960	332.7°
	Gaussian	0.2654	0.1101	0.2932	0.9627	79716	47960	332.7°
园地	Spherical	0.2851	0.1083	0.2753	0.9488	5733.1	3363.9	315.4°
	Circular	0.3081	0.1185	0.2778	0.9217	5733.1	4866.6	289.4°
	Gaussian	0.3378	0.1291	0.2765	0.9518	5592.2	2855.6	314.6°
林地	Spherical	0.2816	0.1140	0.2882	0.9565	79686	40931	338.7°
	Circular	0.2577	0.1018	0.2832	0.9557	79686	37413	338.8°
	Gaussian	0.3036	0.1227	0.2878	0.9512	79686	37408	338.5°
草地	Spherical	0.2894	0.1196	0.2924	0.9541	83184	81482	322.3°
	Circular	0.2820	0.1139	0.2877	0.9562	83184	80572	321.3°
	Gaussian	0.2533	0.1034	0.2899	0.9497	83184	81461	325.6°
建设用地	Spherical	0.2984	0.1194	0.2858	0.9426	79758	54990	35.4°
	Circular	0.3331	0.1211	0.2666	0.9487	79708	47979	33.3°
	Gaussian	0.3045	0.1139	0.2722	0.9438	79703	47979	33.2°
水域	Spherical	0.2533	0.1034	0.2911	0.9533	83184	79887	16.8°
	Circular	0.2909	0.1194	0.2910	0.9554	80265	72529	17.5°
	Gaussian	0.2851	0.1211	0.2981	0.9575	83184	79469	15.5°
其他用地	Spherical	0.2618	0.1102	0.2962	0.9643	79952	65557	85.9°
	Circular	0.3023	0.1217	0.2870	0.9641	79815	58547	86.4°
	Gaussian	0.2525	0.1003	0.2843	0.9614	79833	65552	85.6°

2003 年，研究区旱地的地类区位指数在 0.04—1.36 之间，平均值为 1.12，且大部分分布在 0.39—1.18 之间，占旱地总面积的 58.46%；地类区位指数小于 0.39 的旱地占其总面积的比例为 28.71%，地类区位指数大

于 1.18 的旱地占总面积的比例为 12.83%；研究区水田的地类区位指数在 0.07—20.29 之间，平均值为 5.95，且大部分分布在 2.95—14.38 之间，占水田总面积的 56.29%；地类区位指数小于 2.95 的水田占其面积的比例为 14.54%，地类区位指数大于 14.38 的水田占总面积的比例为 29.17%；研究区园地的地类区位指数在 20.13—110.16 之间，平均值为 71.41，且大部分分布在 34.45—87.21 之间，占园地总面积的 55.94%；地类区位指数小于 34.45 的园地占其总面积的比例为 31.27%，地类区位指数大于 87.21 的园地占总面积的比例为 12.79%；研究区林地的地类区位指数在 0.01—8.49 之间，平均值为 4.91，且大部分分布在 1.47—6.90 之间，占林地总面积的 62.73%；地类区位指数小于 1.47 的林地占其总面积的比例为 17.36%，地类区位指数大于 6.90 的林地占总面积的比例为 18.80%；研究区草地的地类区位指数在 0.09—30.47 之间，平均值为 6.89，且大部分分布在 5.89—22.80 之间，占草地总面积的 55.48%；地类区位指数小于 5.89 的草地占其总面积的比例为 19.34%，地类区位指数大于 22.80 的草地占总面积的比例为 25.18%；研究区建设用地的地类区位指数在 0.06—8.13 之间，平均值为 1.60，且大部分分布在 1.49—5.93 之间，占建设用地总面积的 54.68%；地类区位指数小于 1.49 的建设用地占其总面积的比例为 18.29%，地类区位指数大于 5.93 的建设用地占总面积的比例为 27.03%；研究区水域的地类区位指数在 0.03—47.71 之间，平均值为 10.56，且大部分分布在 7.98—34.60 之间，占水域总面积的 55.79%；地类区位指数小于 7.98 的水域占其总面积的比例为 16.73%，地类区位指数大于 34.60 的水域占总面积的比例为 27.48%；研究区其他用地的地类区位指数在 0.04—13.87 之间，平均值为 3.60，且大部分分布在 3.04—10.68 之间，占其他用地总面积的 55.07%；地类区位指数小于 3.04 的其他用地占其总面积的比例为 21.95%，地类区位指数大于 10.68 的其他用地占总面积的比例为 22.98%。

（四）2015 年研究区土地利用类型区位指数分析

2015 年，研究区旱地、草地、建设用地地类区位指数的空间变异模型中，Circular 模型的标准均方根预测误差最接近 1，是 3 种获取旱地、草地、建设用地地类区位指数空间分布特征中的最优模型；水田、林地和其他用地地类区位指数的空间变异模型中，Spherical 模型的标准均方根预测误差最接近 1，是 3 种获取水田、林地和其他用地地类区位指数空间分布特征中的最优模型；园地、水域的地类区位指数的空间变异模型中，Gaussian 模型的标准均方根预测误差最接近 1，是 3 种获取园地、水域地类区位指数空间分布特征中的最优模型。8 种土地利用类型相应模型的空间结构比率在 22%—27% 之间，反映出研究区各种土地利用类型的地类区位指数具有强烈的空间相关性，且其空间异质性主要是由结构性因素引起的，表明 2015 年研究区土地利用类型的区位优势主要受自然因素的影响，人类活动对土地利用过程的干扰较小。Circular 模型中，旱地的主自相关阈值为 79751m，次自相关阈值为 54952m，说明旱地的地类区位指数在 54952—79751m 之间存在自相关；草地的主自相关阈值为 79936m，次自相关阈值为 69084m，说明草地的地类区位指数在 69084—79936m 之间存在自相关；建设用地的主自相关阈值为 79761m，次自相关阈值为 51487m，说明建设用地的地类区位指数在 51487—79761m 之间存在自相关。Spherical 模型中，水田的主自相关阈值为 79735m，次自相关阈值为 58510m，说明水田的地类区位指数在 58510—79735 之间存在自相关；林地的主自相关阈值为 79705m，次自相关阈值为 40920m，说明林地的地类区位指数在 40920—79705 之间存在自相关；其他用地的主自相关阈值为 79991m，次自相关阈值为 72586m，说明其他用地的地类区位指数在 72586—79991m 之间存在自相关。Gaussian 模型中，园地的主自相关阈值为 5743.7m，次自相关阈值为 4931.2m，说明园地的地类区位指数在 4931.2—5743.7m 之间存在自相关；水域的主自相关阈值为 79664m，次自相关阈值为 69103m，说明水域的地类区位指数在 69103—79664m 之间存在自相关（表 4.26）。

表 4.26　2015 年研究区土地利用类型区位指数的各半方差函数模型

土地利用类型	模型	偏基台值（C）	块金值（C_0）	空间结构比率（C_0/C_0+C）	标准均方根预测误差	主自相关阈值（Z_1）	次自相关阈值（Z_2）	方向（W）
旱地	Spherical	0.2340	0.0821	0.2597	0.9708	79730	62014	348.3°
	Circular	0.2326	0.0819	0.2604	0.9768	79751	54952	348.3°
	Gaussian	0.2360	0.0821	0.2581	0.9723	79768	61968	347.5°
水田	Spherical	0.2659	0.0854	0.2431	0.9795	79735	58510	352.0°
	Circular	0.2826	0.0934	0.2484	0.9781	79709	51487	351.4°
	Gaussian	0.2617	0.0852	0.2456	0.9773	79777	54969	351.7°
园地	Spherical	0.2906	0.0991	0.2543	0.9588	4274.2	2745.1	310.6°
	Circular	0.3276	0.1054	0.2434	0.9546	4155.7	2422.2	309.5°
	Gaussian	0.2356	0.0862	0.2679	0.9613	5743.7	4931.2	306.1°
林地	Spherical	0.2443	0.0837	0.2552	0.9767	79705	40920	337.5°
	Circular	0.2901	0.0970	0.2506	0.9753	79682	37415	337.8°
	Gaussian	0.3079	0.0991	0.2435	0.9723	79683	37410	337.5°
草地	Spherical	0.2818	0.1014	0.2646	0.9753	83184	79567	24.1°
	Circular	0.2737	0.0996	0.2668	0.9785	79936	69084	23.1°
	Gaussian	0.2594	0.0937	0.2654	0.9761	83184	79499	21.5°
建设用地	Spherical	0.2772	0.0925	0.2502	0.9707	79757	55009	41.3°
	Circular	0.2676	0.0959	0.2638	0.9724	79761	51487	41.4°
	Gaussian	0.2506	0.0864	0.2564	0.9698	79751	54992	42.4°
水域	Spherical	0.2379	0.0860	0.2655	0.9635	83184	80342	69.9°
	Circular	0.3501	0.1064	0.2331	0.9629	79981	69130	70.0°
	Gaussian	0.3057	0.0894	0.2263	0.9652	79664	69103	69.9°
其他用地	Spherical	0.3334	0.1079	0.2445	0.9633	79991	72586	71.6°
	Circular	0.2734	0.0932	0.2542	0.9585	79810	65576	72.0°
	Gaussian	0.2824	0.0866	0.2347	0.9599	79899	69069	71.8°

2015 年，研究区旱地的地类区位指数在 0.04—1.37 之间，平均值为 1.13，且大部分分布在 0.30—1.01 之间，占旱地总面积的 51.85%；地类区位指数小于 0.30 的旱地占其总面积的比例为 21.77%，地类区位指数大

于 1.01 的旱地占总面积的比例为 26.38%；研究区水田的地类区位指数在 0.02—9.86 之间，平均值为 3.99，且大部分分布在 1.49—7.49 之间，占水田总面积的 60.78%；地类区位指数小于 1.49 的水田占其总面积的比例为 15.12%，地类区位指数大于 7.49 的水田占总面积的比例为 24.10%；研究区园地的地类区位指数在 118.84—594.56 之间，平均值为 294.53，且大部分分布在 213.90—456.46 之间，占园地总面积的 40.79%；地类区位指数小于 213.90 的园地占其总面积的比例为 35.98%，地类区位指数大于 456.46 的园地占总面积的比例为 23.23%；研究区林地的地类区位指数在 0.01—9.15 之间，平均值为 5.48，且大部分分布在 1.72—7.14 之间，占林地总面积的 59.29%；地类区位指数小于 1.72 的林地占其总面积的比例为 18.75%，地类区位指数大于 7.14 的林地占总面积的比例为 21.96%；研究区草地的地类区位指数在 0.04—24.79 之间，平均值为 9.67，且大部分分布在 4.55—17.44 之间，占草地总面积的 51.97%；地类区位指数小于 4.55 的草地占其总面积的比例为 18.37%，地类区位指数大于 17.44 的草地占总面积的比例为 29.66%；研究区建设用地的地类区位指数在 0.04—9.23 之间，平均值为 1.74，且大部分分布在 1.25—6.54 之间，占建设用地总面积的 57.31%；地类区位指数小于 1.25 的建设用地占其总面积的比例为 13.59%，地类区位指数大于 6.54 的建设用地占总面积的比例为 29.10%；研究区水域的地类区位指数在 0.04—37.27 之间，平均值为 14.95，且大部分分布在 6.82—28.27 之间，占水域总面积的 57.57%；地类区位指数小于 6.82 的水域占其总面积的比例为 18.29%，地类区位指数大于 28.27 的水域占总面积的比例为 24.14%；研究区其他用地的地类区位指数在 0.06—22.33 之间，平均值为 9.19，且大部分分布在 3.92—17.74 之间，占其他用地总面积的 61.90%；地类区位指数小于 3.92 的其他用地占其总面积的比例为 17.53%，地类区位指数大于 17.74 的其他用地占总面积的比例为 20.57%。1979 年、1991 年和 2003 年各种土地利用类型地类区位指数的均值从大到小的排序均为：园地、水域、草地、水田、林地、其他用地、建设用地、旱地。2015年各种土地利用类型地类区位指数的均值从大到小的排序均为：园地、水域、草地、其他用地、林地、水田、建设用地、旱地。研究区各种土地利用类型在其同种用地类型较为集中的区域具有较为明显的区位意义，说明该种土地利用类型在相应区域相较于高层次区域空间更加集聚（图4.18）。

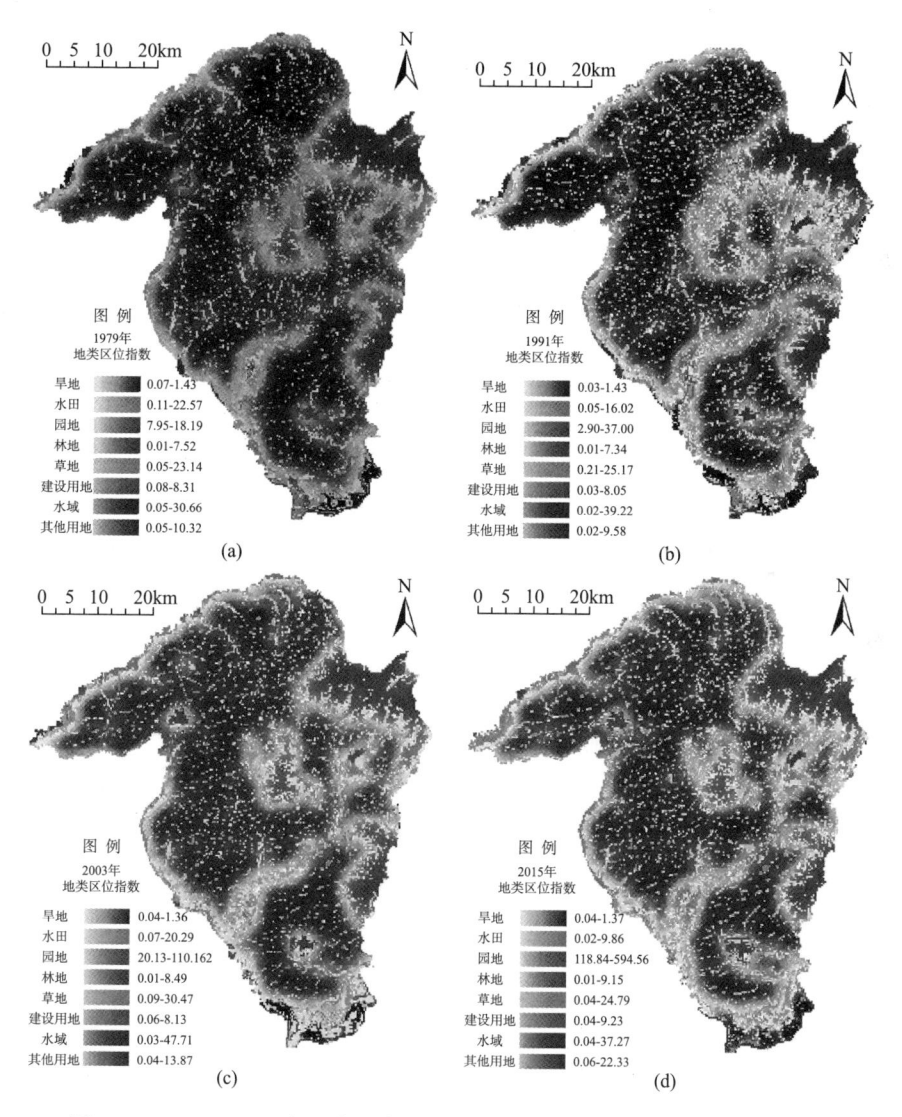

图4.18　1979—2015年研究区各种土地利用类型的区位指数空间分布特征

研究期内，研究区各种土地利用类型的区位指数与经济发展水平、交通便捷度、耕作便利度和地理位置有密切关系，利用地类区位指数可以明确各种土地利用类型的区位优势，对土地进一步的开发利用具有指导性作用。

第四节 研究区土地利用类型空间组合及相互关系变化特征

在研究区土地利用格局变化的最优时空分析尺度下，在 ArcGIS 平台下，基于 1979 年、1991 年、2003 年和 2015 年 4 期土地利用数据库，运用栅格数据空间分析功能，将不同时点（1979 年、1991 年、2003 年和 2015 年）的土地利用现状数据转换为栅格数据，运用空间关联维数方法，测算在适宜空间尺度下不同时点各种土地利用类型相互之间的空间关联关系；运用邻域统计分析，采用自定义的 Moore 构型，明确不同时点（1979 年、1991 年、2003 年和 2015 年）研究区土地利用格局空间邻接关系；在此基础上，分析不同时点研究区不同土地利用类型间相互作用的邻域特征及其空间构型关系，进而分析和描述不同时段不同土地利用方式在空间上关联、邻接关系的变化情况。

一 土地利用格局空间关联关系

（一）土地利用格局空间关联关系的确定方法

关联维数是描述不同土地利用类型相互之间关联程度的特征量。在确定研究区土地利用格局变化研究的最优时空分析尺度基础上，运用空间关联维数方法，测算在适宜时空尺度下不同时点各种土地利用类型相互之间的空间关联关系（式 4.22）。

$$C(s) = \frac{2}{N(N-1)} \sum_{i=1}^{N-1} \sum_{j=i+1}^{N} H(s - d_{ij}) \quad （式 4.22）$$

式中：$C(s)$ 为空间关联函数，s 为空间尺度，d_{ij} 为两种不同土地利用类

型 i 和 j 之间的欧式距离，N 为研究区土地利用类型的栅格数，$H(s-d_{ij})$ 为 Heaviside 阶跃函数（式 4.23）：

$$H(s-d_{ij}) = \begin{cases} 1 & (d_{ij} \leq r) \\ 0 & (d_{ij} > r) \end{cases} \quad \text{（式 4.23）}$$

土地利用的空间格局具有分形特征，其空间关联函数应具有标度不变性（式 4.24）。

$$C(s) \propto s^{D_2} \quad \text{（式 4.24）}$$

式中：D_2 为空间关联维数。可采用极限法逐渐逼近得到空间关联维数（式 4.25）。

$$D_2 = \lim_{s \to 0} \frac{\ln C(s)}{\ln s} \quad \text{（式 4.25）}$$

空间关联维数 D_2 反映了各种土地利用类型两两之间相互关联关系的大小，一般情况下，土地利用存在的分形现象的关联维数 D_2 大多处于 [1, 2] 之间。当 $D_2 \to 1$ 时，该区域内土地利用类型两两之间的相互关联关系越复杂，空间分布越集中；当 $D_2 \to 2$ 时，该区域内土地利用类型两两之间的相互关联关系越简单，空间分布越均匀。

在土地利用格局最优时空尺度下，根据本研究建立的空间关联维数测算方法，在 ArcGIS 平台下，运用 Spatial Analyst Tools 工具箱中 Euclidean Distance 功能，分别测算土地利用类型两两之间的空间欧式距离；采用 Conversion Tools 工具箱中的 Raster to ASCII 功能，将不同土地利用类型间欧式距离栅格图谱由 Grid 格式转换为 ASCII 格式，便于在 Matlab 中调用数据，结合（式 4.22 – 式 4.25）得出不同时期研究区各种土地利用类型两两之间的空间关联维数（表 4.27 – 表 4.30）。

（二）研究区土地利用格局空间关联关系分析

1. 1979 年研究区土地利用格局空间关联关系分析

1979 年，旱地、水田和水域与其他土地利用类型两两之间的平均空间关联维数分别为 1.6969、1.7918、1.7942，说明旱地、水田和水域对其他土地利用类型的平均空间作用力较小，且与其他土地利用类型空间关联关系较为简单，旱地、水田和水域在空间上的分布较分散，内部联结性较弱。旱地与其他土地利用类型两两之间的空间关联维数在1.1967—1.9493之间；其中，旱地与林地、其他用地的空间关联维数值最高，分别达到1.9493、1.8160，说明旱地与林地、其他用地的空间关联关系最为紧密；旱地与园地的空间关联维数值最低为1.1967，说明二者之间的空间关联关系极为疏散；旱地与水田、草地、建设用地和水域的关联维数均在1.6—1.7附近，说明这4类看似庞杂无规则的用地空间分布与旱地的空间分布关联关系遵循着一定的逻辑特征，其空间关联关系也较为复杂。水田与除旱地外的其他土地利用类型两两之间的空间关联维数在1.2258—2.1856之间；其中，水田与林地的空间关联维数值虚高为2.1856＞2，说明二者的空间关联程度较弱；水田与建设用地、其他用地的空间关联维数值最高，分别为1.9412、1.9354，说明水田与建设用地、其他用地的空间关联关系紧密；水田与草地、水域的空间关联维数值在1.7附近，说明水田与草地、水域的空间关联较为紧密；水田与园地的空间关联维数值最低为1.2258，说明二者之间的空间关联关系极为疏散。水域与其他用地的空间关联维数值为1.8612，说明二者之间的空间关联关系紧密。

林地、草地、建设用地和其他用地与其他土地利用类型两两之间的平均空间关联维数分别为1.9819、1.8664、1.9000、1.9269，说明林地、草地、建设用地和其他用地对其他土地利用类型的平均空间作用力较大，与其他土地利用类型间的竞争关系较强，且与其他土地利用类型空间关联关系较为复杂，林地、草地、建设用地和其他用地在空间上的分布集中，内部联结性较强。林地与建设用地、其他用地两两之间的空间关联维数值为1.8321、1.8615，说明林地与建设用地、其他用地之间的两两关联程度高；林地与草地、水域两两之间的空间关联维数值为1.7515、1.7458，说明林地与草地、水域之间的两两关联程度较高。草地与建设用地、其他用地的空间关联维数值最高，分别为1.9766、1.9181，说明草地与建设用地、其他用地的空间关联关系紧密；草地与水域的空间关联维数值较高为1.7244，说明草地与水域的空间关联关系较为紧密。建设用地与水域、其他用地的空间关联维数值分别为1.7157、1.8294，说明建设用地与水域的空间关联关系较为紧密、与其他用地的空间关联关系紧密。

园地与其他土地利用类型两两之间的平均空间关联维数达到所有土地利用类型中的最大值为1.9610＜2，但是其两两之间的空间关联维数值均趋近1或远离且大于2，其大小次序为林地＞其他用地＞建设用地＞草地＞水域＞水田＞旱地，说明园地对其他土地利用类型的平均空间作用力极小、空间关联关系简单，园地面积占研究区总面积的比例极小，且空间分布趋于分散，联结性较差，在各种土地利用类型中优势地位最弱，园地内部间的空间相关关系也会受到其他土地利用类型的制约，园地内部空间作用力极小，园地内部的空间分布亦趋于分散、竞争小，与其他土地利用类型的竞争关系增强，但处于竞争关系中的劣势（表4.27）。

表4.27　1979年研究区不同土地利用类型两两之间的空间关联维数

1979年	旱地	水田	园地	林地	草地	建设用地	水域	其他用地	平均值
旱地	—	1.7243	1.1967	1.9493	1.7214	1.7790	1.6913	1.8160	1.6969
水田	1.7243	—	1.2258	2.1856	1.7983	1.9412	1.7321	1.9354	1.7918
园地	1.1967	1.2258	—	2.5478	2.1748	2.2261	2.0887	2.2670	1.9610
林地	1.9493	2.1856	2.5478	—	1.7515	1.8321	1.7458	1.8615	1.9819
草地	1.7214	1.7983	2.1748	1.7515	—	1.9766	1.7244	1.9181	1.8664
建设用地	1.7790	1.9412	2.2261	1.8321	1.9766	—	1.7157	1.8294	1.9000
水域	1.6913	1.7321	2.0887	1.7458	1.7244	1.7157	—	1.8612	1.7942
其他用地	1.8160	1.9354	2.2670	1.8615	1.9181	1.8294	1.8612	—	1.9269

2. 1991年研究区土地利用格局空间关联关系分析

1991年，旱地、水田和水域与其他土地利用类型两两之间的平均空间关联维数分别为1.6912、1.7841、1.7765，说明旱地、水田和水域对其他土地利用类型的平均空间作用力较小，且与其他土地利用类型空间关联关系较为简单，旱地、水田和水域在空间上的分布较分散，内部联结性较弱。旱地与其他土地利用类型两两之间的空间关联维数在1.2273—1.9464之间；其中，旱地与林地、建设用地、其他用地的空间关联维数值最高，分别达到1.9464、1.8063、1.8022，说明旱地与林地、建设用地、其他用地的空间关联关系最为紧密；旱地与园地的空间关联维数值最低为1.2273，说明二者之间的空间关联关系极为疏散；旱地与水田、草地和水域的关联维数均在1.6—1.7附近，说明旱地与水田、草地和水域的空间关联关系较为紧密。水田与除旱地外的其他土地利用类型两两之间的空间关联维数在1.2703—2.1753之间；其中，水田与林地的空间关联维数值虚高为2.1753 > 2，说明二者的空间关联程度较弱；水田与建设用地、其他用地的空间关联维数值最高，分别为1.9352、1.8979，说明水田与建设用地、其他用地的空间关联关系紧密；水田与草地、水域的空间关联维数值在1.6—1.7附近，说明水田与草地、水域的空间关联较为紧密；水田与园地的空间关联维数值最低为1.2703，说明二者之间的空间关联关系极为疏散。水域与其他用地的空间关联维数值为1.8388，说明二者之间的空间关联关系紧密。

林地、草地、建设用地和其他用地与其他土地利用类型两两之间的平均空间关联维数分别为1.9369、1.8549、1.9085、1.9127，林地、草地、建设用地和其他用地对其他土地利用类型的平均空间作用力较大，与其他土地利用类型间的竞争关系较强，且与其他土地利用类型空间关联关系较为复杂，林地、草地、建设用地和其他用地在空间上的分布集中，内部联结性较强。林地与建设用地、其他用地两两之间的空间关联维数值为1.8527、1.8345，林地与建设用地、其他用地之间的两两关联程度高，说明林地与建设用地、其他用地的空间关联关系紧密；林地与草地、水域两两之间的空间关联维数值为1.7390、1.7075，林地与草地、水域之间的两两关联程度较高，说明林地与草地、水域的空间关联关系较为紧密。草地与建设用地、其他用地的空间关联维数值最高，分别为1.9963、1.9960，说明草地与建设用地、其他用地的空间关联关系紧密；草地与水域的空间关联维数值较高为1.7240，说明草地与水域的空间关联关系较为紧密。建设用地与水域、其他用地的空间关联维数值分别为1.7031、1.8228，说明建设用地与水域的空间关联关系较为紧密、与其他用地的空间关联关系紧密。

园地与其他土地利用类型两两之间的平均空间关联维数达到所有土地利用类型中的最大值为1.9110<2，但是其两两之间的空间关联维数值均趋近1或远离且大于2，其大小次序为林地>建设用地>其他用地>草地>水域>水田>旱地，其与1979年土地利用格局空间关联关系类似（表4.28）。

表4.28　1991年不同土地利用类型两两之间的空间关联维数

1991年	旱地	水田	园地	林地	草地	建设用地	水域	其他用地	平均值
旱地	—	1.7056	1.2273	1.9464	1.6799	1.8063	1.6707	1.8022	1.6912
水田	1.7056	—	1.2703	2.1753	1.7631	1.9352	1.7410	1.8979	1.7841
园地	1.2273	1.2703	—	2.3031	2.0861	2.2430	2.0507	2.1964	1.9110
林地	1.9464	2.1753	2.3031	—	1.7390	1.8527	1.7075	1.8345	1.9369
草地	1.6799	1.7631	2.0861	1.7390	—	1.9963	1.7240	1.9960	1.8549
建设用地	1.8063	1.9352	2.2430	1.8527	1.9963	—	1.7031	1.8228	1.9085
水域	1.6707	1.7410	2.0507	1.7075	1.7240	1.7031	—	1.8388	1.7765
其他用地	1.8022	1.8979	2.1964	1.8345	1.9960	1.8228	1.8388	—	1.9127

3. 2003年研究区土地利用格局空间关联关系分析

2003年，旱地、水田和水域与其他土地利用类型两两之间的平均空间关联维数分别为1.6659、1.7727、1.7721，说明旱地、水田和水域对其他土地利用类型的平均空间作用力较小，且与其他土地利用类型空间关联关系较为简单，旱地、水田和水域在空间上的分布较分散，内部联结性较弱。旱地与其他土地利用类型两两之间的空间关联维数在1.1606—1.9195之间；其中，旱地与林地的空间关联维数值最高为1.9195，说明旱地与林地的空间关联关系最为紧密；旱地与园地的空间关联维数值最低为1.1606，说明二者之间的空间关联关系极为疏散；旱地与水田、草地、建设用地、水域和其他用地的关联维数均在1.6—1.7附近，说明这5类看似庞杂无规则的用地空间分布与旱地的空间分布关联关系遵循着共同的逻辑特征，其空间关联关系也较为复杂。水田与除旱地外的其他土地利用类型两两之间的空间关联维数在1.2001—2.2019之间；其中，水田与林地的空间关联维数值虚高为2.2019＞2，说明二者的空间关联程度较弱；水田与建设用地、其他用地的空间关联维数值最高，分别为1.9685、1.8646，说明水田与建设用地、其他用地的空间关联关系紧密；水田与草地、水域的空间关联维数值在1.7附近，说明水田与草地、水域的空间关联较为紧密；水田与园地的空间关联维数值最低为1.2001，说明二者之间的空间关联关系极为疏散。水域与其他用地的空间关联维数值为1.7796，说明二者之间的空间关联关系较为紧密。

林地、草地、建设用地和其他用地与其他土地利用类型两两之间的平均空间关联维数分别为1.9627、1.8278、1.9170、1.8536，林地、草地、建设用地和其他用地对其他土地利用类型的平均空间作用力较大，与其他土地利用类型间的竞争关系较强，且与其他土地利用类型空间关联关系较为复杂，林地、草地、建设用地和其他用地在空间上的分布集中，内部联结性较强。林地与建设用地两两之间的空间关联维数值为1.8523，林地与建设用地之间的两两关联程度高，说明林地与建设用地的空间关联关系紧密；林地与草地、水域和其他用地两两之间的空间关联维数值为1.7231、1.7128、1.7724，林地与草地、水域和其他用地之间的两两关联程度较高，说明林地与草地、水域、其他用地的空间关联关系较为紧密。草地与建设用地、其他用地的空间关联维数值最高，分别为1.9949、1.98332，说明草地与建设用地、其他用地的空间关联关系紧密；草地与水域的空间关联维数值较高为1.7094，说明草地与水域的空间关联关系较为紧密。建设用地与水域、其他用地的空间关联维数值分别为1.7292、1.7781，说明建设用地与水域、其他用地的空间关联关系较为紧密。

园地与其他土地利用类型两两之间的平均空间关联维数达到所有土地利用类型中的最大值为 1.9542 < 2，但是其两两之间的空间关联维数值均趋近 1 或远离且大于 2，其大小次序为林地 > 建设用地 > 其他用地 > 草地 > 水域 > 水田 > 旱地，园地的空间关联关系与 1991 年土地利用格局空间关联关系类似（表 4.29）。

表 4.29　　2003 年不同土地利用类型两两之间的空间关联维数

2003 年	旱地	水田	园地	林地	草地	建设用地	水域	其他用地	平均值
旱地	—	1.7326	1.1606	1.9195	1.6668	1.7975	1.6554	1.7289	1.6659
水田	1.7326	—	1.2001	2.2019	1.7246	1.9685	1.7166	1.8646	1.7727
园地	1.1606	1.2001	—	2.5572	2.1425	2.2986	2.1016	2.2186	1.9542
林地	1.9195	2.2019	2.5572	—	1.7231	1.8523	1.7128	1.7724	1.9627
草地	1.6668	1.7246	2.1425	1.7231	—	1.9949	1.7094	1.8332	1.8278
建设用地	1.7975	1.9685	2.2986	1.8523	1.9949	—	1.7292	1.7781	1.9170
水域	1.6554	1.7166	2.1016	1.7128	1.7094	1.7292	—	1.7796	1.7721
其他用地	1.7289	1.8646	2.2186	1.7724	1.8332	1.7781	1.7796	—	1.8536

4. 2015 年研究区土地利用格局空间关联关系分析

2015 年，旱地、水田、草地和水域与其他土地利用类型两两之间的平均空间关联维数分别为 1.6649、1.7437、1.7948、1.7312，说明旱地、水田、草地和水域对其他土地利用类型的平均空间作用力较小，且与其他土地利用类型空间关联关系较为简单，旱地、水田、草地和水域在空间上的分布较分散，内部联结性较弱。旱地与其他土地利用类型两两之间的空间关联维数在 1.0838—1.9028 之间；其中，旱地与水田、林地和建设用地的空间关联维数值最高，分别达到 1.8256、1.9028、1.8174，说明旱地与水田、林地和建设用地的空间关联关系最为紧密；旱地与园地的空间关联维数值最低为 1.0838，说明二者之间的空间关联关系极为疏散；旱地与草地、水域和其他用地的关联维数在 1.6—1.7 附近，说明旱地与草地、水域和其他用地的空间关联关系较为紧密。水田与除旱地外的其他土地利用类型两两之间的空间关联维数在 1.1240—2.1593 之间；其中，水田与林地的空间关联维数值虚高为 2.1593＞2，说明二者的空间关联程度较弱；水田与建设用地的空间关联维数值最高为 1.9334，说明水田与建设用地的空间关联关系紧密；水田与草地、水域和其他用地的空间关联维数值在 1.6—1.7 附近，说明水田与草地、水域和其他用地的空间关联较为紧密；水田与园地的空间关联维数值最低为 1.1240，说明二者之间的空间关联关系极为疏散。水域与其他用地的空间关联维数值为 1.7170，说明二者之间的空间关联关系较为紧密。

　　林地、建设用地和其他用地与其他土地利用类型两两之间的平均空间关联维数分别为 1.9786、1.9303、1.8145，说明林地、建设用地和其他用地对其他土地利用类型的平均空间作用力较大，与其他土地利用类型间的竞争关系较强，且与其他土地利用类型空间关联关系较为复杂，林地、建设用地和其他用地在空间上的分布较为集中，内部联结性较强。林地与建设用地两两之间的空间关联维数值为 1.8960，林地与建设用地之间的两两关联程度高，说明林地与建设用地的空间关联关系紧密；林地与草地、水域和其他用地两两之间的空间关联维数值为 1.7656、1.7280、1.7918，林地与草地、水域和其他用地之间的两两关联程度较高，说明林地与草地、水域、其他用地的空间关联关系较为紧密。建设用地与水域、其他用地的空间关联维数值分别为 1.6892、1.7489，说明建设用地与水域、其他用地的空间关联关系较为紧密。

　　园地与其他土地利用类型两两之间的平均空间关联维数达到所有土地利用类型中的最大值为 1.9297＜2，但是除与水域之间的空间关联维数值为 1.9833 外，其与其他土地利用类型两两之间的空间关联维数值均趋近 1 或远离且大于 2，其大小次序为林地＞建设用地＞其他用地＞草地＞水域＞水田＞旱地，园地的空间关联关系与1979年土地利用格局空间关联关系类似（表 4.30）。

表 4.30　2015 年研究区不同土地利用类型两两之间的空间关联维数

2015 年	旱地	水田	园地	林地	草地	建设用地	水域	其他用地	平均值
旱地	—	1.8256	1.0838	1.9028	1.6562	1.8174	1.6536	1.7152	1.6649
水田	1.8256	—	1.1240	2.1593	1.6680	1.9334	1.6956	1.7999	1.7437
园地	1.0838	1.1240	—	2.6070	2.0878	2.4316	1.9833	2.1904	1.9297
林地	1.9028	2.1593	2.6070	—	1.7656	1.8960	1.7280	1.7918	1.9786
草地	1.6562	1.6680	2.0878	1.7656	—	1.9958	1.6519	1.7381	1.7948
建设用地	1.8174	1.9334	2.4316	1.8960	1.9958	—	1.6892	1.7489	1.9303
水域	1.6536	1.6956	1.9833	1.7280	1.6519	1.6892	—	1.7170	1.7312
其他用地	1.7152	1.7999	2.1904	1.7918	1.7381	1.7489	1.7170	—	1.8145

5. 1979—2015 年研究区土地利用格局空间关联关系变化分析

1979—2015 年，研究区旱地、水田、草地、水域和其他用地与其他土地利用类型两两之间的平均空间关联维数呈现下降趋势，说明旱地、水田、草地、水域和其他用地与其他土地利用类型两两之间的空间关联关系逐步降低，旱地、水田、草地、水域和其他用地在土地利用格局中的竞争强度有所减弱。导致旱地、水田、草地、水域和其他用地与其他土地利用类型之间关联关系减弱的原因主要有：①人类活动对研究区旱地、水田面积增加的干扰较为明显，使旱地、水田的形状变化较为规则；②研究区草地、其他用地面积的减少多转变为旱地，水域面积的减少多转变为水田，草地、其他用地和水域的形状变化亦较为规则。

1979—2015 年，研究区园地、林地和建设用地与其他土地利用类型两两之间的平均空间关联维数呈现上升趋势，说明林地和建设用地与其他土地利用类型两两之间的空间关联关系逐步增高，园地、林地和建设用地在土地利用格局中的竞争强度有所增强。导致园地、林地和建设用地与其他土地利用类型之间关联关系增强的原因主要有：①退耕还林政策的实施使得部分质量低的耕地转变为林地，这些新增林地在土地利用空间上呈零星分布；减少的林地大部分开垦成为耕地，或由于水土流失的增强而呈现不规则形状的减少，使得林地形状变化较为特殊；②在研究期间内，建设用地面积增加极为明显，私建滥建现象较为严重，导致后期违法用地增多，闲置现象较为严重，这些用地多呈零星分布，导致建设用地形状不规则；③而园地由于关联维数虚高且占地面积极少，与研究区优势地类间的空间关联关系的可比性不高，其关联维数值的增减对研究区关联关系的确立没有实质意义（图4.19）。

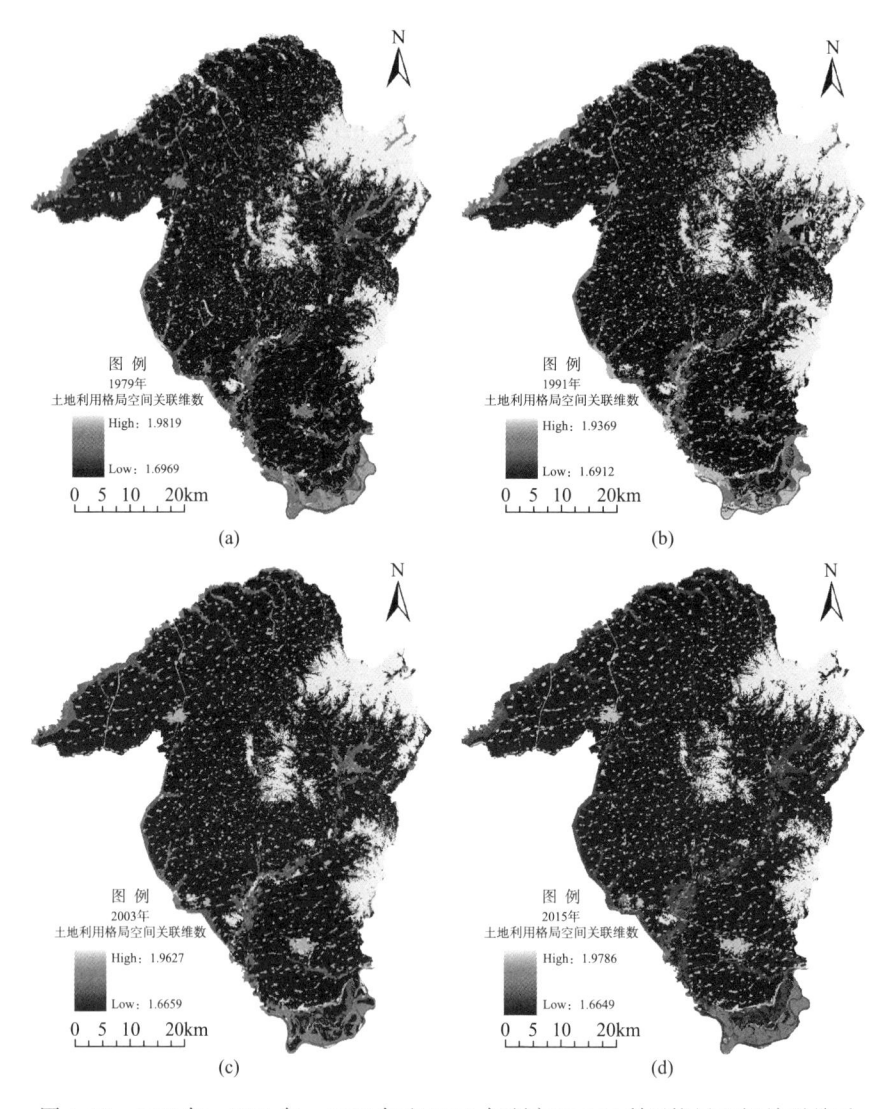

图4.19　1979年、1991年、2003年和2015年研究区土地利用格局空间关联关系

1979年、1991年、2003年和2015年研究区土地利用格局表现为各土地利用类型之间空间作用力、分布均匀程度和内部联结性的大小不同，并呈现出空间相互关联关系复杂性。1979—2015年，研究区旱地、水田、草地、水域和其他用地与其他土地利用类型两两之间的平均空间关联维数呈现下降趋势，其空间关联关系逐步减弱，且在土地利用格局中的竞争强度有所减弱。研究区园地、林地和建设用地与其他土地利用类型间的平均空间关联维数呈现上升趋势，其空间关联关系逐步加强，且在土地利用格局中的竞争强度增强。研究区旱地、林地和建设用地在土地利用格局的空间关联关系占据竞争优势，旱地作为研究区的优势地类，比林地和建设用地的优势效果明显，旱地拉低平均空间关联维数的强度明显比林地和建设用地提升平均空间关联维数的强度高。

二 土地利用格局空间邻接关系

土地利用格局空间邻接关系可通过邻域分析方法测算实现，邻域分析涉及中心栅格和邻域栅格，根据中心栅格和邻域栅格的代码数值，即旱地、水田、园地、林地、草地、建设用地、水域和其他用地的代码分别为1—8，重新为中心栅格生产一个新的邻域统计值。本研究邻域形状采取自定义的30×30型Moore邻域构型，在ArcGIS平台下，运用邻域统计分析，采用Spatial Analyst工具箱下的Neighborhood Statistics工具，选择Majority功能和Variety功能，在900m×900m的空间尺度下，即30×30个栅格窗口下，分别统计邻域单元内出现频率最高的土地利用类型的代码并找出邻域的单元内不同土地利用类型的个数，分析栅格窗口下的中心栅格与邻近栅格之间的数量关系，进而明确不同时间尺度下研究区土地利用格局空间邻接关系。

（一）1979年研究区土地利用格局空间邻接关系分析

在研究区土地利用格局变化最优空间尺度下，1979年，研究区土地利用空间格局的全部栅格中，出现频率最高为旱地、水田、林地、草地、建设用地、水域和其他用地的栅格数量分别为 2757271 个、121606 个、490055 个、105144 个、25382 个、77923 个、97279 个，其所占总栅格数的百分比分别为 75.03%、3.31%、13.34%、2.86%、0.69%、2.12%、2.65%，出现在中心栅格周围频率最高的各种土地利用类型所占比例大小依次为：旱地＞林地＞水田＞草地＞其他用地＞水域＞建设用地（表 4.31，图 4.20a）。

表 4.31　　　　1979 年研究区土地利用格局空间邻接关系

出现频率最高的土地利用类型	栅格数量	占总栅格数的百分比（%）	邻域土地利用类型种类数	栅格数量	占总栅格数的百分比（%）
旱地	2757271	75.03	1	323968	8.81
水田	121606	3.31	2	626742	17.05
园地	—	—	3	1071228	29.13
林地	490055	13.34	4	941630	25.60
草地	105144	2.86	5	498125	13.55
建设用地	25382	0.69	6	184080	5.01
水域	77923	2.12	7	30758	0.84
其他用地	97279	2.65	8	360	0.01

在研究区土地利用格局变化最优空间尺度下，1979 年，研究区土地利用空间格局的全部栅格中，出现 1 种、2 种、3 种、4 种、5 种、6 种、7 种和 8 种土地利用类型的栅格数量分别为 323968 个、626742 个、1071228 个、941630 个、498125 个、184080 个、30758 个、360 个，其所占总栅格数的百分比分别为 8.81%、17.05%、29.13%、25.60%、13.55%、5.01%、0.84%、0.01%，出现在中心栅格周围的不同土地利用类型种类所占比例大小依次为：3 种＞4 种＞2 种＞5 种＞1 种＞6 种＞7 种＞8 种，研究区与中心栅格邻接的土地利用类型种类以 3 种和 4 种为主，与其邻接的土地利用类型种类以 7 种和 8 种最少（表 4.31，图 4.20b）。

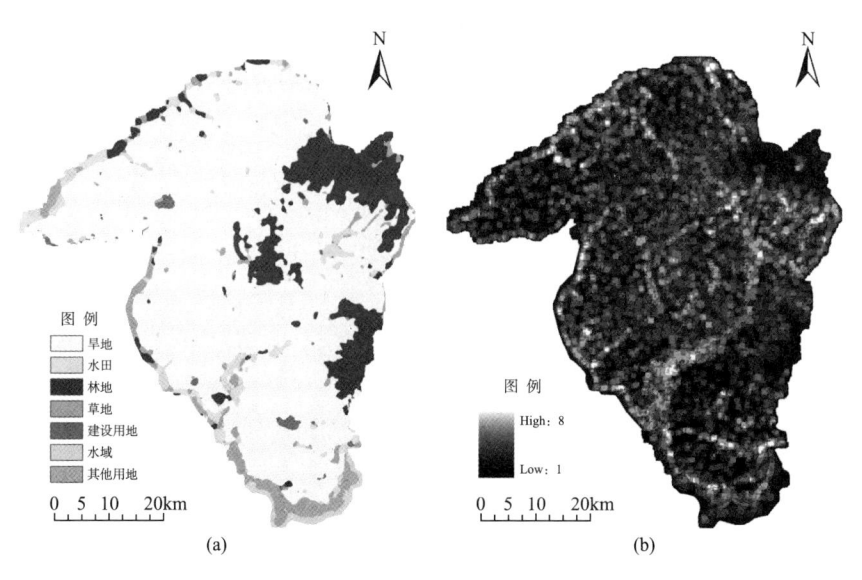

图 4.20　1979 年研究区出现频率最高的土地利用类型（a）和
邻域土地利用类型种类数（b）

（二）1991 年研究区土地利用格局空间邻接关系分析

在研究区土地利用格局变化最优空间尺度下，1991 年，研究区土地利用空间格局的全部栅格中，出现频率最高为旱地、水田、园地、林地、草地、建设用地、水域和其他用地的栅格数量分别为 2730088 个、79709 个、52 个、494550 个、118608 个、37354 个、81612 个、132609 个，其所占总栅格数的百分比分别为 74.30%、2.17%、0.01%、13.44%、3.23%、1.02%、2.22%、3.61%，出现在中心栅格周围频率最高的各种土地利用类型所占比例大小依次为：旱地 > 林地 > 其他用地 > 草地 > 水域 > 水田 > 建设用地 > 园地（表 4.32，图 4.21a）。

在研究区土地利用格局变化最优空间尺度下，1991 年，研究区土地利用空间格局的全部栅格中，出现 1 种、2 种、3 种、4 种、5 种、6 种、7 种和 8 种土地利用类型的栅格数量分别为 307285 个、603783 个、1061188 个、964772 个、536807 个、178934 个、23950 个、172 个，其所占总栅格数的百分比分别为 8.36%、16.42%、28.86%、26.24%、14.60%、

4.87%、0.64%、0.01%，出现在中心栅格周围的不同土地利用类型种类所占比例大小依次为：3 种>4 种>2 种>5 种>1 种>6 种>7 种>8 种，研究区与中心栅格邻接的土地利用类型种类以 3 种和 4 种为主，与其邻接的土地利用类型种类以 7 种和 8 种最少（表 4.32，图 4.21b）。

表 4.32　　　　　　1991 年研究区土地利用格局空间邻接关系

出现频率最高的土地利用类型	栅格数量	占总栅格数的百分比（%）	邻域土地利用类型种类数	栅格数量	占总栅格数的百分比（%）
旱地	2730088	74.30	1	307285	8.36
水田	79709	2.17	2	603783	16.42
园地	52	0.01	3	1061188	28.86
林地	494550	13.44	4	964772	26.24
草地	118608	3.23	5	536807	14.60
建设用地	37354	1.02	6	178934	4.87
水域	81612	2.22	7	23950	0.64
其他用地	132609	3.61	8	172	0.01

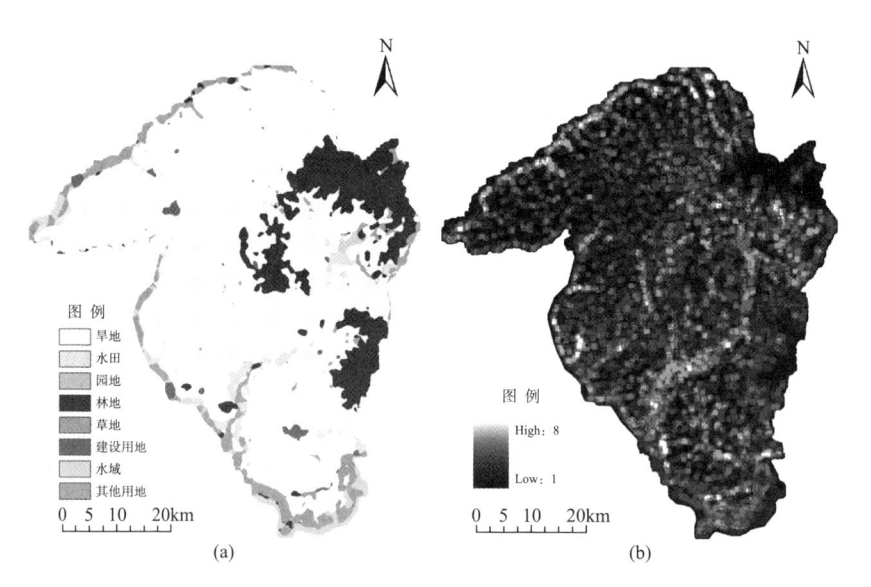

图 4.21　1991 年研究区出现频率最高的土地利用类型（a）和邻域土地利用类型种类数（b）

第四章 研究区土地利用格局时空变化特征

(三) 2003 年研究区土地利用格局空间邻接关系分析

在研究区土地利用格局变化最优空间尺度下，2003 年，研究区土地利用空间格局的全部栅格中，出现频率最高为旱地、水田、林地、草地、建设用地、水域和其他用地的栅格数量分别为 2841482 个、135601 个、436514 个、89607 个、28181 个、74900 个、68384 个，其所占总栅格数的百分比分别为 77.33%、3.69%、11.88%、2.43%、0.77%、2.04%、1.86%，出现在中心栅格周围频率最高的各种土地利用类型所占比例大小依次为：旱地 > 林地 > 水田 > 草地 > 水域 > 其他用地 > 建设用地（表 5.33，图 4.22a）。

表 4.33　　　　　　2003 年研究区土地利用格局空间邻接关系

出现频率最高的土地利用类型	栅格数量	占总栅格数的百分比（%）	邻域土地利用类型种类数	栅格数量	占总栅格数的百分比（%）
旱地	2841482	77.33	1	401106	10.91
水田	135601	3.69	2	812408	22.10
园地	—	—	3	1097507	29.85
林地	436514	11.88	4	792478	21.55
草地	89607	2.43	5	389650	10.60
建设用地	28181	0.77	6	149288	4.06
水域	74900	2.04	7	34248	0.92
其他用地	68384	1.86	8	105	0.01

在研究区土地利用格局变化最优空间尺度下，2003 年，研究区土地利用空间格局的全部栅格中，出现 1 种、2 种、3 种、4 种、5 种、6 种、7 种和 8 种土地利用类型的栅格数量分别为 401106 个、812408 个、1097507 个、792478 个、389650 个、149288 个、34248 个、105 个，其所占总栅格数的百分比分别为 10.91%、22.10%、29.85%、21.55%、10.60%、4.06%、0.92%、0.01%，出现在中心栅格周围的不同土地利用类型种类所占比例大小依次为：3 种 > 2 种 > 4 种 > 1 种 > 5 种 > 6 种 > 7 种 > 8 种，研究区与中心栅格邻接的土地利用类型种类以 3 种 2 种和 4 种为主，与其

邻接的土地利用类型种类以 7 种和 8 种最少（表 4.33，图 4.22b）。

资料来源：作者自行整理。

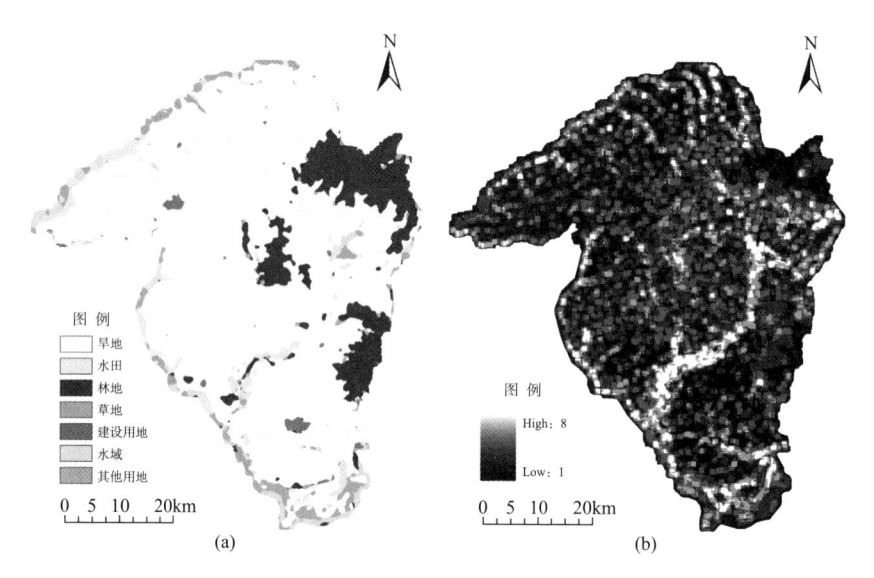

图 4.22　2003 年研究区出现频率最高的土地利用类型（a）和邻域土地利用类型种类数（b）

（四）2015 年研究区土地利用格局空间邻接关系分析

在研究区土地利用格局变化最优空间尺度下，2015 年，研究区土地利用空间格局的全部栅格中，出现频率最高为旱地、水田、林地、草地、建设用地、水域和其他用地的栅格数量分别为 2766274 个、263377 个、396545 个、71704 个、40005 个、61907 个、74388 个，其所占总栅格数的百分比分别为 75.29%、7.17%、10.79%、1.95%、1.10%、1.68%、2.02%，出现在中心栅格周围频率最高的各种土地利用类型所占比例大小依次为：旱地＞林地＞水田＞其他用地＞草地＞水域＞建设用地（表 4.34，图 4.23a）。

在研究区土地利用格局变化最优空间尺度下，2015 年，研究区土地利用空间格局的全部栅格中，出现 1 种、2 种、3 种、4 种、5 种、6 种和 7 种土地利用类型的栅格数量分别为 414457 个、1026787 个、1038887 个、691968 个、343260 个、134188 个、27344 个，其所占总栅格数的百分比分别为 11.27%、27.93%、28.25%、18.82%、9.34%、3.65%、0.74%，出现在中心栅格周围的不同土地利用类型种类所占比例大小依次为：3种>2种>4种>1种>5种>6种>7种，研究区与中心栅格邻接的土地利用类型种类以3种2种和4种为主，与其邻接的土地利用类型种类中7种最少（表4.34，图4.23b）。

表4.34　　　　　2015年研究区土地利用格局空间邻接关系

出现频率最高的土地利用类型	栅格数量	占总栅格数的百分比（%）	邻域土地利用类型种类数	栅格数量	占总栅格数的百分比（%）
旱地	2766274	75.29	1	414457	11.27
水田	263377	7.17	2	1026787	27.93
园地	—	—	3	1038887	28.25
林地	396545	10.79	4	691968	18.82
草地	71704	1.95	5	343260	9.34
建设用地	40005	1.10	6	134188	3.65
水域	61907	1.68	7	27344	0.74
其他用地	74388	2.02	8	—	—

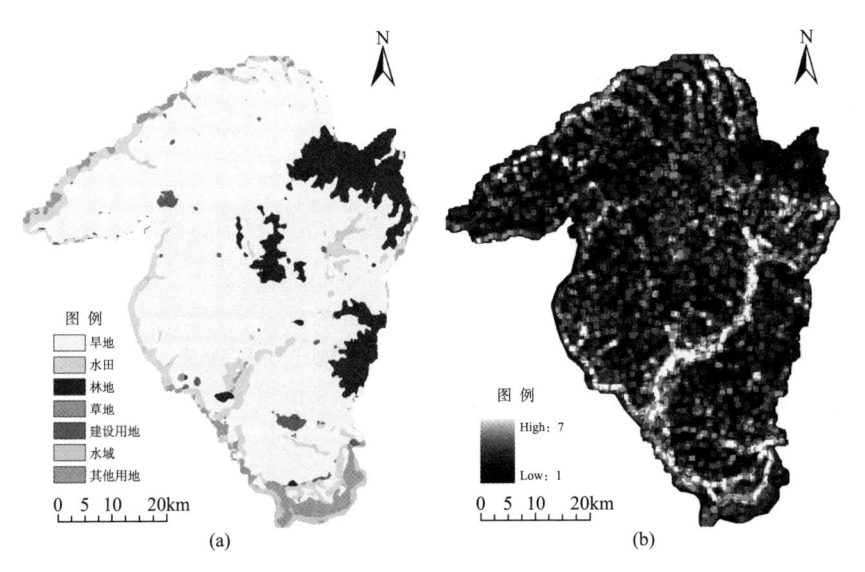

图4.23　2015年研究区出现频率最高的土地利用类型（a）和邻域土地利用类型种类数（b）

总之，1979—2015 年，在研究区土地利用格局变化最优空间分析尺度下，研究区出现频率最高的土地利用类型以旱地和林地为主；研究区出现建设用地频率最高的栅格数所占研究区全部栅格的比重与建设用地面积栅格数所占研究区全部栅格的比重出现明显差异，原因在于建设用地分布较为分散，在研究区最优空间分析尺度 900m × 900m 尺度下，建设用地周围的土地利用类型明显分散了建设用地出现频率的统计量；研究区水田、草地和水域作为出现频率最高的土地利用类型的栅格数所占研究区全部栅格的比重基本与其占研究区全部栅格的比重相同；其他用地和园地作为出现频率最高的土地利用类型的栅格数所占研究区全部栅格的比重较其所占研究区全部栅格的比重略有下降（图 4.24a）。

1979—2015 年，研究区邻域栅格的土地利用类型为 1 种和 2 种的栅格数所占比例逐年提高，其中，邻域栅格的土地利用类型为 1 种的栅格数所占比例由 1979 年的 8.81% 增长到 2015 年的 11.27%，邻域栅格的土地利用类型为 2 种的栅格数所占比例由 1979 年的 17.05% 增长到 2015 年的 27.93%，研究时段内，以中心栅格的土地利用类型为主逐渐向邻域栅格的土地利用类型侵蚀，逐渐同化为同种土地利用类型，邻域栅格土地利用类型的集聚度逐年增高；研究区邻域栅格的土地利用类型以 3 种居多，邻域栅格的土地利用类型为 3 种的栅格数所占比例由 1979 年的 29.13% 微降到 2015 年的 28.25%，研究时段内，邻域栅格的土地利用类型略有下降，但仍然是研究区邻域栅格数所占比例最多的种类；研究区邻域栅格的土地利用类型为 4 种的栅格数所占比例逐渐降低，邻域栅格的土地利用类型为 4 种的栅格数所占比例由 1979 年的 25.61% 下降到 2015 年的 18.82%，其中，1979 年和 1991 年研究区邻域栅格的土地利用类型为 4 种的栅格数位于研究区邻域栅格土地利用类型数的第二位，而 2003 年和 2015 年其栅格数已降低到研究区邻域栅格土地利用类型数的第三位，但仍然是研究区邻域栅格的土地利用类型栅格数所占比例较大的种类之一；研究区邻域栅格的土地利用类型为 5 种和 6 种栅格数所占比例逐年降低，其中，邻域栅格的土地利用类型为 5 种的栅格数所占比例由 1979 年的 13.55% 下降到 2015 年的 9.34%，邻域栅格的土地利用类型为 6 种的栅格数所占比例由 1979 年的 5.01% 下降到 2015 年的 3.65%，说明研究时段内，邻域栅格的土地利用类型多样化逐渐减弱；研究区邻域栅格的土地利用类型为 7 种和 8 种栅格数所占比例不高且逐年降低，说明研究区局部土地利用类型不存在过多土地利用类型分散的情况（图 4.24b）。

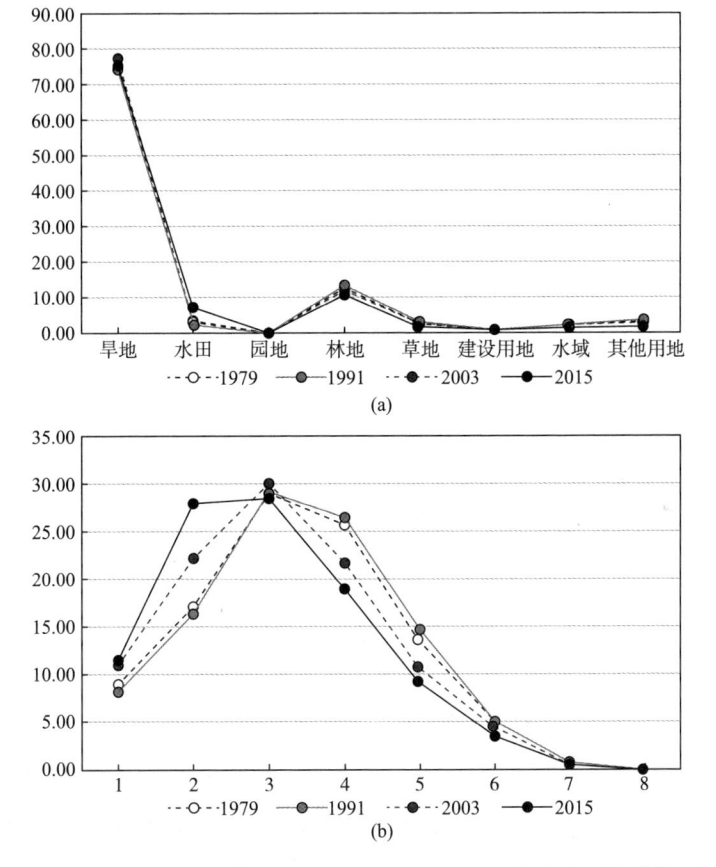

图 4.24 1979—2015 年研究区土地利用格局空间邻接关系变化情况

综上所述，研究区邻域类型中出现频率最高土地利用类型的以旱地、林地为主，说明旱地和林地是研究区土地利用类型中的优势地类，在最优空间尺度下的邻域距离内其空间自相关性较高，而与其他土地利用类型的聚集作用较小，以中心栅格的土地利用类型为主逐渐向邻域土地利用类型侵蚀，逐渐同化为同种土地利用类型，土地利用格局的集聚度逐年增高，说明越是在研究区范围内面积有优势的土地利用类型，中心栅格周围出现该土地利用类型的频率越高，与土地利用类型在空间上的分布极为相近，同时，与中心栅格邻接的土地利用类型种类越少，说明局地的用地布局越紧凑，与中心栅格邻接的土地利用类型种类越多，说明局地的用地布局越分散。

土地利用格局空间邻域的变化趋势，可以揭示研究区各种土地利用类型在时间和空间上的邻域关系特征，为研究区土地利用格局的优化提供参考和依据。

本章小结

本章对研究区土地利用格局时空变化特征的研究主要包括四方面内容：第一，研究区土地利用格局变化空间尺度特征识别；第二，研究区土地利用格局变化时间尺度特征识别；第三，研究区土地利用类型数量变化的时空分异特征；第四，研究区土地利用类型空间组合及相互关系变化特征。具体内容如下：

（1）应用本研究建立的计盒维数自动识别尺度模型，经检验，研究区无尺度区点列线性拟合的测定系数达到 0.98，说明该模型能够有效地自动识别土地利用格局变化空间尺度。研究表明，研究区土地利用格局计盒维数接近 2，各种土地利用类型的空间相关程度高，土地利用格局具有明显的分形特征。可见，研究区土地利用格局变化空间尺度 900m×900m 是独立最小地理单元，该尺度是分析土地利用格局变化的最优空间尺度。

（2）研究区土地利用格局时间尺度特征识别。研究区土地利用格局变化在 10—20 年、30—40 年和 40—50 年均有明显的波动性特征，表明 10—20 年、30—40 年和 40—50 年是研究区土地利用格局变化的 3 个重要时间尺度；其中，40—50 年的时间尺度土地利用格局变化的波动性特征最强，

30—40 年的时间尺度波动性特征次之，10—20 年的时间尺度波动性特征最小。在 1979—2015 年研究区土地利用格局变化的时间域上，土地利用格局变化研究的最优时间分析尺度为 36 年，土地利用格局在 12.33 年左右具有明显的波动性变化特征，可将研究区时间域划分为 3 个发展阶段：发展初期 1979—1991 年、发展中期 1991—2003 年、发展近期 2003—2015 年。在空间上，研究区土地利用格局变化的全局化时间尺度和土地利用格局变化的局部化时间尺度具有较高的一致性；土地利用格局变化波动期为 12.33 年的样本区域数量占研究区样本区域总量的 95.37%，其他波动值的样本区域数量占研究区样本区域总量的 4.63%。

（3）研究区土地利用类型数量变化的时空分异特征。1979—2015 年，研究区各种土地利用类型变化的表现有所不同，总体表现为旱地、水田和建设用地面积增加，园地、林地、草地、水域和其他用地面积减少。在 1979 年、1991 年、2003 年和 2015 年 4 个重要时间节点上，研究区旱地、林地和建设用地等主要土地利用类型的变化发生了明显的趋势性转换，同时验证了建立的土地利用格局变化时空尺度识别方法可行并具有准确性。1979—2015 年，研究区单一土地利用动态度、综合土地利用动态度、土地利用相对变化频率、土地利用强度、土地利用多样性程度和土地利用类型区位指数等自然、社会经济要素的空间异质性由结构性因素、随机性因素或由二者共同作用引起，其土地利用格局受自然因素和人类活动干扰的影响程度不同；在不同时段和不同时点各种自然、社会经济要素的所呈现的时空差异和变化趋势各不相同。

（4）研究区土地利用类型空间组合及相互关系变化特征。在研究区土地利用格局关联关系上，不同时点研究区土地利用格局表现为各土地利用类型之间空间作用力、分布均匀程度和内部联结性的大小不同，并呈现出空间相互关联关系复杂性。在研究区土地利用格局邻接关系上，1979—2015 年，研究区邻域类型中出现频率最高的土地利用类型以旱地、林地为主，说明旱地和林地是研究区土地利用类型中的优势地类，其在最优空间尺度下的邻域距离内其空间自相关性较高，而与其他土地利用类型的聚集作用较小；各种土地利用类型以中心栅格为主逐渐向邻域栅格侵蚀，逐渐同化为同种土地利用类型，土地利用格局的集聚度逐年增高，与中心栅格邻接的土地利用类型种类越少，说明局地的用地布局越紧凑，与中心栅格邻接的土地利用类型种类越多，说明局地的用地布局越分散。

本章内容为深入研究土地利用格局时空变化过程和进一步阐明自然因素和人文因素的驱动机理奠定了基础。

第五章 研究区土地利用格局变化影响因子作用机理

本研究选取空间化的影响研究区土地利用变化的地形地貌、光、温、水、土、植被等自然因素和人口、GDP、政策法规等人文因素；运用小波相干方法，对1979年、1991年、2003年和2015年研究区土地利用格局变化的关键性因子进行识别，并对识别出的关键性因子的小波相干谱的相干系数进行分析，确定各个关键性因子对土地利用格局时空变化的影响大小；运用交叉小波方法，分析不同时期各个关键性因子对土地利用格局时空变化的影响，并通过交叉小波功率谱分析各个关键性因子在不同尺度上的相干性，确定不同关键性因子对土地利用格局时空变化影响的合适样线作用尺度，样线作用尺度区别于前文基于样块分析的空间最佳分析尺度，此处样线作用尺度是不同土地利用格局时空变化的关键性因子在研究区采样样线上对土地利用格局时空变化影响最为明显的线性尺度；同时分析各个关键性因子与各种土地利用类型之间的关联关系，分析该关键性因子对各种土地利用类型的影响程度，进而明确1979—2015年土地利用格局时空变化影响因子的作用机理。

第一节 研究区土地利用格局变化影响因子作用机理模型建立

本研究选取影响研究区土地利用变化的自然条件因素和社会经济因

素，对研究区土地利用格局时空变化影响因子的作用机理进行分析。1979年选取研究土地利用格局时空变化的影响因子有：地形地貌、高程、坡度、坡向、年日照时数、年均气温、年降水量、土壤有机质含量、土壤全氮、土壤速效磷、土壤速效钾、NDVI、DVI、土地利用强度、GDP、人口；1991年选取研究土地利用格局时空变化的影响因子有：地形地貌、高程、坡度、坡向、年日照时数、年均气温、年降水量、NDVI、DVI、土地利用强度、GDP、人口；2003年选取研究土地利用格局时空变化的影响因子有：地形地貌、高程、坡度、坡向、年日照时数、年均气温、年降水量、黑土层厚度、土壤类型、土壤质地、土壤有机质含量、土壤全氮、土壤速效磷、土壤速效钾、土壤pH值、水土流失量、土壤Cl含量、重金属污染、NDVI、DVI、土地利用强度、GDP、人口、政策法规；2015年选取研究土地利用格局时空变化的影响因子有：地形地貌、高程、坡度、坡向、年日照时数、年均气温、年降水量、土壤有机质含量、土壤全氮、土壤速效磷、土壤速效钾、耕层厚度、NDVI、DVI、土地利用强度、GDP、人口、政策法规。其中，在各个研究时点上地形地貌、高程、坡度、坡向没有发生较大变化，各个时点的土地利用格局及其影响因子的空间化数据是分析土地利用格局时空变化影响因子作用机理的数据基础。

一 土地利用格局时空变化影响因子作用机理模型原理

小波分析是数字信号及图像处理领域的重要研究方法，采用交叉小波和小波相干分析方法对土地利用格局时空变化的关键性因子进行识别，将各种土地利用类型及其影响因子的采样样线数据视为空间连续信号，通过对各种土地利用类型及其关键性因子的交叉小波功率谱和小波相干谱进行分析，揭示土地利用格局时空变化及其影响因子之间的相互影响与作用机理。

（一）连续小波变换（CWT）原理

设小波基函数为$\Psi_0(\eta)$，对基函数做尺度伸缩和时间平移（式5.1）。

$$\psi_{\tau,\lambda}(\eta) = |\lambda|^{1/2}\psi(\frac{\eta-\tau}{\lambda}) \quad (式5.1)$$

其中，λ 为尺度因子，$|\lambda|^{1/2}$ 可在不同尺度之间实现能量归一化，τ 为平移因子，将一组空间连续信号 $\{x(\eta)\}$ 在小波基函数下展开（式5.2）。

$$W_{x,\psi}(\tau,\lambda) = \langle x(\eta),\psi_{\tau,\lambda}^*(\eta)\rangle = \int_{-\infty}^{\infty} x(\eta)\frac{1}{\sqrt{|\lambda|}}\psi^*(\frac{\eta-\tau}{\lambda})d\eta$$

（式5.2）

其中，符号（*）表示复共轭，$\Psi(\eta)$ 为母小波函数生成的子小波函数。

本研究选用 Morlet 小波作为母小波函数（式5.3）。

$$\psi_0(\eta) = \pi^{-1/4}e^{i\omega_0\eta}e^{-\eta^2/2} \quad (式5.3)$$

其中，ω_0 表示无量纲频率，当 $\omega_0 = 5$ 时，Morlet 小波尺度近似等于傅里叶周期，能够最好反映时间和频率的局部平衡。以空间连续信号数据作为数据基础，连续小波变换将空间连续信号数据分解为低频信息和高频信息，低频信息反映了空间连续信号数据的空间全局变化态势，高频信息反映了空间连续信号数据在研究区特定空间位置上的变化。小波变换是将信号与一个在时域和频域上均具有局域化性质的平移伸缩小波权函数进行卷积。

连续小波变换的离散序列可定义为信号序列的缩放与标准化后小波 x_n 的卷积（式5.4）。

$$W_n^X(s) = \sum_{n'=0}^{N} x_n'\psi^*\left[\frac{(n'-n)\delta t}{s}\right] \quad (式5.4)$$

其中，Ψ 为 Ψ_0 的标准化函数。该公式采用快速傅里叶空间变化的方法进行小波变换，是进行小波变换的基础；s 为尺度参数，n 为平移参数。

（二）红噪声功率谱检验原理

很多地理信号可用白噪声或红噪声检验，本研究采用红噪声功率谱中的一阶自回归模型（式5.5），将连续交叉小波功率谱的检验与红噪声标准谱作比较。

$$X_n = \alpha X_{n-1} + Z_n \quad (式5.5)$$

其中，α 表示红噪声功率谱中一阶自回归系数，$X_0 = 0$，Z_n 为随机变量，假定其服从均值为零的正态分布，进而得到归一化后的离散傅里叶功率谱（式5.6）。

$$P_k = \frac{1-\alpha^2}{1+\alpha^2-2\alpha\cos(2\pi k/N)} \quad (k=0,\cdots,N/2) \quad （式5.6）$$

其中，k 为傅里叶频率系数，通过选择适当的一阶自回归（AR1）系数，可采用式（5.6）模拟红噪声谱，当 $\alpha = 0$ 时，该功率谱为白噪声谱。

（三）交叉小波变换（XWT）原理

交叉小波变换是将小波变换和交叉谱分析相结合的分析技术，采用交叉小波变换可同时探讨土地利用格局及其影响因子在时域和频域中的相互关系（Grinsted，2004）。

类似于连续小波变换，两组不同信号即土地利用格局 X 和土地利用格局时空变化影响因子 Y 的交叉小波变换分别用 $W_X(s)$ 和 $W_Y(s)$，则二者的交叉小波谱为 $W_n^{XY}(s) = W_n^X(s) W_n^{Y*}(s)$，相应的交叉小波功率谱密度为 $|W_n^{XY}(s)|$，其值越大，表明二者具有共同高能量区的范围越大，彼此相关性越显著。

将式（5.6）推广到两组不同信号中，土地利用格局 X 和土地利用格局时空变化影响因子 Y 的背景功率谱分别为红噪声谱 P_k^X 和 P_k^Y，二者交叉小波功率谱的分布关系式（式5.7）为：

$$\frac{W_n^X(s) W_n^{Y*}(s)}{\sigma_X \sigma_Y} \Rightarrow \frac{Z_v(P)}{v}\sqrt{P_k^X P_k^Y} \quad （式5.7）$$

其中，σ_X、σ_Y 表示土地利用格局 X 和土地利用格局时空变化影响因子 Y 的标准差，v 表示自由度，由空间连续信号数据的信号长度 N 和空间后延决定，$Z_v(P)$ 是概率为 P 的置信度水平；当复小波自由度 v 取值为 2，Z_2（95%）=3.999。当式（5.7）左端超过置信限，则认为土地利用格局 X 和土地利用格局时空变化影响因子 Y 通过了显著性水平 $\alpha = 0.05$ 条件下的红噪声标准谱检验，说明二者相关性显著。

(四) 小波相干谱 (WTC) 原理

基于两组空间连续信号连续小波变换 (CWT) 的交叉小波变换 (XWT) 可以揭示土地利用格局 X 和土地利用格局时空变化影响因子 Y 共同的高能量区以及位相关系。小波相干谱用来度量时-频空间中两个信号局部相关的密切程度，即使对应交叉小波功率谱中低能量值区，两者在小波相干谱中的相关性也有可能很显著（余丹丹，2007），则两组空间连续信号土地利用格局 X 和土地利用格局时空变化影响因子 Y 的小波相干谱（式5.8）为：

$$R_n^2(s) = \frac{|\langle s^{-1} W_n^{XY}(s) \rangle|^2}{\langle s^{-1} |W_n^X(s)|^2 \rangle \langle s^{-1} |W_n^Y(s)|^2 \rangle} \quad (\text{式}5.8)$$

它是土地利用格局 X 和土地利用格局时空变化影响因子 Y 在某一频率上波振幅的交叉积与各个振动波的振幅乘积之比，值得注意的是，计算过程中要将 $W_n^X(s)$、$W_n^Y(s)$ 和 $W_n^{XY}(s)$ 转化为谱密度的形式，即均除以尺度参数 s，才可进行时间域和频率域的平滑谱运算，否则将导致在所有空间和频率点上交叉小波功率谱值均相等的错误结果。< > 为平滑算子，其计算公式如下（式5.9）：

$$S(W) = S_{scale}(S_{time}(W_n(s))) \quad (\text{式}5.9)$$

其中，S_{scale} 表示沿着小波伸缩尺度轴平滑（式5.10）；S_{time} 表示沿着小波时间平移轴平滑（式5.11），二者均为 Morlet 小波算子。

$$S_{time}(W)|_s = (W_n(s) \times c_1^{-t^2/(2s^2)})|_s \quad (\text{式}5.10)$$

$$S_{scale}(W)|_n = W_n(s) \times c_2 \Pi(0.6s) \square|_n \quad (\text{式}5.11)$$

其中，c_1 和 c_2 是标准化常数，Π 是矩形函数，参数 0.6 是根据经验确定的尺度，与 Morlet 小波波长的解相关。小波相干谱的显著性检验采用 Monte Carlo 方法，交叉小波功率谱和小波相干谱两种方法都可以确定位相角，其主要区别在于小波相干谱使用了平滑函数。本研究小波相干谱中只标示出 $R_n^2(s) \geq 0.5$ 的位相差箭头。

（五）交叉小波位相角

本研究选用的 Morlet 小波函数 $\psi(\eta)$ 是复变函数，经连续小波变换后仍为复变函数，土地利用格局 X 和土地利用格局时空变化影响因子 Y 各尺度成分间的位相差，需要估计位相差的均值和置信区间。在超过95%置信度，影响椎曲线以内区域里，采用圆形平均位相角来定量地描述两者的位相关系。设有 m 个角度 $a_j (j = 1, \cdots, m)$，a_m 为平均角（式5.12）。

$$a_m = \arg(X, Y), X = \sum_{i=1}^{n} \cos(a_i)\ Y = \sum_{i=1}^{n} \sin(a_i) \quad （式5.12）$$

$q = \sqrt{-2\ln(R/n)}$ 是角离差，表示离散趋势量度，$q \in (0, \infty)$，其中，$R = \sqrt{(X^2 + Y^2)}$，其范围为 0 - 1，a_m 取值范围为 $[-\pi, \pi]$，该组公式描述了土地利用格局 X 和土地利用格局时空变化影响因子 Y，在各样线作用尺度下两组空间连续信号间在空间上的领先滞后关系。由于本研究选取的土地利用格局时空变化影响因子 X 和土地利用格局 Y 等样本空间连续信号数据是有限数据，采用小波变化的方法需考虑边界效应的问题，影响椎 COI（Cone of Influence）曲线可以用来划分边界效应的影响区域，距曲线较远的区域受边界效应影响不予考虑，本研究采用 Von Mises 分布假设检验方法，计算平均角及其95%置信区间。

二　土地利用格局时空变化样带布设方案及样线识别

交叉小波与小波相干的样带布设方案需充分考虑研究区自然条件及其土地利用变化规律，尽可能多的穿越各种土地利用类型。本研究样带的布设方案以土地利用多样性程度高的区域为主（图5.1a），根据研究区土地利用格局变化的最优时空分析尺度，以 900m × 900m 为最小样块，将1979年、1991年、2003年和2015年4期研究区土地利用多样性程度高的区域用最小样块覆盖，选取研究区范围内空间连续的样块（6630块）作为采样样带，并拾取采样样带的中心线作为采样样线，采样样线长度约为189.9km（6330×30）（图5.1b）。

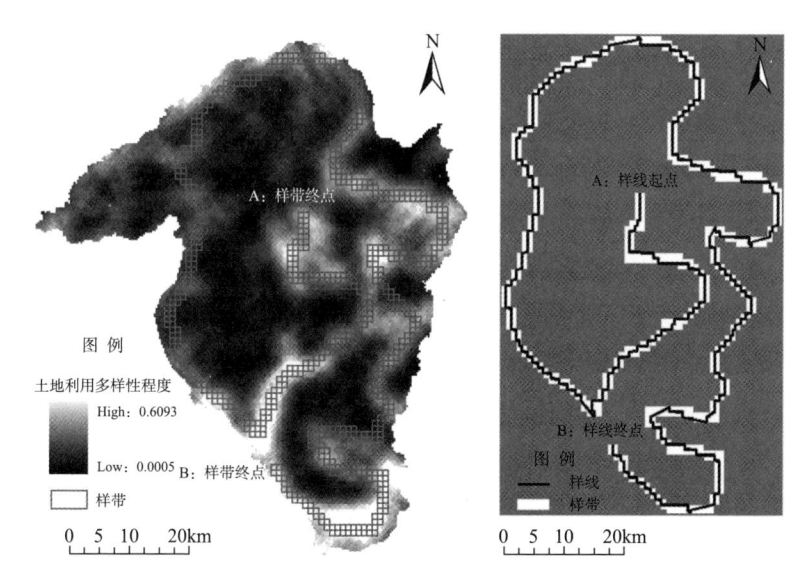

图 5.1　研究区土地利用格局变化及其影响因子采样样带（a）和采样样线（b）

本研究在 ArcGIS 平台下，将采样样带作为掩膜，运用 Extract by mask 功能，提取研究区土地利用格局及其各种影响因子的 Grid 格式的空间栅格样带，并将其空间栅格样带转成点，重新编辑起始点属性值使其取值超出该栅格图层的属性值范围，再将点数据重新转成 Grid 格式的空间栅格样带，以便于在 Matlab 软件中寻找样带起点；将采样样带的原始栅格数据和更改起始点属性值的栅格数据转成 ASCII 格式，运用 Matlab 软件设计采样样线识别算法，识别采样样带的中心线，进而获取研究区土地利用格局采样样线，在 Matlab 数据组织过程中，寻找该采样样线是本研究的技术难点。

第二节　研究区土地利用格局时空变化的关键性影响因子识别

将研究区 1979 年、1991 年、2003 年和 2015 年 4 期的土地利用格局分别与其相应年份的影响因子进行小波相干分析，选取通过红噪声检验的采样样本区域，其土地利用格局及其影响因子之间小波相干系数超过 0.8 的影响因子即为影响研究区土地利用格局时空变化的关键性因子。

1979年，研究区土地利用格局时空变化的关键性影响因子有8个，分别是：土壤有机质、土壤全氮、土壤速效钾、年均气温、土地利用强度、年均降水、土壤速效磷、年日照时数，其小波相干系数分别为：0.8445、0.8387、0.8312、0.8299、0.8226、0.8201、0.8153、0.8103，这8个影响因子对1979年研究区土地利用格局时空变化的影响极大，是影响研究区土地利用格局时空变化最重要的影响因子（表5.1）。

表5.1　　1979年研究区土地利用格局与关键性影响因子的小波相干系数（CS）、交叉小波功率谱密度（PSD）及其通过红噪声检验的样本数量（Num）

土地利用类型	关键性因子	土壤有机质	土壤全氮	土壤速效钾	年均气温	土地利用强度	年均降水	土壤速效磷	年日照时数
旱地	CS_Num	30968	42835	41352	32887	64607	36234	46640	30219
	CS	0.8579	0.8529	0.8395	0.8390	0.8194	0.8284	0.8193	0.8145
	PSD_Num	36803	63402	50881	23514	40586	25172	47993	15990
	PSD	3.5822	3.7420	3.0222	3.4884	7.9639	4.1145	3.1956	0.6332
水田	CS_Num	1828	3435	2562	2237	5560	2263	3299	2418
	CS	0.8307	0.8113	0.8215	0.8215	0.8227	0.8061	0.8028	0.7946
	PSD_Num	3523	5805	4664	1621	4351	1754	4032	2181
	PSD	3.8670	3.8086	3.0373	4.1225	8.7814	4.6163	3.6051	0.5686
林地	CS_Num	8172	7812	13873	9340	24167	10965	10511	9789
	CS	0.8223	0.8221	0.8256	0.8060	0.8358	0.8082	0.8186	0.7880
	PSD_Num	14423	20424	16884	11206	12530	9294	17738	6939
	PSD	3.3452	3.5907	2.7449	3.8461	10.6476	4.4141	3.1945	0.5130
草地	CS_Num	1153	1622	962	1349	2734	1040	1763	1009
	CS	0.8228	0.8210	0.7892	0.8506	0.8299	0.8074	0.8389	0.8557
	PSD_Num	1781	2529	2048	848	1877	801	1350	865
	PSD	3.7767	3.7936	2.8022	2.1600	8.1223	5.4450	3.4762	0.5103

续表

关键性因子 土地利用类型		土壤有机质	土壤全氮	土壤速效钾	年均气温	土地利用强度	年均降水	土壤速效磷	年日照时数
建设用地	CS_Num	2109	3384	3890	2271	5690	3468	4983	2409
	CS	0.8005	0.8016	0.8116	0.7976	0.8053	0.7970	0.7939	0.8191
	PSD_Num	3597	7518	5848	2655	4803	3852	5781	2266
	PSD	2.8105	2.9956	2.4057	2.2705	5.3112	1.9442	3.0473	0.4209
水域	CS_Num	1241	1747	1104	1769	2949	1099	2558	1282
	CS	0.8159	0.7901	0.8088	0.8232	0.8108	0.7883	0.8032	0.7893
	PSD_Num	1750	2839	2364	784	2220	639	2138	1250
	PSD	3.3062	3.5886	3.0181	1.7278	6.7643	4.6047	2.5505	0.7056
其他用地	CS_Num	2912	4704	4373	3189	9750	4109	6007	3965
	CS	0.8256	0.8080	0.8053	0.8303	0.8222	0.8165	0.8006	0.8326
	PSD_Num	6884	10826	8450	2346	7658	3267	6756	3167
	PSD	3.5537	3.6044	2.9378	2.8702	7.6697	4.2227	3.0131	0.8111
土地利用格局	CS_Num	48383	65539	68116	53042	115457	59178	75761	51091
	CS	0.8445	0.8387	0.8312	0.8299	0.8226	0.8201	0.8153	0.8103
	PSD_Num	68761	113343	91139	42974	74025	44779	85788	32658
	PSD	3.5019	3.6528	2.9192	3.4383	8.2317	4.0483	3.1786	0.6054

1991年，研究区土地利用格局时空变化的关键性影响因子有7个，分别是：土地利用强度、年均降水、GDP、年均气温、人口、年日照时数、地形地貌，其小波相干系数分别为：0.8340、0.8340、0.8339、0.8249、0.8213、0.8173、0.8055，这7个影响因子对1991年研究区土地利用格局时空变化的影响极大，是影响研究区土地利用格局时空变化最重要的影响因子（表5.2）。

2003年，研究区土地利用格局时空变化的关键性影响因子有10个，分别是：政策法规、人口、土壤有机质、年日照时数、DVI、年均气温、土地利用强度、重金属污染、GDP、土壤质地，其小波相干系数分别为：0.8273、0.8198、0.8120、0.8119、0.8100、0.8093、0.8081、0.8076、

0.8060、0.8056，这10个影响因子对2003年研究区土地利用格局时空变化的影响极大，是影响研究区土地利用格局时空变化最重要的影响因子（表5.3）。

表5.2　1991年研究区土地利用格局与关键性影响因子的小波相干系数（CS）、交叉小波功率谱密度（PSD）及其通过红噪声检验的样本数量（Num）

土地利用类型	关键性因子	土地利用强度	年均降水	GDP	年均气温	人口	年日照时数	地形地貌
旱地	CS_Num	53353	30360	49527	42365	37617	28944	34840
	CS	0.8094	0.8056	0.8101	0.8166	0.8236	0.8173	0.8142
	PSD_Num	35763	31441	30288	17323	36519	16063	71085
	PSD	5.5952	5.2418	4.1592	2.1373	2.7626	0.5983	3.7684
水田	CS_Num	6946	2919	5507	3776	3944	3451	3860
	CS	0.8045	0.7948	0.8022	0.7974	0.8166	0.7893	0.7835
	PSD_Num	4016	3326	4009	2323	4057	1703	6591
	PSD	7.3897	5.6416	4.4240	2.4765	3.4807	0.7211	4.7298
园地	CS_Num	34	20	133	50	80	—	38
	CS	0.8131	0.7870	0.7682	0.7332	0.7527	—	0.7762
	PSD_Num	—	40	20	53	90	—	238
	PSD	—	8.7969	0.5879	0.0038	3.3493	—	2.9648
林地	CS_Num	20119	9860	16875	16026	9145	10267	10993
	CS	0.8025	0.7878	0.7955	0.7942	0.8046	0.8071	0.7758
	PSD_Num	10137	10848	9223	8911	7072	7228	21513
	PSD	7.8178	5.7778	5.7092	1.9355	3.6591	0.6688	4.1295
草地	CS_Num	3720	1610	2276	2693	1545	1310	2182
	CS	0.7992	0.8010	0.7827	0.8248	0.8367	0.7890	0.8043
	PSD_Num	2511	1655	1690	905	1676	909	3434
	PSD	4.4500	5.8867	4.6825	2.9660	3.2151	1.2514	3.8641

续表

土地利用类型	关键性因子	土地利用强度	年均降水	GDP	年均气温	人口	年日照时数	地形地貌
建设用地	CS_Num	5488	3265	4642	3358	3757	3330	3817
	CS	0.8012	0.8027	0.8048	0.7872	0.8026	0.8146	0.8059
	PSD_Num	4821	4569	4177	1748	5896	2322	8112
	PSD	2.8937	3.5260	2.3953	1.3292	1.7880	0.5345	3.3820
水域	CS_Num	2511	1249	2082	1319	1225	1146	1531
	CS	0.8133	0.8049	0.8122	0.8010	0.8169	0.8015	0.8152
	PSD_Num	1780	990	1522	542	2196	644	2263
	PSD	6.4440	4.7636	4.1538	3.5299	2.4688	0.6355	4.3770
其他用地	CS_Num	7334	3178	6349	4917	3772	2955	3794
	CS	0.8261	0.8163	0.8123	0.8147	0.8358	0.8131	0.7994
	PSD_Num	5565	3521	4374	2726	5519	2858	6585
	PSD	5.2772	3.7361	3.7084	1.8031	2.4111	0.3719	3.6907
土地利用格局	CS_Num	99505	52461	87391	74504	61085	51403	61055
	CS	0.8340	0.8340	0.8339	0.8249	0.8213	0.8173	0.8055
	PSD_Num	64593	56390	55303	34531	63025	31727	119821
	PSD	5.8054	5.1485	4.2826	2.0810	2.7901	0.6153	3.8683

表5.3　2003年研究区土地利用格局与关键性影响因子的小波相干系数（CS）、交叉小波功率谱密度（PSD）及其通过红噪声检验的样本数量（Num）

土地利用类型	关键性因子	政策法规	人口	土壤有机质	年日照时数	DVI	年均气温	土地利用强度	重金属污染	GDP	土壤质地
旱地	CS_Num	48800	30360	35007	28944	55405	42365	53353	30611	49527	23257
	CS	0.8298	0.8056	0.8120	0.8173	0.8078	0.8166	0.8094	0.8059	0.8101	0.8096
	PSD_Num	55309	31441	40349	16063	84543	17323	35763	45368	30288	53404
	PSD	7.0451	5.2418	5.6653	0.5983	3.3099	2.1373	5.5962	7.3054	4.1592	5.4988

续表

土地利用类型	关键性因子	政策法规	人口	土壤有机质	年日照时数	DVI	年均气温	土地利用强度	重金属污染	GDP	土壤质地
水田	CS_Num	4328	2919	4205	3451	3632	3776	6946	2850	5507	3827
	CS	0.8188	0.7948	0.8141	0.7893	0.7836	0.7974	0.8045	0.8018	0.8022	0.7972
	PSD_Num	5844	3326	4783	1703	9786	2323	4016	4473	4009	6039
	PSD	6.2290	5.6416	6.3915	0.7211	3.3294	2.4765	7.3897	7.5431	4.4240	6.8570
园地	CS_Num	40	20	143	—	250	50	34	61	133	137
	CS	0.7999	0.7870	0.7990	—	0.8148	0.7332	0.8131	0.8415	0.7682	0.8072
	PSD_Num	120	40	52	—	153	53	—	116	20	120
	PSD	9.3213	8.7969	5.2972	—	2.7651	0.0038	—	8.8273	0.5879	5.1160
林地	CS_Num	12728	9860	10785	10267	26184	16026	20119	11287	16875	5846
	CS	0.8231	0.7878	0.8112	0.8071	0.8227	0.7942	0.8025	0.8023	0.7955	0.7926
	PSD_Num	13857	10848	15150	7228	28941	8911	10137	11736	9223	12716
	PSD	7.1189	5.7778	5.5798	0.6688	3.7641	1.9355	7.8178	7.0403	5.7092	5.7201
草地	CS_Num	2461	1610	1680	1310	2059	2693	3720	2345	2276	1125
	CS	0.8352	0.8010	0.7984	0.7890	0.7988	0.8248	0.7992	0.8276	0.7827	0.8177
	PSD_Num	2487	1655	2197	909	4409	905	2511	2754	1690	2783
	PSD	6.4670	5.8867	5.6100	1.2514	3.5088	2.9660	4.4500	5.0787	4.6825	4.8409
建设用地	CS_Num	4363	3265	4184	3330	7025	3358	5488	3773	4642	2599
	CS	0.8131	0.8027	0.8058	0.8146	0.8073	0.7872	0.8012	0.8123	0.8048	0.8073
	PSD_Num	5825	4569	4823	2322	10682	1748	4821	5966	4177	7615
	PSD	6.6024	3.5260	4.5364	0.5345	2.6672	1.3292	2.8937	6.0221	2.3953	4.0742
水域	CS_Num	1807	1249	1688	1146	1037	1319	2511	1154	2082	1334
	CS	0.8194	0.8049	0.8158	0.8015	0.7813	0.8010	0.8133	0.8062	0.8122	0.8013
	PSD_Num	2547	990	2219	644	3802	542	1780	1524	1522	2628
	PSD	4.8080	4.7636	4.4596	0.6355	2.6907	3.5299	6.4440	7.0655	4.1538	5.2934
其他用地	CS_Num	4666	3178	4166	2955	3954	4917	7334	4243	6349	3963
	CS	0.8329	0.8163	0.8229	0.8131	0.7996	0.8147	0.8261	0.8222	0.8123	0.8065
	PSD_Num	4444	3521	5527	2858	9431	2726	5565	4705	4374	6456
	PSD	6.4192	3.7361	4.5368	0.3719	2.7859	1.8031	5.2772	5.5585	3.7084	5.1672

续表

关键性因子　　土地利用类型		政策法规	人口	土壤有机质	年日照时数	DVI	年均气温	土地利用强度	重金属污染	GDP	土壤质地
土地利用格局	CS_Num	79193	52461	61858	51403	99546	74504	99505	56324	87391	42088
	CS	0.8273	0.8198	0.8120	0.8119	0.8100	0.8093	0.8081	0.8076	0.8060	0.8056
	PSD_Num	90433	56390	75100	31727	151747	34531	64593	76642	55303	91761
	PSD	6.8685	5.1485	5.5013	0.6153	3.3096	2.0810	5.8054	6.9890	4.2826	5.4510

2015年，研究区土地利用格局时空变化的关键性影响因子有9个，分别是：土壤速效钾、土壤全氮、耕层厚度、土壤速效磷、NDVI、土壤有机质、土地利用强度、人口、高程，其小波相干系数分别为：0.8302、0.8274、0.8258、0.8228、0.8209、0.8186、0.8168、0.8133、0.8056，这9个影响因子对2015年研究区土地利用格局时空变化的影响极大，是影响研究区土地利用格局时空变化最重要的因子（表5.4）。

表5.4　2015年研究区土地利用格局与关键性影响因子的小波相干系数（CS）、交叉小波功率谱密度（PSD）及其通过红噪声检验的样本数量（Num）

关键性因子　　土地利用类型		土壤速效钾	土壤全氮	耕层厚度	土壤速效磷	NDVI	土壤有机质	土地利用强度	人口	高程
旱地	CS_Num	50108	37845	38556	46727	129635	43746	48764	30859	43812
	CS	0.8360	0.8363	0.8345	0.8302	0.8224	0.8284	0.8176	0.8148	0.8045
	PSD_Num	47055	61637	59952	50272	67394	63530	32937	38530	34217
	PSD	2.8346	3.9145	3.8358	3.0753	1.7753	3.5846	5.1208	2.7597	4.3494
水田	CS_Num	9992	7068	7129	9036	16467	9019	12953	7495	8845
	CS	0.8448	0.8328	0.8302	0.8346	0.8148	0.8295	0.8131	0.8269	0.8205
	PSD_Num	10917	12159	11764	12888	10214	13415	7725	8534	5971
	PSD	3.3505	4.4976	4.5220	3.4876	1.9794	4.0939	6.9879	3.6525	5.8006

续表

土地利用类型 \ 关键性因子		土壤速效钾	土壤全氮	耕层厚度	土壤速效磷	NDVI	土壤有机质	土地利用强度	人口	高程
林地	CS_Num	12060	10135	10176	9999	28683	12541	18941	7902	18120
	CS	0.8061	0.8108	0.8108	0.7996	0.8088	0.7918	0.8160	0.7922	0.8019
	PSD_Num	12278	23810	23033	10802	15916	25502	10392	9606	16480
	PSD	2.3567	3.6560	3.4906	2.6241	1.6857	3.2525	5.5176	3.1531	3.7750
草地	CS_Num	925	445	471	797	1697	748	1549	834	1039
	CS	0.8222	0.7907	0.7863	0.8016	0.8197	0.7887	0.8177	0.8245	0.8125
	PSD_Num	1423	1728	1732	1646	1923	2134	1384	1474	832
	PSD	3.9123	4.7924	4.6839	4.1969	1.4305	4.2778	6.6419	3.4362	6.5360
建设用地	CS_Num	4818	3031	3120	4425	22277	3975	7325	3697	5361
	CS	0.8104	0.7968	0.7965	0.7976	0.8348	0.7978	0.8162	0.7996	0.8017
	PSD_Num	7239	8069	7905	8230	13207	8176	5772	7633	4799
	PSD	2.7069	3.7287	3.6509	2.7998	1.5191	3.4372	4.4775	2.1964	4.1293
水域	CS_Num	1364	1136	1178	1293	2913	1271	2252	1015	1411
	CS	0.8136	0.7983	0.7959	0.7968	0.8327	0.8023	0.8226	0.8184	0.8031
	PSD_Num	2140	2020	2075	2739	2152	2332	1448	1650	954
	PSD	2.9060	3.8038	3.7341	2.9406	1.4740	3.3996	6.6574	3.3372	5.3634
其他用地	CS_Num	3368	2151	2215	3101	5028	2652	4871	3005	2460
	CS	0.8250	0.7955	0.7936	0.8033	0.8029	0.7921	0.8185	0.8324	0.8054
	PSD_Num	4894	5687	5744	5748	5182	6890	3665	4589	3260
	PSD	3.7047	3.9557	3.9063	3.9703	1.3805	3.6990	6.9041	3.5052	4.3726
土地利用格局	CS_Num	82635	61811	62845	75378	206700	73952	96655	54807	81048
	CS	0.8302	0.8274	0.8258	0.8228	0.8209	0.8186	0.8168	0.8133	0.8056
	PSD_Num	85946	115110	112205	92325	115988	121979	63323	72016	66513
	PSD	2.8903	3.9229	3.8386	3.1272	1.7229	3.5764	5.5267	2.9329	4.3645

第三节 研究区土地利用格局时空变化影响因子作用机理分析

交叉小波功率谱能够阐释土地利用格局时空变化及其关键性因子之间的关联关系,也可以获取不同关键性因子对土地利用格局时空变化影响的样线作用尺度;小波相干谱分析能够说明土地利用格局时空变化及其关键性因子之间的相互依赖关系及其显著性程度,反映土地利用格局时空变化的关键性因子对其作用大小,结合小波相干系数,能够分析各种土地利用类型及其关键性影响因子之间的相干关系;本研究结合交叉小波功率和小波相干谱,揭示研究区土地利用格局时空变化特征和变化规律,进而对研究区土地利用格局时空变化关键性影响因子的作用机理进行分析。

一 1979年土地利用格局时空变化影响因子作用机理

(一)土壤有机质对土地利用格局时空变化的作用机理分析

土壤有机质对土地利用格局时空变化的影响在距样线起点约103.0—157.0km处出现连续的通过红噪声标准谱检验的样线区间,说明在该样线区间对应的采样样块空间上,土壤有机质对土地利用格局时空变化的作用效果较为显著,且土壤有机质主要对林地和旱地产生影响,其中,林地样本量占样线区间对应采样样块样本量的比例为41.31%,旱地样本量占样线区间对应采样样块样本量的比例为40.06%,说明土壤有机质与林地、旱地之间关联关系较强;土壤有机质在通过红噪声标准谱检验的样线区间上对应的样线作用尺度为$15400 \times 30m - 32768 \times 30m$,说明土壤有机质对土地利用格局时空变化的样线作用尺度在462.00—983.04km上的影响较为明显(图5.2a)。

土壤有机质对土地利用格局时空变化的作用大小为0.8445(图5.2b);土壤有机质对各种土地利用类型的作用大小依次为旱地、水田、其他用地、草地、林地、水域和建设用地，其作用大小分别为 0.8579、0.8307、0.8256、0.8228、0.8223、0.8159、0.8005；各种土地利用类型通过红噪声检验占土地利用格局通过红噪声检验的比例依次为：旱地、林地、其他用地、建设用地、水田、水域、草地，其比例大小分别为 64.01%、16.89%、6.02%、4.35%、3.78%、2.57%、2.38%（表 5.1），与 1979 年研究区各种土地利用类型的面积占研究区总面积的比重排序基本一致，说明本研究选取的样线在研究土壤有机质对土地利用格局时空变化的影响上具有代表性。

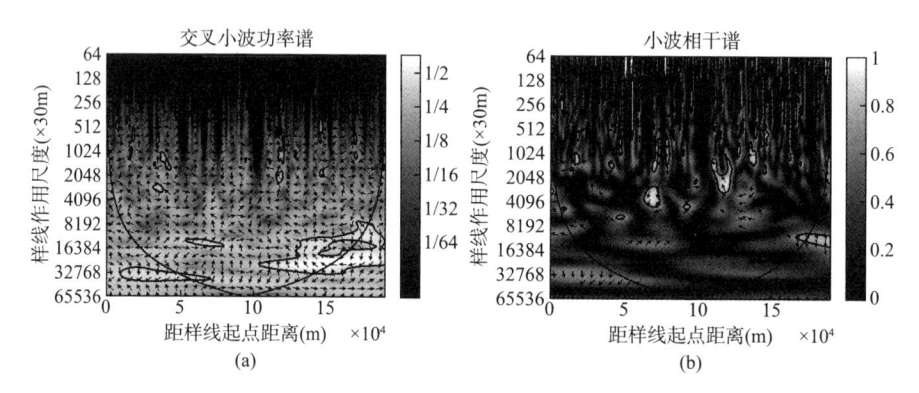

图 5.2 1979 年研究区土壤有机质对土地利用格局时空变化影响的
交叉小波功率谱和小波相干谱

（二）土壤全氮对土地利用格局时空变化的作用机理分析

土壤全氮对土地利用格局时空变化的影响在距样线起点约 40.0—160.0km 处出现连续的通过红噪声标准谱检验的样线区间，说明在该样线区间对应的采样样块空间上，土壤全氮对土地利用格局时空变化的作用效果较为显著，且土壤全氮主要对旱地和林地产生影响，其中，旱地样本量占样线区间对应采样样块样本量的比例为 59.51%，林地样本量占样线区间对应采样样块样本量的比例为 19.21%，说明土壤全氮与旱地、林地之间关联关系较强；土壤全氮在通过红噪声标准谱检验的样线区间上对应的样线作用尺度为 $17000 \times 30m - 57000 \times 30m$，说明土壤全氮对土地利用格局时空变化的样线作用尺度在 510.00—1710.00km 上的影响较为明显（图

5.3a）。

土壤全氮对土地利用格局时空变化的作用大小为 0.8387（图 5.3b）；土壤全氮对各种土地利用类型的作用大小依次为旱地、林地、草地、水田、其他用地、建设用地和水域，其作用大小分别为 0.8529、0.8221、0.8210、0.8113、0.8080、0.8016、0.7901；各种土地利用类型通过红噪声检验占土地利用格局通过红噪声检验的比例依次为：旱地、林地、其他用地、水田、建设用地、草地、水域，其比例大小分别为 65.36%、11.92%、7.18%、5.24%、5.16%、2.47%、2.67%（表 5.1），与 1979 年研究区各种土地利用类型的面积占研究区总面积的比重排序基本一致，说明本研究选取的样线在研究土壤全氮对土地利用格局时空变化的影响上具有代表性。

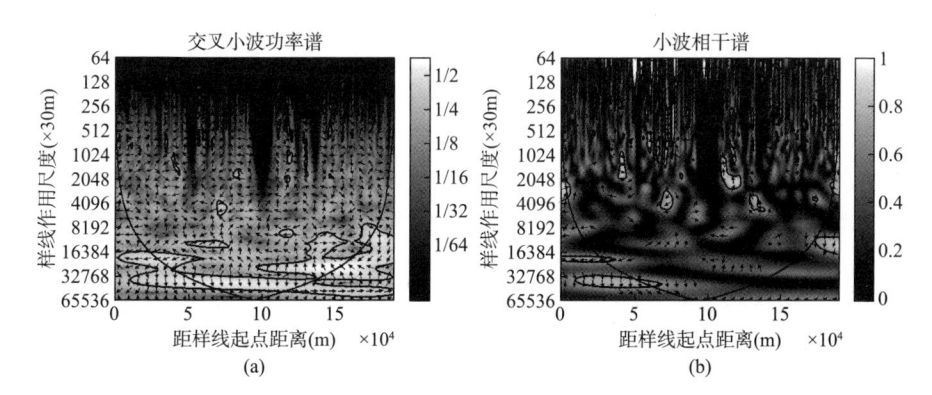

图 5.3　1979 年研究区土壤全氮对土地利用格局时空变化影响的交叉小波功率谱和小波相干谱

（三）土壤速效钾对土地利用格局时空变化的作用机理分析

土壤速效钾对土地利用格局时空变化的影响在距样线起点约 50.0—156.7km 处出现连续的通过红噪声标准谱检验的样线区间，说明在该样线区间对应的采样样块空间上，土壤速效钾对土地利用格局时空变化的作用效果较为显著，且土壤速效钾主要对旱地和林地产生影响，其中，旱地样本量占样线区间对应采样样块样本量的比例为 60.32%，林地样本量占样线区间对应采样样块样本量的比例为 22.65%，说明土壤速效钾与旱地、林地之间关联关系较强；土壤速效钾在通过红噪声标准谱检验的样线区间上对应的样线作用尺度为 24000×30m – 51000×30m，说明土壤速效钾对土地利用格局时空变化的样线作用尺度在 720.00—1530.00km 上的影响较为明显（图 5.4a）。

土壤速效钾对土地利用格局时空变化的作用大小为 0.8312（图 5.4b）；土壤速效钾对各种土地利用类型的作用大小依次为旱地、林地、水田、建设用地、水域、其他用地和草地，其作用大小分别为 0.8395、0.8256、0.8215、0.8116、0.8088、0.8053、0.7892；各种土地利用类型通过红噪声检验占土地利用格局通过红噪声检验的比例依次为：旱地、林地、其他用地、建设用地、水田、水域、草地，其比例大小分别为 60.71%、20.37%、6.42%、5.71%、3.76%、1.62%、1.41%（表5.1），与 1979 年研究区各种土地利用类型的面积占研究区总面积的比重排序基本一致，说明本研究选取的样线在研究土壤速效钾对土地利用格局时空变化的影响上具有代表性。

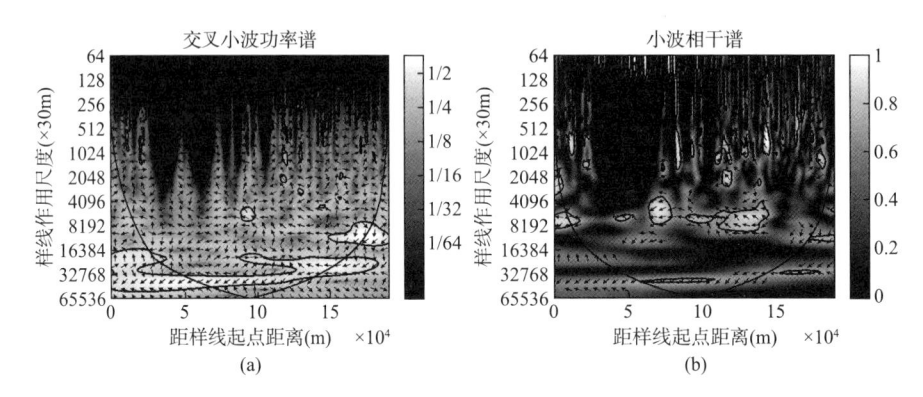

图 5.4　1979 年研究区土壤速效钾对土地利用格局时空变化影响的交叉小波功率谱和小波相干谱

（四）年均气温对土地利用格局时空变化的作用机理分析

年均气温对土地利用格局时空变化的影响在距样线起点约 40.0—160.0km 处出现连续的通过红噪声标准谱检验的样线区间，说明在该样线区间对应的采样样块空间上，年均气温对土地利用格局时空变化的作用效果较为显著,且年均气温主要对旱地和林地产生影响,其中,旱地样本量占样线区间对应采样样块样本量的比例为 61.85%,林地样本量占样线区间对应采样样块样本量的比例为 20.56%,说明年均气温与旱地、林地之间关联关系较强;年均气温在通过红噪声标准谱检验的样线区间上对应的样线作用尺度为 $24000 \times 30m - 59000 \times 30m$,说明年均气温对土地利用格局时空变化的样线作用尺度在 720.00—1770.00km 上的影响较为明显(图 5.5a)。

年均气温对土地利用格局时空变化的作用大小为 0.8299(图 5.5b);年均气温对各种土地利用类型的作用大小依次为草地、旱地、其他用地、水域、水田、林地、建设用地,其作用大小分别为 0.8506、0.8390、0.8303、0.8232、0.8215、0.8060、0.7976;各种土地利用类型通过红噪声检验占土地利用格局通过红噪声检验的比例依次为:旱地、林地、其他用地、建设用地、水田、水域、草地,其比例大小分别为 62.00%、17.61%、6.01%、4.28%、4.22%、3.34%、2.54%(表 5.1),与 1979 年研究区各种土地利用类型的面积占研究区总面积的比重排序基本一致,说明本研究选取的样线在研究年均气温对土地利用格局时空变化的影响上具有代表性。

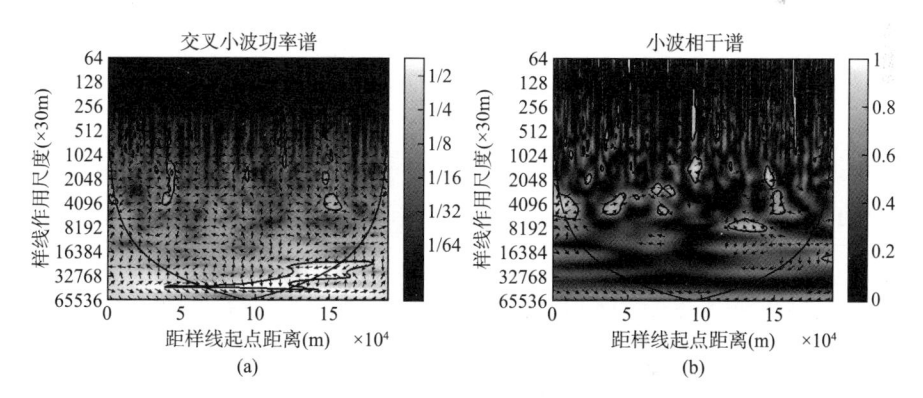

图 5.5 1979 年研究区年均气温对土地利用格局时空变化影响的
交叉小波功率谱和小波相干谱

(五)土地利用强度对土地利用格局时空变化的作用机理分析

土地利用强度对土地利用格局时空变化的影响在距样线起点约 96.7—

156.7km 处出现连续的通过红噪声标准谱检验的样线区间，说明在该样线区间对应的采样样块空间上，土地利用强度对土地利用格局时空变化的作用效果较为显著，且土地利用强度主要对旱地和林地产生影响，其中，旱地样本量占样线区间对应采样样块样本量的比例为 44.99%，林地样本量占样线区间对应采样样块样本量的比例为 37.37%，说明土地利用强度与旱地、林地之间关联关系较强；土地利用强度在通过红噪声标准谱检验的样线区间上对应的样线作用尺度为 $25000 \times 30m - 49000 \times 30m$，说明土地利用强度对土地利用格局时空变化的样线作用尺度在 750.00—1470.00km 上的影响较为明显（图 5.6a）。

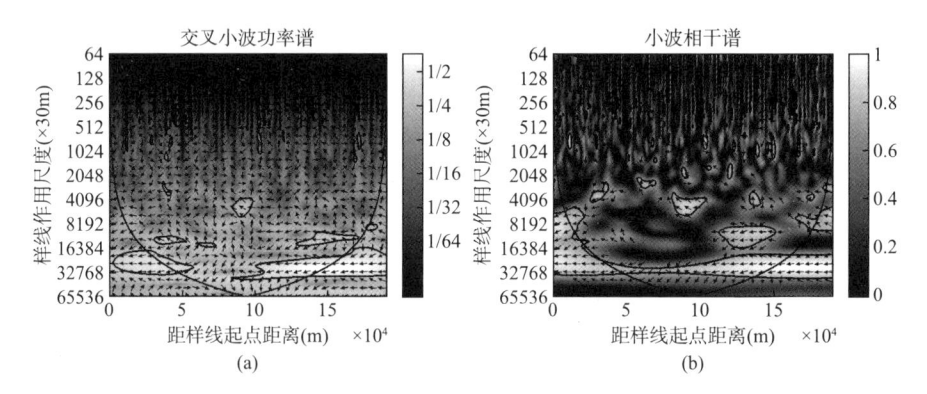

图 5.6 1979 年研究区土地利用强度对土地利用格局时空变化影响的交叉小波功率谱和小波相干谱

土地利用强度对土地利用格局时空变化的作用大小为 0.8226（图 5.6b）；土地利用强度对各种土地利用类型的作用大小依次为林地、草地、水田、其他用地、旱地、水域、建设用地，其作用大小分别为 0.8358、0.8299、0.8227、0.8222、0.8194、0.8108、0.8053；各种土地利用类型通过红噪声检验占土地利用格局通过红噪声检验的比例依次为：旱地、林地、其他用地、建设用地、水田、水域、草地，其比例大小分别为 55.96%、20.93%、8.44%、4.93%、4.82%、2.55%、2.37%（表 5.1），与 1979 年研究区各种土地利用类型的面积占研究区总面积的比重排序基本一致，说明本研究选取的样线在研究土地利用强度对土地利用格局时空变化的影响上具

（六）年均降水对土地利用格局时空变化的作用机理分析

年均降水对土地利用格局时空变化的影响在距样线起点约 50.0—156.7km 处出现连续的通过红噪声标准谱检验的样线区间，说明在该样线区间对应的采样样块空间上，年均降水对土地利用格局时空变化的作用效果较为显著，且年均降水主要对旱地和林地产生影响，其中，旱地样本量占样线区间对应采样样块样本量的比例为 60.32%，林地样本量占样块样本量的比例为 22.65%，说明年均降水与旱地、林地之间关联关系较强；年均降水在通过红噪声标准谱检验的样线区间上对应的样线作用尺度为 $29000 \times 30m - 40000 \times 30m$，说明年均降水对土地利用格局时空变化的样线作用尺度在 870.00—1200.00km 上的影响较为明显（图 5.7a）。

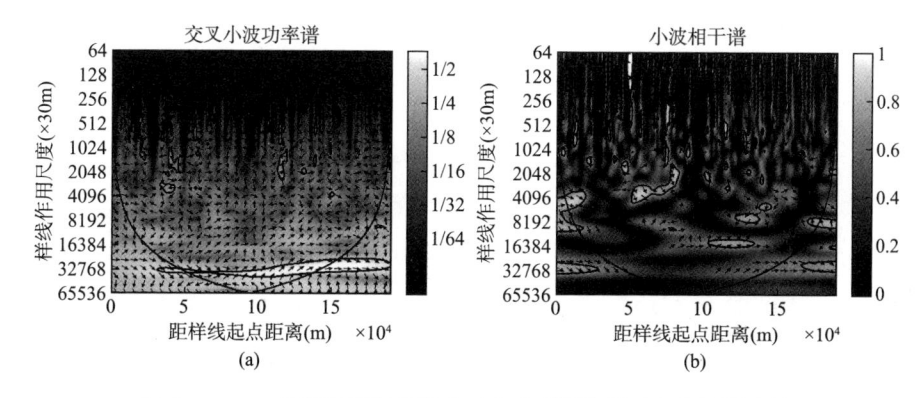

图 5.7 1979 年研究区年均降水对土地利用格局时空变化影响的
交叉小波功率谱和小波相干谱

年均降水对土地利用格局时空变化的作用大小为 0.8201（图 5.7b）；年均降水对各种土地利用类型的作用大小依次为旱地、其他用地、林地、草地、水田、建设用地、水域，其作用大小分别为 0.8284、0.8165、0.8082、0.8074、0.8061、0.7970、0.7883；各种土地利用类型通过红噪声检验占土地利用格局通过红噪声检验的比例依次为：旱地、林地、其他用地、建设用地、水田、水域、草地，其比例大小分别为 61.23%、18.53%、6.94%、5.86%、3.82%、1.86%、1.76%（表5.1），与1979年研究区各种土地利用类型的面积占研究区总面积的比重排序基本一致，说明本研究选取的样线在研究年均降水对土地利用格局时空变化的影响上具有代表性。

（七）土壤速效磷对土地利用格局时空变化的作用机理分析

土壤速效磷对土地利用格局时空变化的影响在距样线起点约43.3—150.0km处出现连续的通过红噪声标准谱检验的样线区间，说明在该样线区间对应的采样样块空间上，土壤速效磷对土地利用格局时空变化的作用效果较为显著，且土壤速效磷主要对旱地和林地产生影响，其中，旱地样本量占样线区间对应采样样块样本量的比例为60.43%，林地样本量占样线区间对应采样样块样本量的比例为22.08%，说明土壤速效磷与旱地、林地之间关联关系较强；土壤速效磷在通过红噪声标准谱检验的样线区间上对应的样线作用尺度为$15000 \times 30m - 48000 \times 30m$，说明土壤速效磷对土地利用格局时空变化的样线作用尺度在450.00—1440.00km上的影响较为明显（图5.8a）。

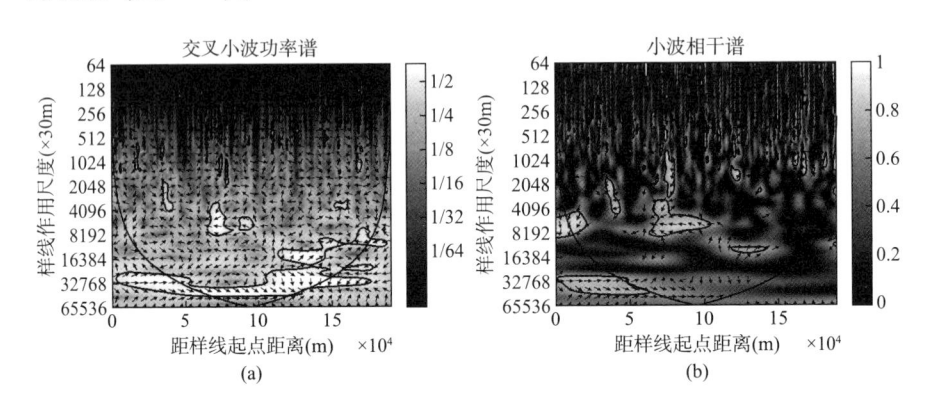

图5.8　1979年研究区土壤速效磷对土地利用格局时空变化影响的
交叉小波功率谱和小波相干谱

土壤速效磷对土地利用格局时空变化的作用大小为0.8153（图5.8b）；土壤速效磷对各种土地利用类型的作用大小依次为草地、旱地、林地、水域、水田、其他用地、建设用地，其作用大小分别为0.8389、0.8193、0.8186、0.8032、0.8028、0.8006、0.7939；各种土地利用类型通过红噪声检验占土地利用格局通过红噪声检验的比例依次为：旱地、林地、其他用地、建设用地、水田、水域、草地，其比例大小分别为 61.56%、13.87%、7.93%、6.58%、4.35%、3.38%、2.33%（表 5.1），与 1979 年研究区各种土地利用类型的面积占研究区总面积的比重排序基本一致，说明本研究选取的样线在研究土壤速效磷对土地利用格局时空变化的影响上具有代表性。

（八）年日照时数对土地利用格局时空变化的作用机理分析

年日照时数对土地利用格局时空变化的影响在距样线起点约 143.3—156.7km 处出现连续的通过红噪声标准谱检验的样线区间，说明在该样线区间对应的采样样块空间上，年日照时数对土地利用格局时空变化的作用效果较为显著，且年日照时数主要对旱地和林地产生影响，其中，旱地样本量占样线区间对应采样样块样本量的比例为 50.43%，林地样本量占样线区间对应采样样块样本量的比例为 40.57%，说明年日照时数与旱地、林地之间关联关系较强；年日照时数在通过红噪声标准谱检验的样线区间上对应的样线作用尺度为 $3500 \times 30m - 6000 \times 30m$，说明年日照时数对土地利用格局时空变化的样线作用尺度在 105.00—180.00km 上的影响较为明显（图 5.9a）。

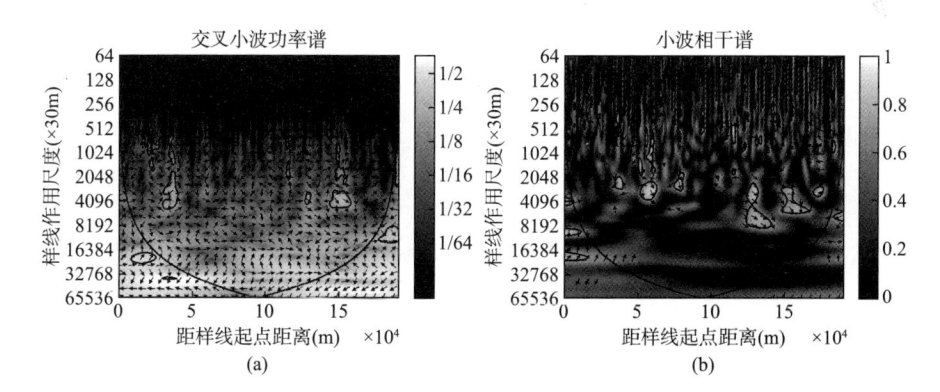

图 5.9　1979 年研究区年日照时数对土地利用格局时空变化影响的
交叉小波功率谱和小波相干谱

年日照时数对土地利用格局时空变化的作用大小为 0.8103（图 5.9b）；年日照时数对各种土地利用类型的作用大小依次为草地、其他用地、建设用地、旱地、水田、水域、林地，其作用大小分别为 0.8557、0.8326、0.8191、0.8145、0.7946、0.7893、0.7880；各种土地利用类型通过红噪声检验占土地利用格局通过红噪声检验的比例依次为：旱地、林地、其他用地、水田、建设用地、水域、草地，其比例大小分别为 59.15%、19.16%、7.76%、4.73%、4.72%、2.51%、1.97%（表 5.1），与 1979 年研究区各种土地利用类型的面积占研究区总面积的比重排序基本一致，说明本研究选取的样线在研究年日照时数对土地利用格局时空变化的影响上具有代表性。

研究表明，运用交叉小波分析和小波相干分析法，1979 年研究区土地利用格局时空变化的各种关键性因子对土地利用格局时空变化的影响显著，在采样样线区间对应的采样样块空间上，各种关键性影响因子对旱地、水田、林地、建设用地变化的作用效果明显。土壤有机质与林地、旱地之间关联关系较强，土壤全氮、土壤速效钾、年均气温、土地利用强度、年均降水、土壤速效磷、年日照时数与旱地、林地之间关联关系较强。年日照时数对土地利用格局时空变化的样线作用尺度最小，其样线作用尺度的作用范围最短，土壤有机质、土地利用强度和年均降水对土地利用格局时空变化的样线作用尺度次之，其样线作用尺度的作用范围次之，土壤全氮、土壤速效钾、年均气温和土壤速效磷对土地利用格局时空变化的样线作用尺度最大，其样线作用尺度的作用范围最长，说明各种关键性因子对土地利用格局时空变化影响的样线作用尺度各不相同。各种影响土地利用格局时空变化的关键性因子中，土壤有机质对旱地、水田变化的作用强度最大，土壤全氮对旱地、林地和草地变化的作用强度最大，土壤速效钾对旱地、林地和水田变化的作用强度最大，年均气温对草地、旱地和其他用地变化的作用强度最大，土地利用强度对林地、草地和水田变化的作用强度最大，年均降水对旱地、其他用地和林地变化的作用强度最大，土壤速效磷对草地、旱地和林地变化的作用强度最大，年日照时数对草地、其他用地和建设用地变化的作用强度最大，各种关键性影响因子对旱地、水田、林地、草地和其他用地变化的影响最明显。

1979年，研究区土地利用格局时空变化的影响因子主要以自然因素为主，特别是光、水、土等自然条件对土地利用格局时空变化的影响较大，其中土壤有机质、土壤全氮、土壤速效钾、年均降水对旱地变化的作用强度最大，说明这些影响因子对农业生产的影响是最显著的，而且这四种影响因子分别代表水土资源条件，可见，1979年研究区农业种植占据主导地位。

二 1991年土地利用格局时空变化影响因子作用机理

（一）土地利用强度对土地利用格局时空变化的作用机理分析

土地利用强度对土地利用格局时空变化的影响在距样线起点约96.7—163.3km处出现连续的通过红噪声标准谱检验的样线区间，说明在该样线区间对应的采样样块空间上，土地利用强度对土地利用格局时空变化的作用效果较为显著，且土地利用强度主要对旱地和林地产生影响，其中，旱地样本量占样线区间对应采样样块样本量的比例为45.11%，林地样本量占样线区间对应采样样块样本量的比例为36.78%，说明土地利用强度与旱地、林地之间关联关系较强；土地利用强度在通过红噪声标准谱检验的样线区间上对应的样线作用尺度为$21000\times30m-47000\times30m$，说明土地利用强度对土地利用格局时空变化的样线作用尺度在630.00—1410.00km上的影响较为明显（图5.10a）。

土地利用强度对土地利用格局时空变化的作用大小为0.8340（图5.10b）；土地利用强度对各种土地利用类型的作用大小依次为其他用地、水域、园地、旱地、水田、林地、建设用地、草地，其作用大小分别为0.8261、0.8133、0.8131、0.8094、0.8045、0.8025、0.8012、0.7992；各种土地利用类型通过红噪声检验占土地利用格局通过红噪声检验的比例依次为：旱地、林地、其他用地、水田、建设用地、草地、水域、园地，其比例大小分别为53.62%、20.22%、7.37%、6.98%、5.52%、3.74%、2.52%、0.03%（表5.2），与1991年研究区各种土地利用类型的面积占研究区总面积的比重排序基本一致，说明本研究选取的样线在研究土地利用强度对土地利用格局时空变化的影响上具有代表性。

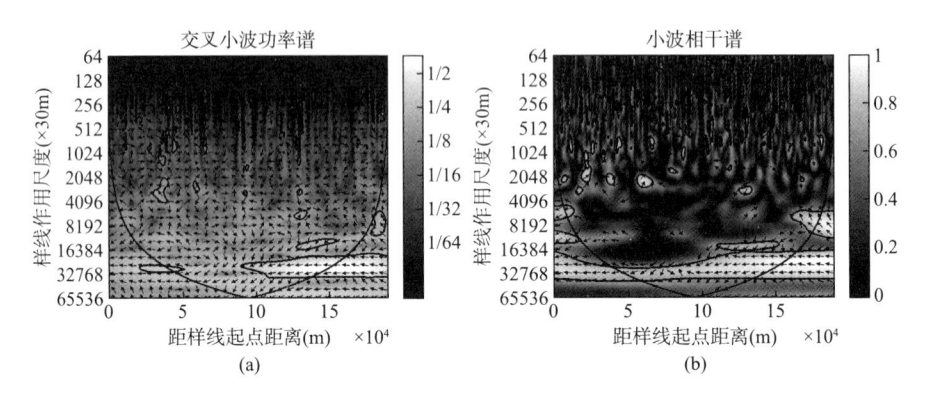

图 5.10　1991年研究区土地利用强度对土地利用格局时空变化影响的交叉小波功率谱和小波相干谱

（二）年均降水对土地利用格局时空变化的作用机理分析

年均降水对土地利用格局时空变化的影响在距样线起点约96.7—163.3km处出现连续的通过红噪声标准谱检验的样线区间，说明在该样线区间对应的采样样块空间上，年均降水对土地利用格局时空变化的作用效果较为显著，且年均降水主要对旱地和林地产生影响，其中，旱地样本量占样线区间对应采样样块样本量的比例为45.11%，林地样本量占样线区间对应采样样块样本量的比例为36.78%，说明年均降水与旱地、林地之间关联关系较强；年均降水在通过红噪声标准谱检验的样线区间上对应的样线作用尺度为$21000 \times 30m - 47000 \times 30m$，说明年均降水对土地利用格局时空变化的样线作用尺度在630.00—1410.00km上的影响较为明显（图5.11a）。

年均降水对土地利用格局时空变化的作用大小为0.8340（图5.11b）；年均降水对各种土地利用类型的作用大小依次为其他用地、旱地、水域、建设用地、草地、水田、林地、园地，其作用大小分别为 0.8163、0.8056、0.8049、0.8027、0.8010、0.7948、0.7878、0.7870；各种土地利用类型通过红噪声检验占土地利用格局通过红噪声检验的比例依次为：旱地、林地、建设用地、其他用地、水田、草地、水域、园地，其比例大小分别为 57.87%、18.80%、6.22%、6.06%、5.56%、3.07%、2.38%、0.04%（表 5.2），与 1991 年研究区各种土地利用类型的面积占研究区总面积的比重排序基本一致，说明本研究选取的样线在研究年均降水对土地利用格局时空变化的影响上具有代表性。

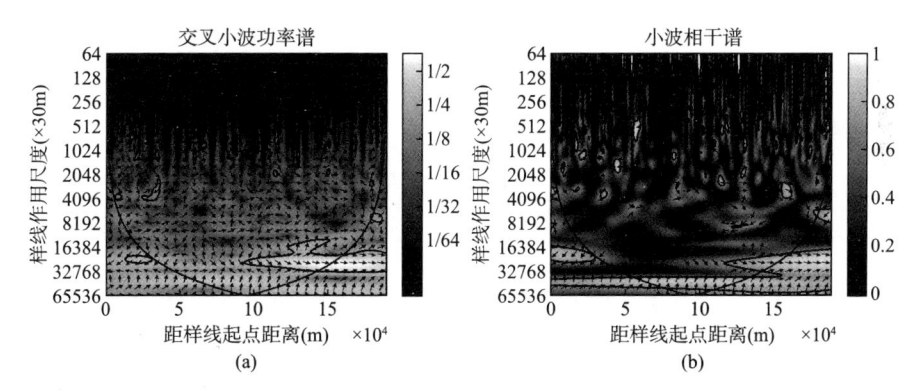

图 5.11　1991 年研究区年均降水对土地利用格局时空变化影响的交叉小波功率谱和小波相干谱

（三）GDP 对土地利用格局时空变化的作用机理分析

GDP 对土地利用格局时空变化的影响在距样线起点约 36.7—163.3km 处出现连续的通过红噪声标准谱检验的样线区间，说明在该样线区间对应的采样样块空间上，GDP 对土地利用格局时空变化的作用效果较为显著，且 GDP 主要对旱地、林地和建设用地产生影响，其中，旱地样本量占样线区间对应采样样块样本量的比例为 62.46%，林地样本量占样线区间对应采样样块样本量的比例为 20.20%，建设用地样本量占样线区间对应采样样块样本量的比例为 7.73%，说明 GDP 与旱地、林地和建设用地之间关联关系较强；GDP 在通过红噪声标准谱检验的样线区间上对应的样线作用尺度为 $21000 \times 30m - 48000 \times 30m$，说明 GDP 对土地利用格局时空变化的样线作用尺度在 630.00—1440.00km 上的影响较为明显（图 5.12a）。

GDP 对土地利用格局时空变化的作用大小为 0.8339（图 5.12b）；GDP 对各种土地利用类型的作用大小依次为其他用地、水域、旱地、建设用地、水田、林地、草地、园地，其作用大小分别为 0.8123、0.8122、0.8101、0.8048、0.8022、0.7955、0.7827、0.7682；各种土地利用类型通过红噪声检验占土地利用格局通过红噪声检验的比例依次为：旱地、林地、其他用地、水田、建设用地、草地、水域、园地，其比例大小分别为 56.67%、19.31%、7.27%、6.30%、5.31%、2.61%、2.38%、0.15%（表 5.2），与 1991 年研究区各种土地利用类型的面积占研究区总面积的比重排序基本一致，说明本研究选取的样线在研究 GDP 对土地利用格局时空变化的影响上具有代表性。

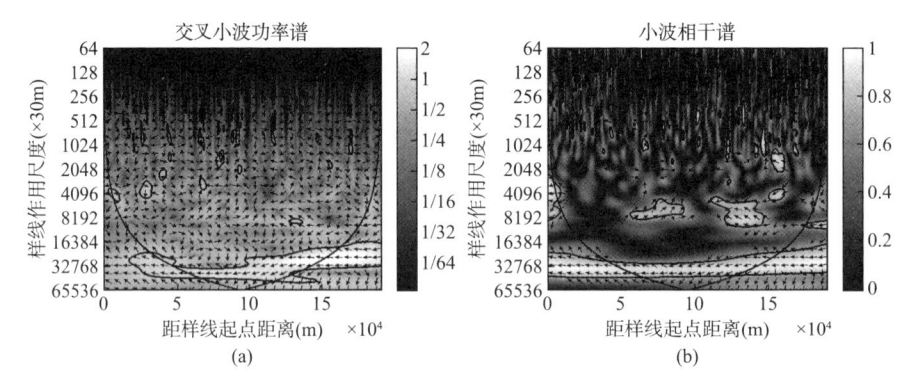

图 5.12 1991 年研究区 GDP 对土地利用格局时空变化影响的交叉小波功率谱和小波相干谱

（四）年均气温对土地利用格局时空变化的作用机理分析

年均气温对土地利用格局时空变化的影响在距样线起点约 123.3—160.0km 处出现连续的通过红噪声标准谱检验的样线区间，说明在该样线区间对应的采样样块空间上，年均气温对土地利用格局时空变化的作用效果较为显著，且年均气温主要对旱地和林地产生影响，其中，旱地样本量占样线区间对应采样样块样本量的比例为 47.36%，林地样本量占样线区间对应采样样块样本量的比例为 32.16%，说明年均气温与旱地、林地之间关联关系较强；年均气温在通过红噪声标准谱检验的样线区间上对应的样线作用尺度为 20000×30m – 33000×30m，说明年均气温对土地利用格局时空变化的样线作用尺度在 600.00—990.00km 上的影响较为明显（图 5.13a）。

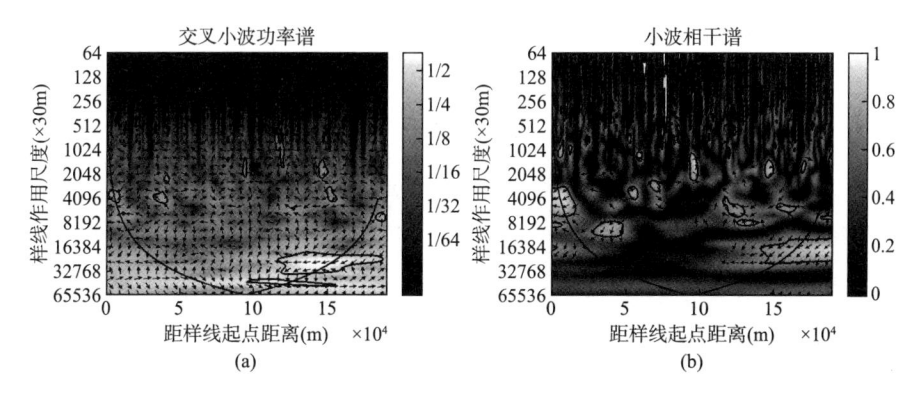

图 5.13　1991 年研究区年均气温对土地利用格局时空变化影响的
交叉小波功率谱和小波相干谱

年均气温对土地利用格局时空变化的作用大小为 0.8249（图 5.13b）；年均气温对各种土地利用类型的作用大小依次为草地、旱地、其他用地、水域、水田、林地、建设用地、园地，其作用大小分别为 0.8248、0.8166、0.8147、0.8010、0.7974、0.7942、0.7872、0.7332；各种土地利用类型通过红噪声检验占土地利用格局通过红噪声检验的比例依次为：旱地、林地、其他用地、水田、建设用地、草地、水域、园地，其比例大小分别为 56.86%、21.51%、6.60%、5.07%、4.51%、3.61%、1.77%、0.07%（表 5.2），与 1991 年研究区各种土地利用类型的面积占研究区总面积的比重排序基本一致，说明本研究选取的样线在研究年均气温对土地利用格局时空变化的影响上具有代表性。

（五）人口对土地利用格局时空变化的作用机理分析

人口对土地利用格局时空变化的影响在距样线起点约 76.7—160.0km 处出现连续的通过红噪声标准谱检验的样线区间，说明在该样线区间对应的采样样块空间上，人口对土地利用格局时空变化的作用效果较为显著，且人口主要对旱地和林地产生影响，其中，旱地样本量占样线区间对应采样样块样本量的比例为54.25%，林地样本量占样线区间对应采样样块样本量的比例为29.25%，说明人口与旱地、林地之间关联关系较强；人口在通过红噪声标准谱检验的样线区间上对应的样线作用尺度为21000×30m－52000×30m，说明人口对土地利用格局时空变化的样线作用尺度在630.00—1560.00km上的影响较为明显（图5.14a）。

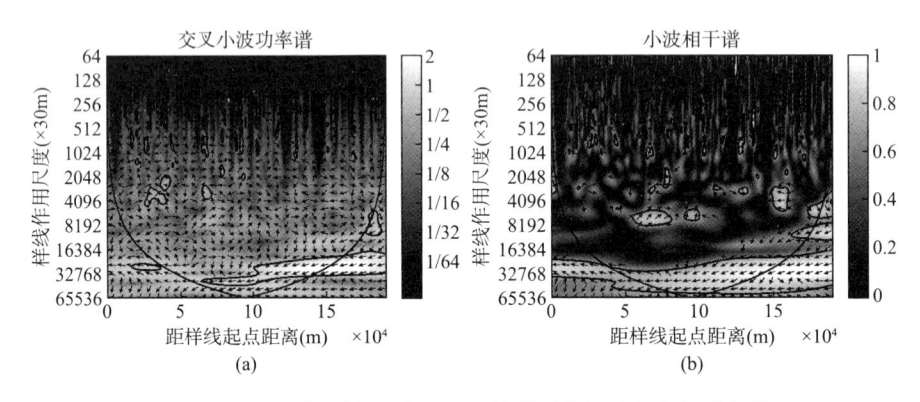

图5.14　1991年研究区人口对土地利用格局时空变化影响的交叉小波功率谱和小波相干谱

人口对土地利用格局时空变化的作用大小为0.8213（图5.14b）；人口对各种土地利用类型的作用大小依次为草地、其他用地、旱地、水域、水田、林地、建设用地、园地，其作用大小分别为0.8367、0.8358、0.8236、0.8169、0.8166、0.8046、0.8026、0.7527；各种土地利用类型通过红噪声检验占土地利用格局通过红噪声检验的比例依次为：旱地、林地、水田、其他用地、建设用地、草地、水域、园地，其比例大小分别为61.58%、14.97%、6.46%、6.18%、6.15%、2.53%、2.00%、0.13%（表5.2），与1991年研究区各种土地利用类型的面积占研究区总面积的比重排序基本一致，说明本研究选取的样线在研究人口对土地利用格局时空变化的影响上具有代表性。

（六）年日照时数对土地利用格局时空变化的作用机理分析

年日照时数对土地利用格局时空变化的影响在距样线起点约93.3—

153.3km 处出现连续的通过红噪声标准谱检验的样线区间，说明在该样线区间对应的采样样块空间上，年日照时数对土地利用格局时空变化的作用效果较为显著，且年日照时数主要对旱地和林地产生影响，其中，旱地样本量占样线区间对应采样样块样本量的比例为 43.43%，林地样本量占样线区间对应采样样块样本量的比例为 39.94%，说明年日照时数与旱地、林地之间关联关系较强；年日照时数在通过红噪声标准谱检验的样线区间上对应的样线作用尺度为 13000×30m – 42000×30m，说明年日照时数对土地利用格局时空变化的样线作用尺度在 390.00—1260.00km 上的影响较为明显（图 5.15a）。

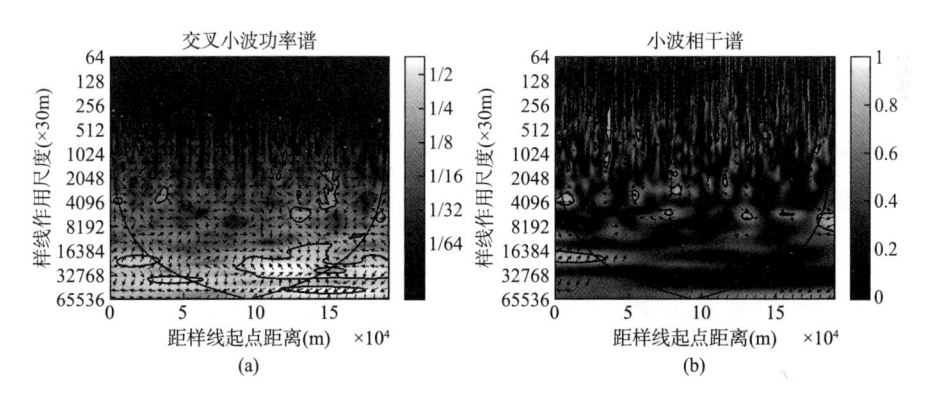

图 5.15　1991 年研究区年日照时数对土地利用格局时空变化影响的交叉小波功率谱和小波相干谱

年日照时数对土地利用格局时空变化的作用大小为 0.8173（图 5.15b）；年日照时数对各种土地利用类型的作用大小依次为旱地、建设用地、其他用地、林地、水域、水田、草地，其作用大小分别为 0.8173、0.8146、0.8131、0.8071、0.8015、0.7893、0.7890；各种土地利用类型通过红噪声检验占土地利用格局通过红噪声检验的比例依次为：旱地、林地、水田、建设用地、其他用地、草地、水域，其比例大小分别为 56.31%、19.97%、6.71%、6.48%、5.75%、2.55%、2.23%（表 5.2），与 1991 年研究区各种土地利用类型的面积占研究区总面积的比重排序基本一致，说明本研究选取的样线在研究年日照时数对土地利用格局时空变化的影响上具有代表性。

（七）地形地貌对土地利用格局时空变化的作用机理分析

地形地貌对土地利用格局时空变化的影响在距样线起点约 43.3—156.7km 处出现连续的通过红噪声标准谱检验的样线区间，说明在该样线区间对应的采样样块空间上，地形地貌对土地利用格局时空变化的作用效果较为显著，且地形地貌主要对旱地、林地和建设用地产生影响，其中，旱地样本量占样线区间对应采样样块样本量的比例为 62.06%，林地样本量占样线区间对应采样样块样本量的比例为 21.58%，建设用地地样本量占样线区间对应采样样块样本量的比例为 7.17%，说明地形地貌与旱地、林地和建设用地之间关联关系较强；地形地貌在通过红噪声标准谱检验的样线区间上对应的样线作用尺度为 $11000 \times 30m - 54500 \times 30m$，说明地形地貌对土地利用格局时空变化的样线作用尺度在 330.00—1635.00km 上的影响较为明显（图 5.16a）。

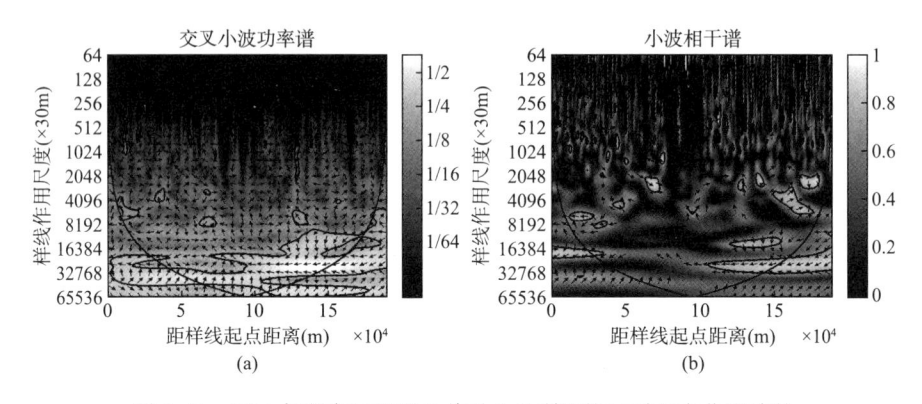

图 5.16　1991 年研究区地形地貌对土地利用格局时空变化影响的
交叉小波功率谱和小波相干谱

地形地貌对土地利用格局时空变化的作用大小为 0.8055（图 5.16b）；地形地貌对各种土地利用类型的作用大小依次为水域、旱地、建设用地、草地、其他用地、水田、园地、林地，其作用大小分别为 0.8152、0.8142、0.8059、0.8043、0.7994、0.7835、0.7762、0.7758；各种土地利用类型通过红噪声检验占土地利用格局通过红噪声检验的比例依次为：

旱地、林地、水田、建设用地、其他用地、草地、水域、园地，其比例大小分别为 57.06%、18.01%、6.32%、6.25%、6.22%、3.57%、2.51%、0.06%（表 5.2），与 1991 年研究区各种土地利用类型的面积占研究区总面积的比重排序基本一致，说明本研究选取的样线在研究地形地貌对土地利用格局时空变化的影响上具有代表性。

研究表明，运用交叉小波分析和小波相干分析法，1991 年研究区土地利用格局时空变化的各种关键性因子对土地利用格局时空变化的影响显著，在采样样线区间对应的采样样块空间上，各种关键性影响因子对旱地、林地、建设用地变化的作用效果明显。土地利用强度、降水、年均气温、人口、年日照时数与旱地、林地之间关联关系较强，GDP、地形地貌与旱地、林地和建设用地之间关联关系较强。年均气温对土地利用格局时空变化的样线作用尺度最小，其样线作用尺度的作用范围最短，土地利用强度、年均降水、GDP 和年日照时数对土地利用格局时空变化的样线作用尺度次之，其样线作用尺度的作用范围次之，人口、地形地貌对土地利用格局时空变化的样线作用尺度最大，其样线作用尺度的作用范围最长，说明各种关键性因子对土地利用格局时空变化影响的样线作用尺度各不相同。各种影响土地利用格局时空变化的关键性因子中，土地利用强度对其他用地、水域、园地和旱地变化的作用强度最大，年均降水对其他用地、旱地、水域和建设用地变化的作用强度最大，GDP 对其他用地、水域、旱地和建设用地变化的作用强度最大，年均气温对草地、旱地和其他用地变化的作用强度最大，人口对草地、其他用地、旱地和水域变化的作用强度最大，年日照时数对旱地、建设用地、其他用地和林地变化的作用强度最大，地形地貌对水域、旱地、建设用地和草地变化的作用强度最大，各种关键性影响因子对其他用地、旱地、水域、草地和林地变化的影响最明显。1991 年，研究区土地利用格局时空变化的影响因子以自然因素和人文因素为主，特别是光、温、水和地形地貌等自然条件和土地利用强度、GDP 和人口等人文因素对土地利用格局时空变化的影响较大，其中土地利用强度、年均降水、GDP对其他用地变化的作用强度最大,说明这些影响因子对土地利用与开发的影响是最显著的,各种关键性影响因子对旱地变化的作用强度均较强,可见,1991年研究区农业生产和经济发展均占据主导地位。

三 2003年土地利用格局时空变化影响因子作用机理

(一) 政策法规对土地利用格局时空变化的作用机理分析

政策法规对土地利用格局时空变化的影响在距样线起点约43.3—163.3km处出现连续的通过红噪声标准谱检验的样线区间,说明在该样线区间对应的采样样块空间上,政策法规对土地利用格局时空变化的作用效果较为显著,且政策法规主要对旱地、林地和建设用地产生影响,其中,旱地样本量占样线区间对应采样样块样本量的比例为63.96%,林地样本量占样线区间对应采样样块样本量的比例为18.00%,建设用地样本量占样线区间对应采样样块样本量的比例为7.76%,说明政策法规与旱地、林地和建设用地之间关联关系较强;政策法规在通过红噪声标准谱检验的样线区间上对应的样线作用尺度为$16000\times30m - 55000\times30m$,说明政策法规对土地利用格局时空变化的样线作用尺度在480.00—1650.00km上的影响较为明显(图5.17a)。

政策法规对土地利用格局时空变化的作用大小为0.8273(图5.17b);政策法规对各种土地利用类型的作用大小依次为草地、其他用地、旱地、林地、水域、水田、建设用地、园地,其作用大小分别为0.8352、0.8329、0.8298、0.8231、0.8194、0.8188、0.8131、0.7999;各种土地利用类型通过红噪声检验占土地利用格局通过红噪声检验的比例依次为:旱地、林地、其他用地、建设用地、水田、草地、水域、园地,其比例大小分别为61.62%、16.07%、5.89%、5.51%、5.47%、3.11%、2.28%、0.05%(表5.3),与2003年研究区各种土地利用类型的面积占研究区总面积的比重排序基本一致,说明本研究选取的样线在研究政策法规对土地利用格局时空变化的影响上具有代表性。

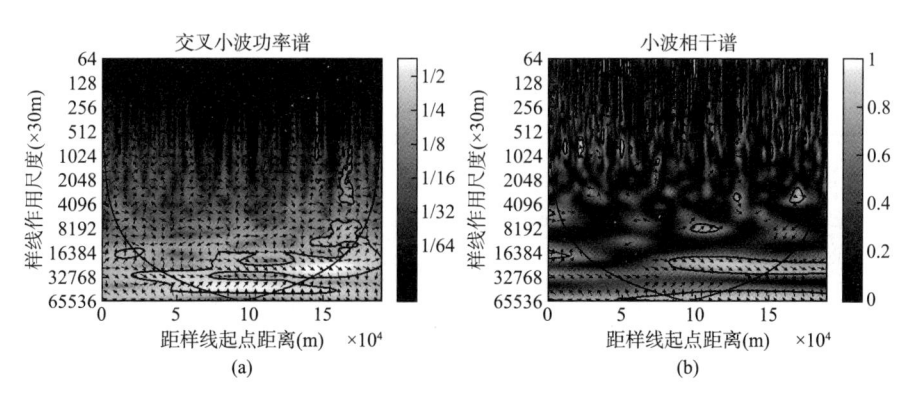

图 5.17　2003 年研究区政策法规对土地利用格局时空变化影响的
交叉小波功率谱和小波相干谱

（二）人口对土地利用格局时空变化的作用机理分析

人口对土地利用格局时空变化的影响在距样线起点约 60.0—100.0km 处出现连续的通过红噪声标准谱检验的样线区间，说明在该样线区间对应的采样样块空间上，人口对土地利用格局时空变化的作用效果较为显著，且人口主要对旱地和建设用地产生影响，其中，旱地样本量占样线区间对应采样样块样本量的比例为 80.51%，建设用地样本量占样线区间对应采样样块样本量的比例为 10.70%，说明人口与旱地和建设用地之间关联关系较强；人口在通过红噪声标准谱检验的样线区间上对应的样线作用尺度为 $8200\times30\mathrm{m}-16000\times30\mathrm{m}$，说明人口对土地利用格局时空变化的样线作用尺度在 246.00—480.00km 上的影响较为明显（图5.18a）。

人口对土地利用格局时空变化的作用大小为 0.8198（图 5.18b）；人口对各种土地利用类型的作用大小依次为其他用地、旱地、水域、建设用地、草地、水田、林地、园地，其作用大小分别为 0.8163、0.8056、0.8049、0.8027、0.8010、0.7948、0.7878、0.7870；各种土地利用类型通过红噪声检验占土地利用格局通过红噪声检验的比例依次为：旱地、林地、其他用地、建设用地、水田、草地、水域、园地，其比例大小分别为 57.87%、18.80%、6.22%、6.06%、5.56%、3.07%、2.38%、0.04%

(表5.3），与2003年研究区各种土地利用类型的面积占研究区总面积的比重排序基本一致，说明本研究选取的样线在研究人口对土地利用格局时空变化的影响上具有代表性。

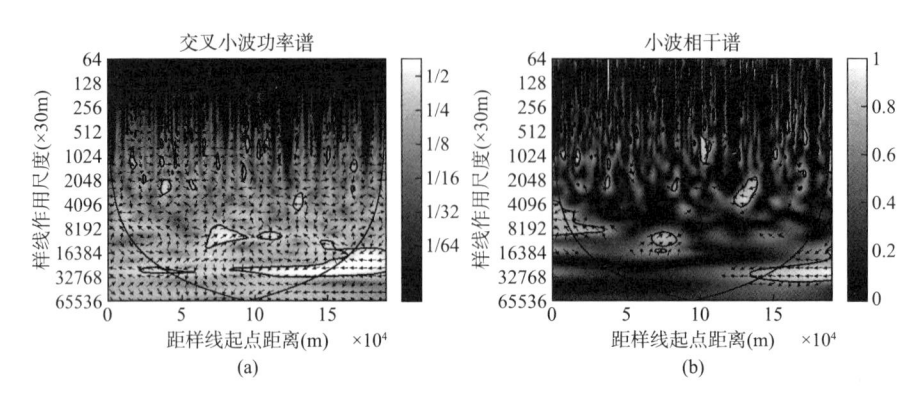

图5.18 2003年研究区人口对土地利用格局时空变化影响的
交叉小波功率谱和小波相干谱

（三）土壤有机质对土地利用格局时空变化的作用机理分析

土壤有机质对土地利用格局时空变化的影响在距样线起点约46.7—163.3km处出现连续的通过红噪声标准谱检验的样线区间，说明在该样线区间对应的采样样块空间上，土壤有机质对土地利用格局时空变化的作用效果较为显著，且土壤有机质主要对旱地、林地和建设用地产生影响，其中，旱地样本量占样线区间对应采样样块样本量的比例为63.75%，林地样本量占样线区间对应采样样块样本量的比例为18.47%，建设用地样本量占样线区间对应采样样块样本量的比例为7.74%，说明土壤有机质与旱地、林地和建设用地之间关联关系较强；土壤有机质在通过红噪声标准谱检验的样线区间上对应的样线作用尺度为 $15600 \times 30m - 55000 \times 30m$，说明土壤有机质对土地利用格局时空变化的样线作用尺度在468.00—1650.00km上的影响较为明显（图5.19a）。

土壤有机质对土地利用格局时空变化的作用大小为0.8120（图5.19b）；土壤有机质对各种土地利用类型的作用大小依次为其他用地、水域、水田、旱地、林地、建设用地、园地、草地，其作用大小分别为

0.8229、0.8158、0.8141、0.8120、0.8112、0.8058、0.7990、0.7984；各种土地利用类型通过红噪声检验占土地利用格局通过红噪声检验的比例依次为：旱地、林地、水田、建设用地、其他用地、水域、草地、园地，其比例大小分别为56.59%、17.44%、6.80%、6.76%、6.73%、2.73%、2.72%、0.23%（表5.3），与2003年研究区各种土地利用类型的面积占研究区总面积的比重排序基本一致，说明本研究选取的样线在研究土壤有机质对土地利用格局时空变化的影响上具有代表性。

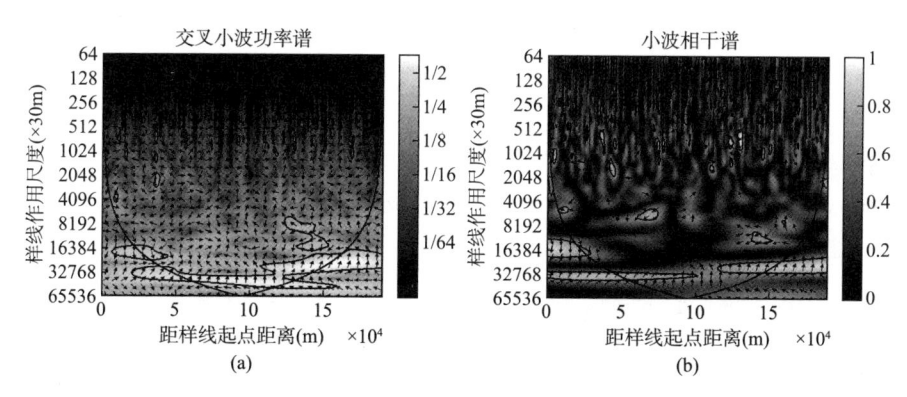

图5.19　2003年研究区土壤有机质对土地利用格局时空变化影响的
交叉小波功率谱和小波相干谱

（四）年日照时数对土地利用格局时空变化的作用机理分析

年日照时数对土地利用格局时空变化的影响在距样线起点约136.7—140.0km处出现连续的通过红噪声标准谱检验的样线区间，说明在该样线区间对应的采样样块空间上，年日照时数对土地利用格局时空变化的作用效果较为显著，且年日照时数主要对旱地和林地产生影响，其中，旱地样本量占样线区间对应采样样块样本量的比例为73.76%，林地样本量占样线区间对应采样样块样本量的比例为20.06%，说明年日照时数与旱地和林地之间关联关系较强；年日照时数在通过红噪声标准谱检验的样线区间上对应的样线作用尺度为$4000 \times 30m - 7000 \times 30m$，说明年日照时数对土地利用格局时空变化的样线作用尺度在120.00—210.00km上的影响较为明显（图5.20a）。

年日照时数对土地利用格局时空变化的作用大小为 0.8119（图 5.20b）；年日照时数对各种土地利用类型的作用大小依次为旱地、建设用地、其他用地、林地、水域、水田、草地，其作用大小分别为 0.8173、0.8146、0.8131、0.8071、0.8015、0.7893、0.7890；各种土地利用类型通过红噪声检验占土地利用格局通过红噪声检验的比例依次为：旱地、林地、水田、建设用地、其他用地、草地、水域，其比例大小分别为 56.31%、19.97%、6.71%、6.48%、5.75%、2.55%、2.23%（表 5.3），与 2003 年研究区各种土地利用类型的面积占总面积的比重排序基本一致，说明本研究选取的样线在研究年日照时数对土地利用格局时空变化的影响上具有代表性。

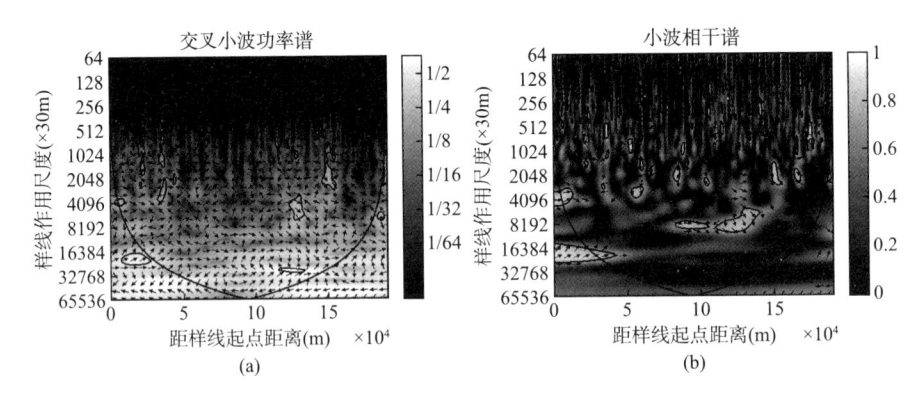

图 5.20　2003 年研究区年日照时数对土地利用格局时空变化影响的交叉小波功率谱和小波相干谱

（五）DVI 对土地利用格局时空变化的作用机理分析

DVI 对土地利用格局时空变化的影响在距样线起点约 33.3—156.7km 处出现连续的通过红噪声标准谱检验的样线区间，说明在该样线区间对应的采样样块空间上，DVI 对土地利用格局时空变化的作用效果较为显著，且 DVI 主要对旱地、林地和建设用地产生影响，其中，旱地样本量占样线区间对应采样样块样本量的比例为 62.95%，林地样本量占样线区间对应采样样块样本量的比例为 17.77%，建设用地样本量占样线区间对应采样样块样本量的比例为 7.10%，说明 DVI 与旱地、林地和建设用地之间关联关系较强；DVI 在通过红噪声标准谱检验的样线区间上对应的样线作用尺度为 $6800\times30m-65000\times30m$，说明 DVI 对土地利用格局时空变化的样线作用尺度在 204.00—1950.00km 上的影响较为明显（图 5.21a）。

DVI 对土地利用格局时空变化的作用大小为 0.8100（图 5.21b）；DVI 对各种土地利用类型的作用大小依次为林地、园地、旱地、建设用地、其他用地、草地、水田、水域，其作用大小分别为 0.8227、0.8148、0.8078、0.8073、0.7996、0.7988、0.7836、0.7813；各种土地利用类型通过红噪声检验占土地利用格局通过红噪声检验的比例依次为：旱地、林地、建设用地、其他用地、水田、草地、水域、园地，其比例大小分别为 55.65%、26.30%、7.06%、3.97%、3.65%、2.07%、1.04%、0.25%（表 5.3），与 2003 年研究区各种土地利用类型的面积占研究区总面积的比重排序基本一致，说明本研究选取的样线在研究 DVI 对土地利用格局时空变化的影响上具有代表性。

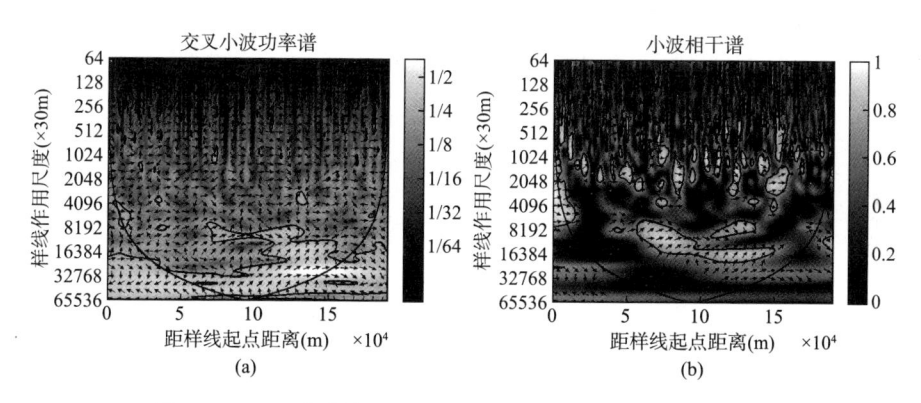

图 5.21　2003 年研究区 DVI 对土地利用格局时空变化影响的
交叉小波功率谱和小波相干谱

（六）年均气温对土地利用格局时空变化的作用机理分析

年均气温对土地利用格局时空变化的影响在距样线起点约 126.7—156.7km 处出现连续的通过红噪声标准谱检验的样线区间，说明在该样线区间对应的采样样块空间上，年均气温对土地利用格局时空变化的作用效果较为显著，且年均气温主要对旱地和林地产生影响，其中，旱地样本量占样线区间对应采样样块样本量的比例为 51.25%，林地样本量占样线区间对应采样样块样本量的比例为 26.54%，说明年均气温与旱地和林地之间关联关系较强；年均气温在通过红噪声标准谱检验的样线区间上对应的样线作用尺度为 $15000 \times 30m - 33000 \times 30m$，说明年均气温对土地利用格局时空变化的样线作用尺度在 450.00—990.00km 上的影响较为明显（图 5.22a）。

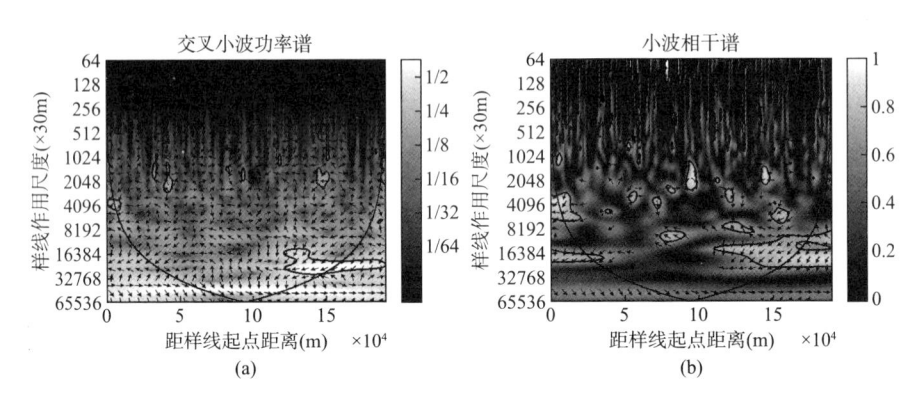

图 5.22 2003 年研究区年均气温对土地利用格局时空变化影响的
交叉小波功率谱和小波相干谱

年均气温对土地利用格局时空变化的作用大小为 0.8093（图 5.22b）；年均气温对各种土地利用类型的作用大小依次为草地、旱地、其他用地、水域、水田、林地、建设用地、园地，其作用大小分别为 0.8248、0.8166、0.8147、0.8010、0.7974、0.7942、0.7872、0.7332；各种土地利用类型通过红噪声检验占土地利用格局通过红噪声检验的比例依次为：旱地、林地、其他用地、水田、建设用地、草地、水域、园地，其比例大小分别为 56.86%、21.51%、6.60%、5.07%、4.51%、3.61%、1.77%、0.07%（表 5.3），与 2003 年研究区各种土地利用类型的面积占研究区总面积的比重排序基本一致，说明本研究选取的样线在研究年均气温对土地利用格局时空变化的影响上具有代表性。

（七）土地利用强度对土地利用格局时空变化的作用机理分析

土地利用强度对土地利用格局时空变化的影响在距样线起点约

113.3—163.3km 处出现连续的通过红噪声标准谱检验的样线区间，说明在该样线区间对应的采样样块空间上，土地利用强度对土地利用格局时空变化的作用效果较为显著，且土地利用强度主要对旱地和林地产生影响，其中，旱地样本量占样线区间对应采样样块样本量的比例为 49.24%，林地样本量占样线区间对应采样样块样本量的比例为 30.36%，说明土地利用强度与旱地和林地之间关联关系较强；土地利用强度在通过红噪声标准谱检验的样线区间上对应的样线作用尺度为 $21000\times30m - 33000\times30m$，说明土地利用强度对土地利用格局时空变化的样线作用尺度在 630.00—990.00km 上的影响较为明显（图 5.23a）。

土地利用强度对土地利用格局时空变化的作用大小为 0.8081（图 5.23b）；土地利用强度对各种土地利用类型的作用大小依次为其他用地、水域、园地、旱地、水田、林地、建设用地、草地，其作用大小分别为 0.8261、0.8133、0.8131、0.8094、0.8045、0.8025、0.8012、0.7992；各种土地利用类型通过红噪声检验占土地利用格局通过红噪声检验的比例依次为：旱地、林地、其他用地、水田、建设用地、草地、水域、园地，其比例大小分别为 53.62%、20.22%、7.37%、6.98%、5.52%、3.74%、2.52%、0.03%（表 5.3），与 2003 年研究区各种土地利用类型的面积占研究区总面积的比重排序基本一致，说明本研究选取的样线在研究土地利用强度对土地利用格局时空变化的影响上具有代表性。

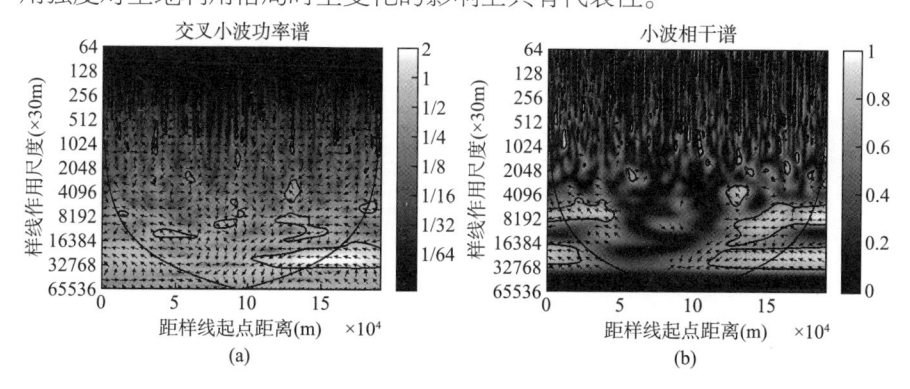

图 5.23 2003 年研究区土地利用强度对土地利用格局时空变化影响的交叉小波功率谱和小波相干谱

（八）重金属污染对土地利用格局时空变化的作用机理分析

重金属污染对土地利用格局时空变化的影响在距样线起点约 50.0—160.0km 处出现连续的通过红噪声标准谱检验的样线区间，说明在该样线区间对应的采样样块空间上，重金属污染对土地利用格局时空变化的作用效果较为显著，且重金属污染主要对旱地、林地和建设用地产生影响，其中，旱地样本量占样线区间对应采样样块样本量的比例为 63.30%，林地样本量占样线区间对应采样样块样本量的比例为 19.30%，建设用地样本量占样线区间对应采样样块样本量的比例为 7.18%，说明重金属污染与旱地、林地和建设用地之间关联关系较强；重金属污染在通过红噪声标准谱检验的样线区间上对应的样线作用尺度为 22000×30m – 54000×30m，说明重金属污染对土地利用格局时空变化的样线作用尺度在 660.00—1620.00km 上的影响较为明显（图5.24a）。

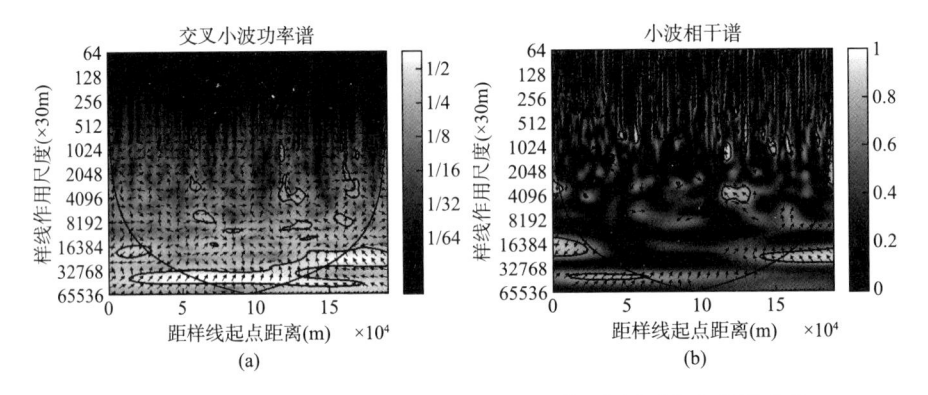

图 5.24 2003 年研究区重金属污染对土地利用格局时空变化影响的交叉小波功率谱和小波相干谱

重金属污染对土地利用格局时空变化的作用大小为 0.8076（图 5.24b）；重金属污染对各种土地利用类型的作用大小依次为园地、草地、其他用地、建设用地、水域、旱地、林地、水田，其作用大小分别为 0.8415、0.8276、0.8222、0.8123、0.8062、0.8059、0.8023、0.8018；各种土地利用类型通过红噪声检验占土地利用格局通过红噪声检验的比例依次为：旱地、林地、其他用地、建设用地、水田、草地、水域、园地，其比例大小分别为 54.35%、20.04%、7.53%、6.70%、5.06%、4.16%、2.05%、0.11%（表5.3），与2003年研究区各种土地利用类型的面积占研究区总面积的比重排序基本一致，说明本研究选取的样线在研究重金属污染对土地利用格局时空变化的影响上具有代表性。

（九）GDP对土地利用格局时空变化的作用机理分析

GDP对土地利用格局时空变化的影响在距样线起点约93.3—156.7km处出现连续的通过红噪声标准谱检验的样线区间，说明在该样线区间对应的采样样块空间上，GDP对土地利用格局时空变化的作用效果较为显著，且GDP主要对旱地和林地产生影响，其中，旱地样本量占样线区间对应采样样块样本量的比例为50.50%，林地样本量占样线区间对应采样样块样本量的比例为32.62%，说明GDP与旱地和林地之间关联关系较强；GDP在通过红噪声标准谱检验的样线区间上对应的样线作用尺度为 $21000 \times 30m - 34000 \times 30m$，说明GDP对土地利用格局时空变化的样线作用尺度在630.00—1020.00km上的影响较为明显（图5.25a）。

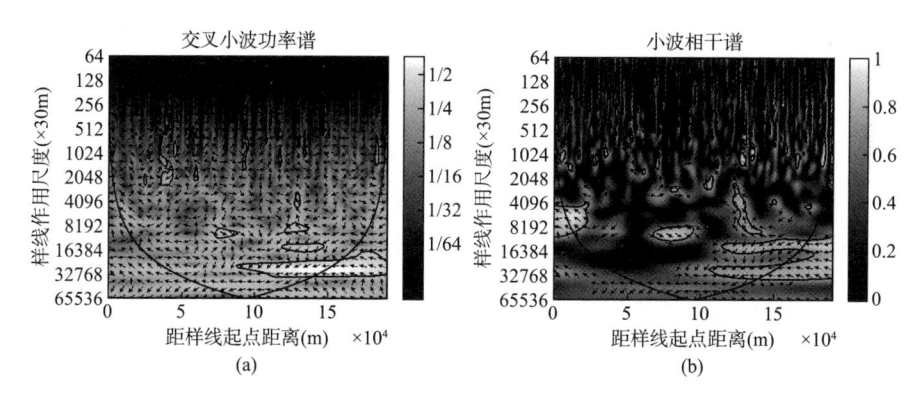

图5.25 2003年研究区GDP对土地利用格局时空变化影响的交叉小波功率谱和小波相干谱

GDP对土地利用格局时空变化的作用大小为0.8060（图5.25b）；GDP对各种土地利用类型的作用大小依次为其他用地、水域、旱地、建设用地、水田、林地、草地、园地，其作用大小分别为0.8123、0.8122、0.8101、0.8048、0.8022、0.7955、0.7827、0.7682；各种土地利用类型通过红噪声检验占土地利用格局通过红噪声检验的比例依次为：旱地、林地、其他用地、水田、建设用地、草地、水域、园地，其比例大小分别为56.67%、19.31%、7.27%、6.30%、5.31%、2.61%、2.38%、0.15%（表5.3），与2003年研究区各种土地利用类型的面积占研究区总面积的比重排序基本一致，说明本研究选取的样线在研究GDP对土地利用格局时空变化的影响上具有代表性。

（十）土壤质地对土地利用格局时空变化的作用机理分析

土壤质地对土地利用格局时空变化的影响在距样线起点约43.3—163.3km处出现连续的通过红噪声标准谱检验的样线区间，说明在该样线区间对应的采样样块空间上，土壤质地对土地利用格局时空变化的作用效果较为显著，且土壤质地主要对旱地、林地和建设用地产生影响，其中，旱地样本量占样线区间对应采样样块样本量的比例为63.96%，林地样本量占样线区间对应采样样块样本量的比例为18.00%，建设用地样本量占样线区间对应采样样块样本量的比例为7.76%，说明土壤质地与旱地、林地和建设用地之间关联关系较强；土壤质地在通过红噪声标准谱检验的样线区间上对应的样线作用尺度为$16000 \times 30m - 43000 \times 30m$，说明土壤质地对土地利用格局时空变化的样线作用尺度在480.00—1290.00km上的影响较为明显（图5.26a）。

土壤质地对土地利用格局时空变化的作用大小为0.8056（图5.26b）；土壤质地对各种土地利用类型的作用大小依次为草地、旱地、建设用地、其他用地、水域、园地、水田、林地，其作用大小分别为0.8177、0.8096、0.8073、0.8065、0.8013、0.8072、0.7972、0.7926；各种土地利用类型通过红噪声检验占土地利用格局通过红噪声检验的比例依次为：旱地、林地、其他用地、水田、建设用地、水域、草地、园地，其比例大小分别为55.26%、13.89%、9.42%、9.09%、6.18%、3.17%、2.67%、0.32%（表5.3），与2003年研究区各种土地利用类型的面积占研究区总面积的比重排序基本一致，说明本研究选取的样线在研究土壤质地对土地利用格局时空变化的影响上具有代表性。

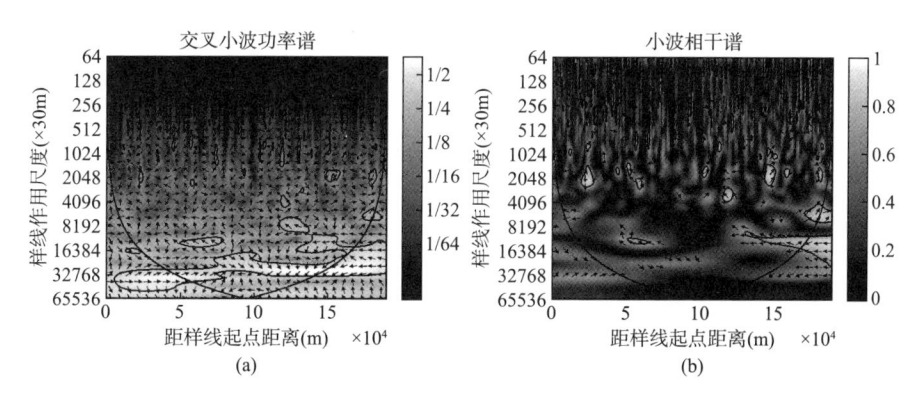

图 5.26　2003 年研究区土壤质地对土地利用格局时空变化影响的
交叉小波功率谱和小波相干谱

研究表明，运用交叉小波分析和小波相干分析法，2003 年研究区土地利用格局时空变化的各种关键性因子对土地利用格局时空变化的影响显著，在采样样线区间对应的采样样块空间上，各种关键性影响因子对旱地、林地、建设用地变化的作用效果明显。政策法规、土壤有机质、DVI、重金属污染、土壤质地与旱地、林地和建设用地之间关联关系较强，人口与旱地、建设用地之间关联关系较强，年日照时数、年均气温、土地利用强度、GDP 与旱地和林地之间关联关系较强。年日照时数对土地利用格局时空变化的样线作用尺度最小，其样线作用尺度的作用范围最短，人口和年均气温对土地利用格局时空变化的样线作用尺度较小，其样线作用尺度的作用范围较短，土地利用强度、重金属污染、GDP、土壤质地对土地利用格局时空变化的样线作用尺度较大，其样线作用尺度的作用范围较长，政策法规、土壤有机质、DVI 对土地利用格局时空变化的样线作用尺度最大，其样线作用尺度的作用范围最长，说明各种关键性因子对土地利用格局时空变化影响的样线作用尺度各不相同。各种影响土地利用格局时空变化的关键性因子中，政策法规对草地、其他用地、旱地和林地变化的作用强度最大，人口对其他用地、旱地、水域和建设用地变化的作用强度最大，土壤有机质对其他用地、水域、水田和旱地变化的作用强度最大，年日照时数对草地、建设用地、其他用地和林地变化的作用强度最大，DVI 对林地、园地、建设用地和旱地变化的作用强度最大，年均气温对草地、旱地、其他用地和水域变化的作用强度最大，土地利用强度对其他用地、水域、园地和旱地变化的作用强度最大，重金属污染对园地、草地、其他用地和建设用地变化的作用强度最大，GDP 对其他用地、水域、旱地和建设用地变化的作用强度最大，土壤质地对草地、旱地、建设用地和其他用地变化的作用强度最大，各种关键性影响因子对其他用地、草地、林地、园地、旱地和建设用地变化的影响最明显。

2003 年，研究区土地利用格局时空变化的影响因子以自然因素和人文因素为主，特别是光、温、土等自然条件和政策法规、人口、土地利用强度和 GDP 等人文因素对土地利用格局时空变化的影响较大，其中政策法规、年日照时数、年均气温、土壤质地对草地变化的作用强度最大，说明这些影响因子对牧业的影响是最显著的，人口、土壤有机质、土地利用强度和 GDP 对其他用地变化的作用强度最大，DVI 和重金属污染分别对林地和园地变化的作用强度最大，各种关键性影响因子对旱地和建设用地变化的作用强度均较强，可见，2003 年研究区农业生产和经济发展均占据主导地位。

四 2015 年土地利用格局时空变化影响因子作用机理

（一）土壤速效钾对土地利用格局时空变化的作用机理分析

土壤速效钾对土地利用格局时空变化的影响在距样线起点约 43.3—163.3km 处出现连续的通过红噪声标准谱检验的样线区间，说明在该样线区间对应的采样样块空间上，土壤速效钾对土地利用格局时空变化的作用效果较为显著，且土壤速效钾主要对旱地、林地和建设用地产生影响，其中，旱地样本量占样线区间对应采样样块样本量的比例为 63.08%，林地样本量占样线区间对应采样样块样本量的比例为 16.79%，建设用地样本量占样线区间对应采样样块样本量的比例为 9.96%，说明土壤速效钾与旱地、林地和建设用地之间关联关系较强；土壤速效钾在通过红噪声标准谱检验的样线区间上对应的样线作用尺度为 $16000\times30m-55000\times30m$，说明土壤速效钾对土地利用格局时空变化的样线作用尺度在 480.00—1650.00km 上的影响较为明显（图 5.27a）。

土壤速效钾对土地利用格局时空变化的作用大小为 0.8302（图 5.27b）；土壤速效钾对各种土地利用类型的作用大小依次为水田、旱地、其他用地、林地、水域、草地、建设用地、园地，其作用大小分别为 0.8448、0.8360、0.8250、0.8222、0.8136、0.8104、0.8104、0.8061；各种土地利用类型通过红噪声检验占土地利用格局通过红噪声检验的比例依次为：旱地、林地、水田、建设用地、其他用地、水域、草地，其比例大小分别为 60.64%、14.59%、12.09%、5.83%、4.07%、1.65%、1.12%（表 5.4），与 2015 年研究区各种土地利用类型的面积占研究区总面积的比重排序基本一致，说明本研究选取的样线在研究土壤速效钾对土地利用格局时空变化的影响上具有代表性。

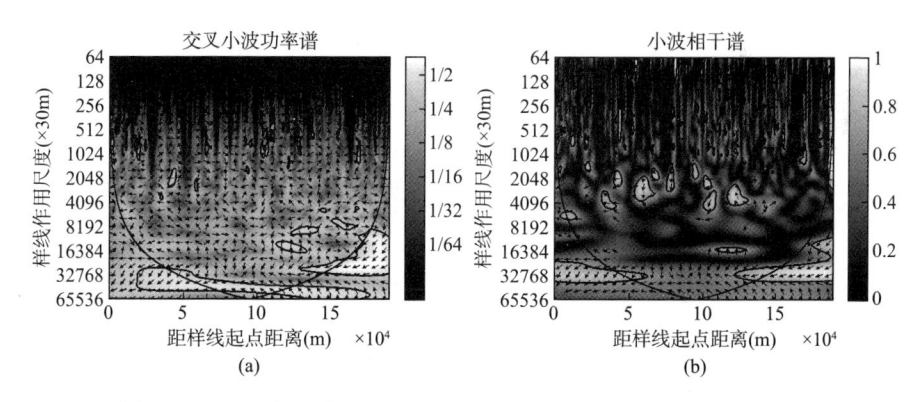

图 5.27 2015 年研究区土壤速效钾对土地利用格局时空变化影响的交叉小波功率谱和小波相干谱

（二）土壤全氮对土地利用格局时空变化的作用机理分析

土壤全氮对土地利用格局时空变化的影响在距样线起点约 33.3—156.7km 处出现连续的通过红噪声标准谱检验的样线区间，说明在该样线区间对应的采样样块空间上，土壤全氮对土地利用格局时空变化的作用效果较为显著，且土壤全氮主要对旱地、水田、林地和建设用地产生影响，其中，旱地样本量占样线区间对应采样样块样本量的比例为 62.44%，水田样本量占样线区间对应采样样块样本量的比例为 8.80%，林地样本量占样线区间对应采样样块样本量的比例为 16.65%，建设用地样本量占样线区间对应采样样块样本量的比例为 8.33%，说明土壤全氮与旱地、水田、林地和建设用地之间关联关系较强；土壤全氮在通过红噪声标准谱检验的样线区间上对应的样线作用尺度为 14000×30m–55000×30m，说明土壤全氮对土地利用格局时空变化的样线作用尺度在 420.00—1650.00km 上的影响较为明显（图 5.28a）。

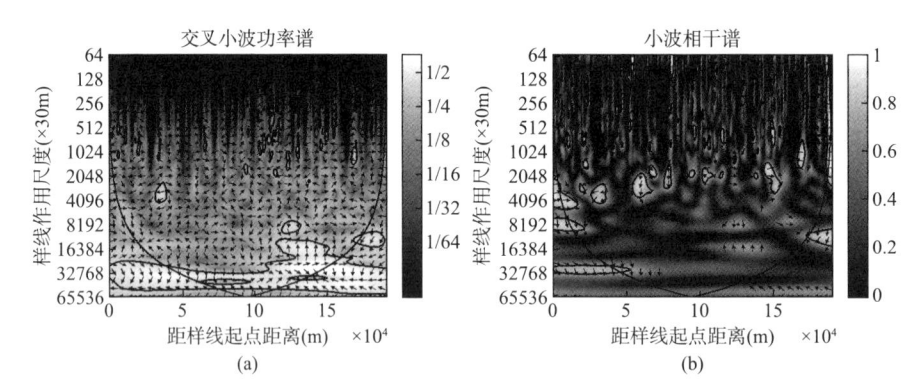

图 5.28　2015 年研究区土壤全氮对土地利用格局时空变化影响的交叉小波功率谱和小波相干谱

土壤全氮对土地利用格局时空变化的作用大小为 0.8274（图 5.28b）；土壤全氮对各种土地利用类型的作用大小依次为旱地、水田、林地、水域、建设用地、其他用地、草地，其作用大小分别为 0.8363、0.8328、0.8108、0.7983、0.7968、0.7955、0.7907；各种土地利用类型通过红噪声检验占土地利用格局通过红噪声检验的比例依次为：旱地、林地、水田、建设用地、其他用地、水域、草地，其比例大小分别为 61.23%、16.40%、11.43%、4.90%、3.48%、1.84%、0.72%（表 5.4），与 2015 年研究区各种土地利用类型的面积占研究区总面积的比重排序基本一致，说明本研究选取的样线在研究土壤全氮对土地利用格局时空变化的影响上具有代表性。

(三) 耕层厚度对土地利用格局时空变化的作用机理分析

耕层厚度对土地利用格局时空变化的影响在距样线起点约 33.3—156.7km 处出现连续的通过红噪声标准谱检验的样线区间,说明在该样线区间对应的采样样块空间上,耕层厚度对土地利用格局时空变化的作用效果较为显著,且耕层厚度主要对旱地、水田、林地和建设用地产生影响,其中,旱地样本量占样线区间对应采样样块样本量的比例为 62.44%,水田样本量占样线区间对应采样样块样本量的比例为 8.80%,林地样本量占样线区间对应采样样块样本量的比例为 16.65%,建设用地样本量占样线区间对应采样样块样本量的比例为 8.33%,说明耕层厚度与旱地、水田、林地和建设用地之间关联关系较强;耕层厚度在通过红噪声标准谱检验的样线区间上对应的样线作用尺度为 $14000 \times 30m - 55000 \times 30m$,说明耕层厚度对土地利用格局时空变化的样线作用尺度在 420.00—1650.00km 上的影响较为明显(图 5.29a)。

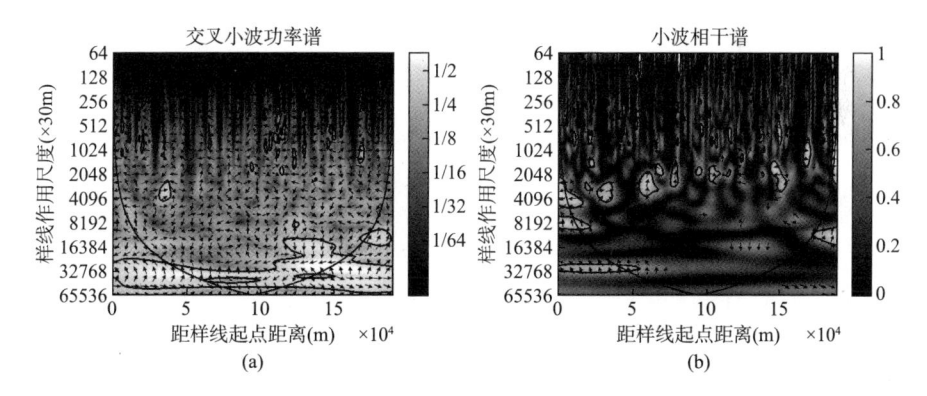

图 5.29 2015 年研究区耕层厚度对土地利用格局时空变化影响的交叉小波功率谱和小波相干谱

耕层厚度对土地利用格局时空变化的作用大小为 0.8258(图 5.29b);耕层厚度对各种土地利用类型的作用大小依次为旱地、水田、林地、建设用地、水域、其他用地、草地,其作用大小分别为 0.8345、0.8302、

0.8108、0.7965、0.7959、0.7936、0.7863；各种土地利用类型通过红噪声检验占土地利用格局通过红噪声检验的比例依次为：旱地、林地、水田、建设用地、其他用地、水域、草地，其比例大小分别为 61.35%、16.19%、11.34%、4.97%、3.52%、1.88%、0.75%（表 5.4），与 2015 年研究区各种土地利用类型的面积占总面积的比重排序基本一致，说明本研究选取的样线在研究耕层厚度对土地利用格局时空变化的影响上具有代表性。

（四）土壤速效磷对土地利用格局时空变化的作用机理分析

土壤速效磷对土地利用格局时空变化的影响在距样线起点约 40.0—130.0km 处出现连续的通过红噪声标准谱检验的样线区间，说明在该样线区间对应的采样样块空间上，土壤速效磷对土地利用格局时空变化的作用效果较为显著，且土壤速效磷主要对旱地、林地和建设用地产生影响，其中，旱地样本量占样线区间对应采样样块样本量的比例为 66.22%，林地样本量占样线区间对应采样样块样本量的比例为 14.26%，建设用地样本量占样线区间对应采样样块样本量的比例为 9.44%，说明土壤速效磷与旱地、林地和建设用地之间关联关系较强；土壤速效磷在通过红噪声标准谱检验的样线区间上对应的样线作用尺度为 $31000 \times 30m - 64000 \times 30m$，说明土壤速效磷对土地利用格局时空变化的样线作用尺度在 930.00—1920.00km 上的影响较为明显（图 5.30a）。

土壤速效磷对土地利用格局时空变化的作用大小为 0.8258（图 5.30b）；土壤速效磷对各种土地利用类型的作用大小依次为水田、旱地、其他用地、草地、林地、建设用地、水域，其作用大小分别为 0.8346、0.8302、0.8033、0.8016、0.7996、0.7976、0.7968；各种土地利用类型通过红噪声检验占格局通过红噪声检验的比例依次为：旱地、林地、水田、建设用地、其他用地、水域、草地，其比例大小分别为 61.99%、13.26%、11.99%、5.87%、4.11%、1.72%、1.06%（表 5.4），与 2015 年研究区各种土地利用类型的面积占研究区总面积的比重排序基本一致，说明本研究选取的样线在研究土壤速效磷对格局时空变化的影响上具有代表性。

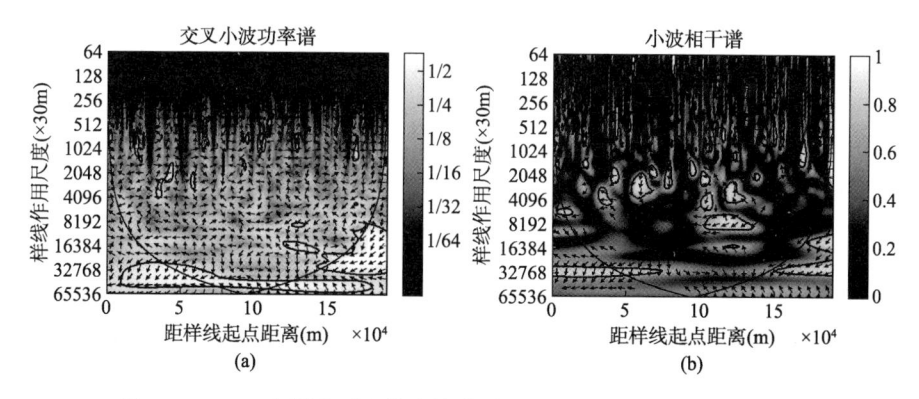

图 5.30　2015 年研究区土壤速效磷对土地利用格局时空变化影响的交叉小波功率谱和小波相干谱

（五）NDVI 对土地利用格局时空变化的作用机理分析

NDVI 对土地利用格局时空变化的影响在距样线起点约 26.7—163.3km 处出现连续的通过红噪声标准谱检验的样线区间，说明在该样线区间对应的采样样块空间上，NDVI 对土地利用格局时空变化的作用效果较为显著，且 NDVI 主要对旱地、水田、林地和建设用地产生影响，其中，旱地样本量占样线区间对应采样样块样本量的比例为 60.31%，水田样本量占样线区间对应采样样块样本量的比例为 9.69%，林地样本量占样线区间对应采样样块样本量的比例为 15.33%，建设用地样本量占样线区间对应采样样块样本量的比例为 9.72%，说明 NDVI 与旱地、水田、林地和建设用地之间关联关系较强；NDVI 在通过红噪声标准谱检验的样线区间上对应的样线作用尺度为 $6800 \times 30m - 55000 \times 30m$，说明 NDVI 对土地利用格局时空变化的样线作用尺度在 204.00—1650.00km 上的影响较为明显（图 5.31a）。

NDVI 对土地利用格局时空变化的作用大小为 0.8209（图 5.31b）；NDVI 对各种土地利用类型的作用大小依次为建设用地、水域、旱地、草地、水田、林地、其他用地，其作用大小分别为 0.8348、0.8327、

0.8224、0.8197、0.8148、0.8088、0.8029；各种土地利用类型通过红噪声检验占土地利用格局通过红噪声检验的比例依次为：旱地、林地、建设用地、水田、其他用地、水域、草地，其比例大小分别为62.72%、13.88%、10.77%、7.97%、2.43%、1.41%、0.82%（表5.4），与2015年研究区各种土地利用类型的面积占研究区总面积的比重排序基本一致，说明本研究选取的样线在研究NDVI对土地利用格局时空变化的影响上具有代表性。

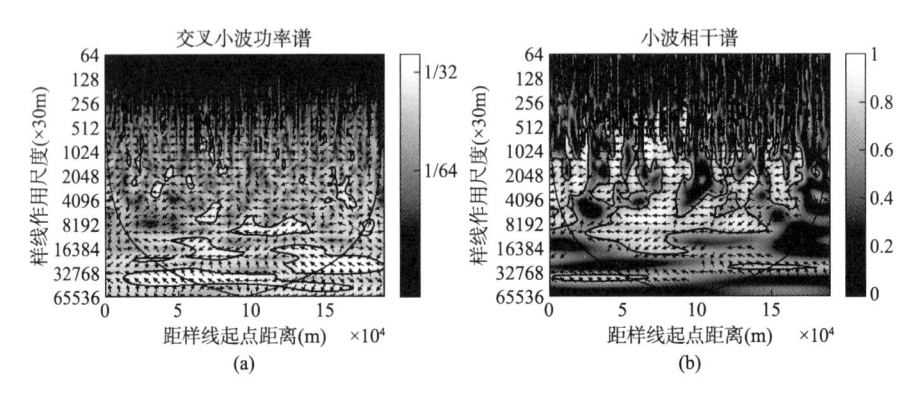

图5.31 2015年研究区NDVI对土地利用格局时空变化影响的
交叉小波功率谱和小波相干谱

（六）土壤有机质对土地利用格局时空变化的作用机理分析

土壤有机质对土地利用格局时空变化的影响在距样线起点约36.7—166.7km处出现连续的通过红噪声标准谱检验的样线区间，说明在该样线区间对应的采样样块空间上，土壤有机质对土地利用格局时空变化的作用效果较为显著，且土壤有机质主要对旱地、水田、林地和建设用地产生影响，其中，旱地样本量占样线区间对应采样样块样本量的比例为62.28%，水田样本量占样线区间对应采样样块样本量的比例为8.46%，林地样本量占样线区间对应采样样块样本量的比例为15.84%，建设用地样本量占样线区间对应采样样块样本量的比例为10.01%，说明土壤有机质与旱地、水田、林地和建设用地之间关联关系较强；土壤有机质在通过红噪声标准谱检验的样线区间上对应的样线作用尺度为$8100 \times 30m - 56000 \times 30m$，说明土壤有机质对土地利用格局时空变化的样线作用尺度在 243.00—1680.00km 上的影响较为明显（图 5.32a）。

土壤有机质对土地利用格局时空变化的作用大小为 0.8186（图 5.32b）；土壤有机质对各种土地利用类型的作用大小依次为水田、旱地、水域、建设用地、其他用地、林地、草地，其作用大小分别为 0.8295、0.8284、0.8023、0.7978、0.7921、0.7918、0.7887；各种土地利用类型通过红噪声检验占土地利用格局通过红噪声检验的比例依次为：旱地、林地、水田、建设用地、其他用地、水域、草地，其比例大小分别为 59.15%、16.95%、12.20%、5.38%、3.59%、1.72%、1.01%（表 5.4），与 2015 年研究区各种土地利用类型的面积占研究区总面积的比重排序基本一致，说明本研究选取的样线在研究土壤有机质对土地利用格局时空变化的影响上具有代表性。

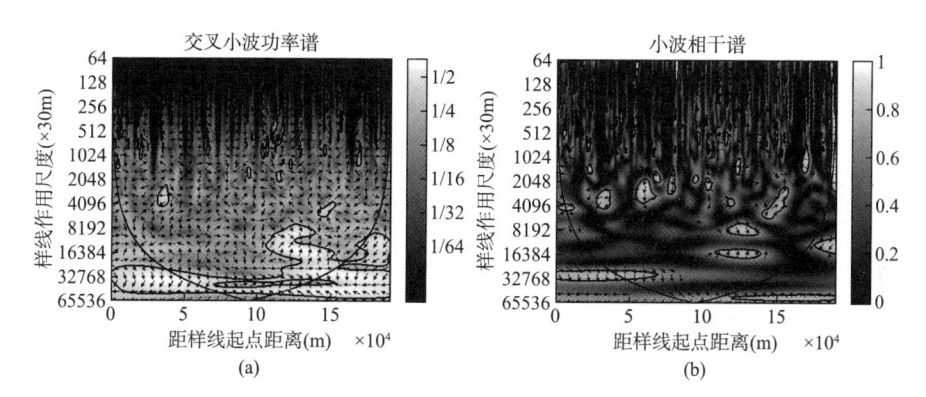

图 5.32　2015 年研究区土壤有机质对土地利用格局时空变化影响的交叉小波功率谱和小波相干谱

（七）土地利用强度对土地利用格局时空变化的作用机理分析

土地利用强度对土地利用格局时空变化的影响在距样线起点约 116.7—166.7km 处出现连续的通过红噪声标准谱检验的样线区间，说明在该样线区间对应的采样样块空间上，土地利用强度对土地利用格局时空变化的作用效果较为显著，且土地利用强度主要对旱地和林地产生影响，其中，旱地样本量占样线区间对应采样样块样本量的比例为 51.53%，林地样本量占样线区间对应采样样块样本量的比例为 24.12%，说明土地利用强度与旱地和林地之间关联关系较强；土地利用强度在通过红噪声标准谱检验的样线区间上对应的样线作用尺度为 14000×30m – 33000×30m，说明土地利用强度对土地利用格局时空变化的样线作用尺度在 420.00—990.00km 上的影响较为明显（图 5.33a）。

土地利用强度对土地利用格局时空变化的作用大小为 0.8168（图 5.33b）；土地利用强度对各种土地利用类型的作用大小依次为水域、其他用地、草地、旱地、建设用地、林地、水田，其作用大小分别为 0.8226、0.8185、0.8177、0.8176、0.8162、0.8160、0.8131；各种土地利用类型通过红噪声检验占土地利用格局通过红噪声检验的比例依次为：旱地、林地、水田、建设用地、其他用地、水域、草地，其比例大小分别为 50.45%、19.60%、13.40%、7.58%、5.04%、2.33%、1.60%（表 5.4），与 2015 年研究区各种土地利用类型的面积占研究区总面积的比重排序基本一致，说明本研究选取的样线在研究土地利用强度对土地利用格局时空变化的影响上具有代表性。

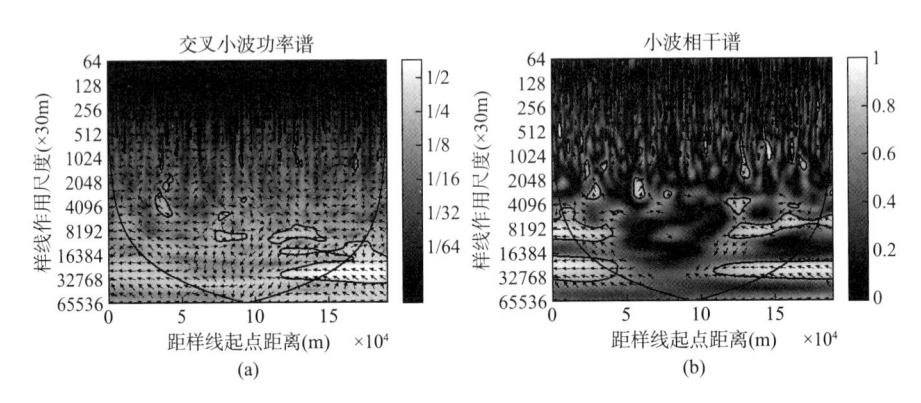

图 5.33 2015 年研究区土地利用强度对土地利用格局时空变化影响的
交叉小波功率谱和小波相干谱

（八）人口对土地利用格局时空变化的作用机理分析

人口对土地利用格局时空变化的影响在距样线起点约 60.0—120.0km 处出现连续的通过红噪声标准谱检验的样线区间，说明在该样线区间对应的采样样块空间上，人口对土地利用格局时空变化的作用效果较为显著，且人口主要对旱地和林地产生影响，其中，旱地样本量占样线区间对应采样样块样本量的比例为 65.81%，林地样本量占样线区间对应采样样块样本量的比例为 16.05%，说明人口与旱地和林地之间关联关系较强；人口在通过红噪声标准谱检验的样线区间上对应的样线作用尺度为 $8200 \times 30m - 14000 \times 30m$，说明人口对土地利用格局时空变化的样线作用尺度在 246.00—4200.00km 上的影响较为明显（图 5.34a）。

人口对土地利用格局时空变化的作用大小为 0.8133（图 5.34b）；人口对各种土地利用类型的作用大小依次为其他用地、水田、草地、水域、旱地、建设用地、林地，其作用大小分别为 0.8324、0.8269、0.8245、0.8184、0.8148、0.7996、0.7922；各种土地利用类型通过红噪声检验占土地利用格局通过红噪声检验的比例依次为：旱地、林地、水田、建设用地、其他用地、水域、草地，其比例大小分别为 56.30%、14.42%、13.68%、6.75%、5.48%、1.85%、1.52%（表 5.4），与 2015 年研究区各种土地利用类型的面积占研究区总面积的比重排序基本一致，说明本研究选取的样线在研究人口对土地利用格局时空变化的影响上具有代表性。

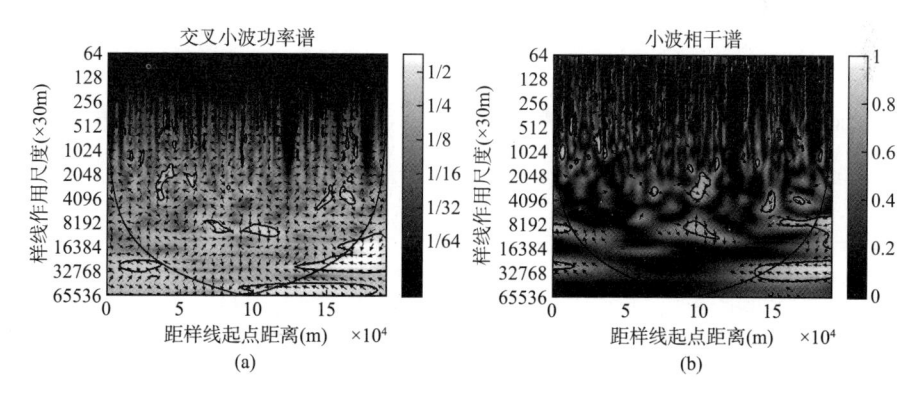

图 5.34　2015 年研究区人口对土地利用格局时空变化影响的
交叉小波功率谱和小波相干谱

（九）高程对土地利用格局时空变化的作用机理分析

高程对土地利用格局时空变化的影响在距样线起点约 73.3—156.7km

处出现连续的通过红噪声标准谱检验的样线区间，说明在该样线区间对应的采样样块空间上，高程对土地利用格局时空变化的作用效果较为显著，且高程主要对旱地和林地产生影响，其中，旱地样本量占样线区间对应采样样块样本量的比例为 59.37%，林地样本量占样线区间对应采样样块样本量的比例为 23.86%，说明高层与旱地和林地之间关联关系较强；高程在通过红噪声标准谱检验的样线区间上对应的样线作用尺度为 21000×30m－55000×30m，说明高程对土地利用格局时空变化的样线作用尺度在 630.00—16500.00km 上的影响较为明显（图 5.35a）。

高程对土地利用格局时空变化的作用大小为 0.8133（图 5.35b）；高程对各种土地利用类型的作用大小依次为水田、草地、其他用地、旱地、水域、林地、建设用地，其作用大小分别为 0.8205、0.8125、0.8054、0.8045、0.8031、0.8019、0.8017；各种土地利用类型通过红噪声检验占土地利用格局通过红噪声检验的比例依次为：旱地、林地、水田、建设用地、其他用地、水域、草地，其比例大小分别为 54.06%、22.36%、10.91%、6.61%、3.04%、1.74%、1.28%（表 5.4），与 2015 年研究区各种土地利用类型的面积占研究区总面积的比重排序基本一致，说明本研究选取的样线在研究高程对土地利用格局时空变化的影响上具有代表性。

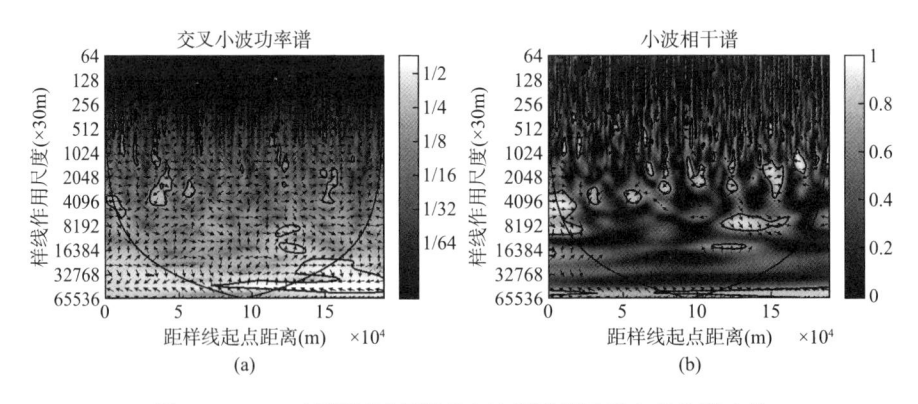

图 5.35 2015 年研究区高程对土地利用格局时空变化影响的
交叉小波功率谱和小波相干谱

研究表明，运用交叉小波分析和小波相干分析法，2015 年研究区土地利用格局时空变化的各种关键性因子对土地利用格局时空变化的影响显著，在采样样线区间对应的采样样块空间上，各种关键性影响因子对旱地、水田、林地和建设用地变化的作用效果明显。土壤速效钾、土壤速效磷与旱地、林地和建设用地之间关联关系较强，土壤全氮、耕层厚度、NDVI、土壤有机质与旱地、水田、林地和建设用地之间关联关系较强，土地利用强度、人口和高程与旱地和林地之间关联关系较强。土壤速效钾、土壤全氮、耕层厚度、土壤速效磷和土地利用强度对土地利用格局时空变化的样线作用尺度较小，其样线作用尺度的作用范围较短，NDVI、土壤有机质、人口和高程对土地利用格局时空变化的样线作用尺度较大，其样线作用尺度的作用范围较长，说明各种关键性因子对土地利用格局时空变化影响的样线作用尺度各不相同。各种影响土地利用格局时空变化的关键性因子中，土壤速效钾对水田、旱地、其他用地和林地变化的作用强度最大，土壤全氮对旱地、水田和林地变化的作用强度最大，耕层厚度对旱地、水田、林地和建设用地变化的作用强度最大，土壤速效磷对水田、旱地、其他用地和草地变化的作用强度最大，NDVI对建设用地、水域、旱地和草地变化的作用强度最大，土壤有机质对水田、旱地变化的作用强度最大，土地利用强度对水域、其他用地、草地和旱地变化的作用强度最大，人口对其他用地、水田和草地变化的作用强度最大，高程对水田、草地、其他用地和旱地变化的作用强度最大，各种关键性影响因子对水田、旱地、建设用地、林地和草地变化的影响最明显。

2015年，研究区土地利用格局时空变化的影响因子以自然因素和人文因素为主，特别是土壤、植被和高程等自然条件和土地利用强度、人口等人文因素对土地利用格局时空变化的影响较大，其中土壤速效钾、土壤速效磷、土壤有机质和高程对水田变化的作用强度最大，土壤全氮、耕层厚度对旱地变化的作用强度最大，说明这些影响因子对农业生产的影响是最显著的，各种关键性影响因子对旱地、水田、其他用地和林地变化的作用强度均较强，可见，2015年研究区农业生产和经济发展均占据主导地位。

总之，1979—2015 年间，研究区土地利用格局时空变化的关键性影响因子中，年日照时数、年均气温是 1979 年、1991 年和 2003 年研究区土地利用格局时空变化的重要影

响因素，特别是对旱地、林地的影响显著，可见，2003 年以前农业科技水平不高，对于日照和气温的依赖程度较高，2003 年之后，随着塑料棚膜技术的普及与应用，日照和气温不再是限制土地利用格局发生变化的重要原因；年均降水是 1979 年、1991 年研究区土地利用格局时空变化的重要影响因素，特别是对旱地、林地的影响显著，2003 年之前研究区的灌溉条件不好，而 2003 年之后，研究区改善了灌溉条件，使得年均降水对于土地利用格局变化的限制不再关键；土壤有机质是 1979 年、2003 年、2015 年研究区土地利用格局时空变化的重要影响因素，特别是对林地、旱地、水田、建设用地的影响显著，土壤全氮、土壤速效磷、土壤速效钾是 1979 年、2015 年研究区土地利用格局时空变化的重要影响因素，特别是对旱地、林地、建设用地的影响显著，可见，土壤肥力对土地利用格局的变化有重要影响力，建设用地扩张多是占用土壤肥力高的土地；地形地貌是 1991 年研究区土地利用格局时空变化的重要影响因素，土壤质地是 2003 年研究区土地利用格局时空变化的重要影响因素，特别是对旱地、林地和建设用地的影响显著，高程是 2015 年研究区土地利用格局时空变化的重要影响因素，特别是对旱地、林地的影响显著，一般情况下，人们会根据地形起伏、地貌特点、高程高低和土壤质地来确定土地适合哪种利用方式，随着科技的进步，地形地貌、高程、土壤质地对土地利用格局变化的影响不再明显，其对于土地利用类型的转变不再有很大的阻碍作用了；耕层厚度是 2015 年研究区土地利用格局时空变化的重要影响因素，特别是对旱地、水田、林地和建设用地的影响显著，随着耕地土层的逐年变薄，耕层厚度对土地利用格局变化的影响也逐渐凸显出来；重金属污染是 2003 年研究区土地利用格局时空变化的重要影响因素，特别是对旱地、林地和建设用地的影响显著，重金属污染在 2003 年前后累积达到了土壤污染背景值，

在 2015 年左右，重金属污染程度已经逐年下降，对土地利用格局变化的影响也有所降低，不再是限制土地利用格局变化的重要因素；DVI 是 2003 年研究区土地利用格局时空变化的重要影响因素，特别是对旱地、林地和建设用地的影响显著，NDVI 是 2015 年研究区土地利用格局时空变化的重要影响因素，特别是对旱地、水田、林地和建设用地的影响显著，以往研究区林地、草地覆盖面积较大，植被还不足以成为限制土地利用格局变化的重要指标，当前森林砍伐、草场退化严重，必然会使植被覆盖成为土地利用格局变化的限制要素；人口是 1991 年、2003 年、2015 年研究区土地利用格局时空变化的重要影响因素，特别是对旱地、林地和建设用地的影响显著，GDP 是 1991 年、2003 年研究区土地利用格局时空变化的重要影响因素，特别是对旱地、林地和建设用地的影响显著，土地利用强度是 1979 年、1991 年、2003 年和 2015 年研究区土地利用格局时空变化的重要影响因素，特别是对旱地、林地的影响显著，人类活动一直是社会进步和经济发展的重要动力，人类活动对土地利用格局变化的影响也最为重大；政策法规是 2003 年研究区土地利用格局时空变化的重要影响因素，特别是对旱地、林地和建设用地的影响显著，政策法规以直接方式或是以调节方式影响着土地利用变化，对土地利用格局变化会产生有利或不利的影响。

综上所述，不同研究时点研究区各种土地利用格局变化关键性影响因素对旱地、水田、林地和建设用地的影响最为显著，可见，研究区旱地、水田、林地和建设用地的变化较为活跃，而且受自然环境和人类活动的影响比区域内其他土地利用类型更为显著。

本章小结

本章研究内容将小波变换方法应用到土地利用领域，运用小波交叉和小波相干方法，对研究区土地利用格局变化的关键性影响因子进行识别，并对研究区土地利用格局变化的关键性影响因子的作用机理进行分析。具体内容如下：

（1）研究区土地利用格局变化关键性影响因子识别。1979—2015年，研究区土地利用格局时空变化的各种关键性因子对土地利用格局时空变化的影响显著，在该时段内，研究区土地利用格局时空变化的关键性影响因子有18个，分别是土壤有机质、土壤全氮、土壤速效磷、土壤速效钾、土壤质地、耕层厚度、高程、地形地貌、NDVI、DVI、年日照时数、年均气温、年均降水、重金属污染、土地利用强度、GDP、人口和政策法规；不同时点土地利用格局时空变化的关键性影响因子各不相同，且对不同土地利用类型的影响显著程度不同，特别是对旱地、水田、林地和建设用地的影响最明显，同时，关键性因子对这4种土地利用类型的影响比对区域内其他土地利用类型的影响更为显著。研究期间，各种影响土地利用格局时空变化的关键性因子与各种土地利用类型的关联关系存在显著差异，各种关键性影响因子对土地利用格局时空变化的样线作用尺度大小分异显著。1979年，各种关键性影响因子与旱地、林地之间的关联关系较强；1991年和2003年，各种关键性影响因子与旱地、林地、建设用地之间的关联关系较强；2015年，各种关键性影响因子与旱地、水田、林地和建设用地之间的关联关系较强。

（2）研究区土地利用格局变化的关键性影响因子的作用机理。1979—2015年，研究区影响土地利用格局时空变化关键性因子的作用机理不同。1979年，研究区土地利用格局时空变化的关键性影响因子主要以自然因素为主，特别是光、水、土等自然条件对土地利用格局时空变化的影响较大，其中土壤有机质、土壤全氮、土壤速效钾、年均降水对旱地变化的作用强度最大，说明这些关键性因子对农业生产的影响是最显著的，可见，1979年研究区农业种植占据主导地位。1991年、2003年和2015年，研究区土地利用格局时空变化的关键性影响因子以自然因素和人文因素为主；其中，1991年各种关键性影响因子中特别是光、温、水和地形地貌等自然条件和土地利用强度、GDP和人口等人文因素对土地利用格局时空变化的影响较大，其中土地利用强度、年均降水、GDP对其他用地变化的作用强度最大，说明这些影响因子对土地利用与开发的影响是最显著的，各种关键性影响因子对旱地变化的作用强度均较强；2003年各种关键性影响因子中特别是光、温、土等自然条件和政策法规、人口、土地利用强度和GDP等人文因素对土地利用格局时空变化的影响较大，其中政策法规、年日照时数、年均气温、土壤质地对草地变化的作用强度最大，说明这些影响因子对牧业的影响是最显著的，人口、土壤有机质、土地利用强度和GDP对其他用地变化的作用强度最大，DVI和重金属污染分别对林地和园地变化的作用强度最大，各种关键性影响因子对旱地和建设用地变化的作用强度均较强；2015年各种关键性影响因子中特别是土壤、植被和高程等自然条件和土地利用强度、人口等人文因素对土地利用格局时空变化的影响较大，其中土壤速效钾、土壤速效磷、土壤有机质和高程对水田变化的作用强度最大，土壤全氮、耕层厚度对旱地变化的作用强度最大，说明这些关键性影响因子对农业生产的影响是最显著的，各种关键性影响因子对旱地、水田、其他用地和林地变化的作用强度均较强；可见，1991年、2003年和2015年研究区农业生产和经济发展均占据主导地位。研究成果为土地利用格局优化模式和调控对策的提出提供科学依据。

第六章 研究区土地利用格局优化模式建构

本研究以粮食生产、生态安全和社会经济发展为优化目标，以影响土地利用数量结构及其空间布局的相关指标为约束条件，运用多智能体改进粒子群算法（MA－PSO）构建土地利用格局优化模型，设计政府 Agent、部门 Agent 和个体 Agent 三大智能体，以栅格 Agent 为基础，构建栅格 Agent 全局环境，在研究区土地利用格局变化最优时空尺度下，为完成政府 Agent 在土地利用格局安全上的宏观调控和协调作用，并完成部门 Agent 在各种关键性因子影响下所获取的各种土地利用类型适宜性程度上的组织和引导作用，构建栅格 Agent 局部环境，执行 PSO 算法中的适应度函数、竞争与合作操作、自学习操作，进而确定研究区土地利用类型数量结构在时空上的合理匹配及其空间构型和空间组合方式的优化配置，建构"粮食生产为核心、生态安全为前提和社会经济发展为基础"的宜耕则耕、宜林则林、宜牧则牧、宜建则建的土地利用格局优化模式。

本研究将土地利用格局安全状态作为政府 Agent 判别土地利用格局是否发生转变的依据，基于突变理论，运用印第安人茅舍突变模型，将 4 期不同研究时点影响研究区土地利用格局变化的关键性因子作为控制变量，根据各个关键性因子和土地利用格局的位相角关系及通过红噪声检验的交叉小波功率谱密度的样本数量，选取应用于印第安人茅舍突变模型中的土地利用格局变化关键性影响因子，研究区土地利用格局作为状态变量，确定研究区土地利用格局安全阈值的范围，明确研究区土地利用格局所处的不同安全状态。构建土地利用类型适宜性评价模型，确定研究区各种土地利用类型的适宜性程度，将其作为部门 Agent 判别土地利用格局是否发生转变的依据。

第一节 研究区土地利用格局优化安全阈值的确定

本研究根据各期研究区土地利用格局关键性因子交叉小波功率谱的位相角关系、通过红噪声检验的交叉小波功率谱密度的样本数量以及土地利用格局与关键性因子之间的小波相干系数大小共同选取作为突变模型中控制变量的关键性因子；其中，1979 年，选取土壤有机质、土壤速效钾、年均气温、土地利用强度和年均降水作为控制变量；1991 年，选取土地利用强度、年均降水、GDP、年均气温和人口作为控制变量；2003 年，选取政策法规、DVI、土地利用强度、GDP 和土壤质地作为控制变量；2015 年，选取土壤全氮、耕层厚度、NDVI、土地利用强度和人口作为控制变量。

一 研究区土地利用格局安全阈值模型的构建

突变理论是描述一种由渐变、量变发展到突变、质变的过程，以拓扑学、奇点理论为基础，以不连续过程为研究对象的数学分支理论。突变理论用于解决不连续的突变问题，在物理、化学、生物以及社会科学等众多学科中得到了广泛的应用（罗鄂湘、钱省三，2007）。初等突变理论模型有以下 8 个，分别为：折叠突变模型、尖点突变模型、燕尾突变模型、蝴蝶突变模型、印第安人茅舍突变模型、双曲脐点突变模型、椭圆脐点突变模型和抛物脐点突变模型。突变模型中有两类变量：一类是状态变量，表示各种影响土地利用格局变化因素的行为状态，用一组参数对势函数进行表达，当系统稳定时，势函数有唯一极值，当系统不稳定时，参数在某范围内变化导致该势函数的极值不唯一，因此，当参数取某些特定值时，系统状态会发生突变；

另一类是控制变量,作为突变原因的连续变化因素(表6.1)。

土地利用格局安全阈值的确定是一个十分复杂的系统分析问题,选取1979年、1991年、2003年和2015年各研究时点影响研究区土地利用格局时空变化的关键性因子,并将其作为研究区土地利用格局安全阈值模型的控制变量。

(1)构建印第安人茅舍突变模型势函数(式6.1)。

$$V(x) = x^7 + sx^5 + tx^4 + ux^3 + vx^2 + wx \quad (式6.1)$$

式中,x为状态变量,即土地利用安全格局;s,t,u,v,w为控制变量,且其控制强度大小为$s>t>u>v>w$,分别表示不同年份影响研究区土地利用格局安全的关键性因子,该势函数为六维相空间。建立决策矩阵$R=\{s,t,u,v,w\}$,该矩阵提供了分析土地利用格局安全阈值的基本信息,相关的分析均以该决策矩阵为基础,矩阵中的控制变量均有量纲,需要进行归一化处理。

表6.1　　　　　　　　　常用初等突变模型

突变类型	状态变量数目	控制变量数目	势函数标准形式
折叠突变	1	1	$x^3 + ax$
尖点突变	1	2	$x^4 + ax^2 + bx$
燕尾突变	1	3	$x^5 + ax^3 + bx^2 + cx$
蝴蝶突变	1	4	$x^6 + ax^4 + bx^3 + cx^2 + dx$
印第安人茅舍突变	1	5	$x^7 + ax^5 + bx^4 + cx^3 + dx^2 + ex$
双曲脐点突变	2	3	$x^3 + y^3 + axy + bx + cy$
椭圆脐点突变	2	3	$x^3 - xy^2 + a(x^2 + y^2) + bx + cy$
抛物脐点突变	2	4	$y^4 + x^2y + ax^2 + by^2 + cx + dy$

(2)印第安人茅舍突变模型的分叉点集,由$-v = 21x^5 + 10sx^3 + 6tx^2 + 3ux$及$w = 35x^6 + 15sx^4 + 8tx^3 + 3ux^2$消去$x$获得,对分叉集进行变换,推导得到印第安人茅舍突变模型的归一化公式(式6.2)。

$$x_{s_i} = \sqrt{s_i}, x_{t_i} = \sqrt[3]{t_i}, x_{u_i} = \sqrt[4]{u_i}, x_{v_i} = \sqrt[5]{v_i}, x_{w_i} = \sqrt[6]{w_i} \quad (式6.2)$$

式中，x_{s_i}，x_{t_i}，x_{u_i}，x_{v_i}，x_{w_i} 为不同研究时点土地利用格局安全控制变量的印第安人茅舍突变模型归一化量化值；$i = 1$，2，$\cdots$，4，i 为 1979—2015 年时间间隔为 12 年的时间节点。

（3）突变级数是由土地利用格局安全的控制变量构成的函数，利用该印第安人茅舍突变模型的求解矢量作为土地利用格局安全的突变级数 Q_b（式 6.3）。

$$Q_b = x_{s_i} + x_{t_i} + x_{u_i} + x_{v_i} + x_{w_i} \quad \text{（式 6.3）}$$

（4）在突变级数 Q_b 的基础上，将不同研究时点土地利用格局安全控制变量与土地利用格局之间的小波相干系数分别相乘，得出各控制变量的五维控制变量 Q_i（式 6.4）。

$$Q_i = a_1 x_{s_i} + a_2 x_{t_i} + a_3 x_{u_i} + a_4 x_{v_i} + a_5 x_{w_i} \quad \text{（式 6.4）}$$

式中，a_1，a_2，a_3，a_4，a_5 分别表示土地利用格局安全的控制变量与土地利用格局之间的小波相干系数；$i = 1$，2，$\cdots$，4，i 为 1979—2015 年时间间隔为 12 年的时间节点。

（5）在以土地利用格局安全的控制变量为五维相空间的状态下，建立以不同土地利用格局安全控制变量分别为 s 轴、t 轴、u 轴、v 轴和 w 轴的五维模型。该坐标系的五轴彼此夹角相等，因此五维空间内的一点 $P(s, t, u, v, w)$ 的投影与坐标系的选择无关，进而确定土地利用格局安全阈值系数（式 6.5）。

$$\delta_i = \frac{|Q_b| - |Q_i|}{|Q_b|} \quad \text{（式 6.5）}$$

式中，δ_i 为土地利用格局安全阈值系数，将土地利用格局安全阈值系数区间范围 [0，1] 平均划分为 4 个等级：

Ⅰ级：研究区土地利用格局处于安全状态，其阈值系数 δ_i 范围为 [0，0.25)。

Ⅱ级：研究区土地利用格局处于较安全状态，其阈值系数 δ_i 范围为 [0.25，0.50)。

Ⅲ级：研究区土地利用格局处于较危险状态，其阈值系数 δ_i 范围为

[0.50, 0.75)。

Ⅳ级：研究区土地利用格局处于危险状态，其阈值系数 δ_i 范围为 [0.75, 1]。

二 研究区土地利用格局安全阈值时空差异分析

（一）研究区土地利用格局安全阈值时间差异分析

按照研究区不同时期开发利用土地的态势，在时间上，研究区土地利用格局安全所处的不同状态，呈现以下变化趋势。

1979年，研究区土地利用格局处于安全状态的栅格数为692010个，面积为62280.90hm^2；较安全状态的栅格数为2308650个，面积为207778.50hm^2；较危险状态的栅格数为445441个，面积为40089.69hm^2；危险状态的栅格数为37302个，面积为3357.18hm^2；1979年，处于安全状态和较安全状态的土地面积总和占研究区土地总面积的85%以上，处于较危险状态和危险状态的土地面积总和占研究区土地总面积不足15%，研究区土地利用格局总体上较为安全。

1991年，研究区土地利用格局处于安全状态的栅格数为279354个，面积为25141.86hm^2；较安全状态的栅格数为1989939个，面积为179094.51hm^2；较危险状态的栅格数为1174268个，面积为105684.12hm^2；危险状态的栅格数为39842个，面积为3585.78hm^2；1991年，处于安全状态和较安全状态的土地面积总和占研究区土地总面积的65%以上，处于较危险状态和危险状态的土地面积总和占研究区土地总面积低于35%，研究区土地利用格局总体上较为安全。

2003年，研究区土地利用格局处于安全状态的栅格数为107774个，面积为9699.66hm^2；较安全状态的栅格数为1023916个，面积为92152.44hm^2；较危险状态的栅格数为2285816个，面积为205723.44hm^2；危险状态的栅格数为65897个，面积为5930.73hm^2；2003年，处于安全状态和较安全状态的土地面积总和占研究区土地总面积的32%以上，处于较危险状态和危险状态的土地面积总和占研究区土地总面积超过67%，研究区土地利用格局总体上较为危险。

2015年，研究区土地利用格局处于安全状态的栅格数为71540个，面积为6438.60hm²；较安全状态的栅格数为1001586个，面积为90142.74hm²；较危险状态的栅格数为2052488个，面积为184723.92hm²；危险状态的栅格数为357789个，面积为32201.01hm²；2015年，处于安全状态和较安全状态的土地面积总和占研究区总土地面积的30%以上，处于较危险状态和危险状态的土地面积总和占研究区土地总面积超过69%，研究区土地利用格局总体上较为危险（表6.2）。

（二）研究区土地利用格局安全阈值空间差异分析

按照当前开发利用土地的态势，在空间上，土地利用格局安全状态存在明显差异（表6.2，图6.1）。

1979年，研究区土地利用格局处于安全状态的面积占研究区总面积的百分比为19.87%，主要分布在研究区县域界限水域及中部林地范围内；研究区土地利用格局处于较安全状态的面积占研究区总面积的百分比为66.28%，在研究区范围内分布广泛且较为集中连片；研究区土地利用格局处于较危险状态的面积占研究区总面积的百分比为12.79%，主要零散的分布在研究区北部林地附近和研究区南部建设用地周围；研究区土地利用格局处于危险状态的面积占研究区总面积的百分比为1.07%，主要分布在研究区南部（图6.1a）。

1991年，研究区土地利用格局处于安全状态的面积占研究区总面积的百分比为8.02%，主要分布在研究区县域界限水域范围内；研究区土地利用格局处于较安全状态的面积占研究区总面积的百分比为57.13%，在研究区范围内分布广泛且较为集中连片；研究区土地利用格局处于较危险状态的面积占研究区总面积的百分比为33.71%，主要集中分布在研究区北部和研究区南部建设用地周围；研究区土地利用格局处于危险状态的面积占研究区总面积的百分比为1.14%，主要零星分布在研究区西北部、南部和东南部（图 6.1b）。

表 6.2 研究区土地利用格局不同安全状态的栅格数、面积及其百分比

年份	1979 年	1991 年	2003 年	2015 年
安全状态栅格数	692010	279354	107774	71540
安全状态面积（hm^2）	62280.90	25141.86	9699.66	6438.60
百分比（%）	19.87	8.02	3.09	2.05
较安全状态栅格数	2308650	1989939	1023916	1001586
较安全状态面积（hm^2）	207778.50	179094.51	92152.44	90142.74
百分比（%）	66.28	57.13	29.39	28.75
较危险状态栅格数	445441	1174268	2285816	2052488
较危险状态面积（hm^2）	40089.69	105684.12	205723.44	184723.92
百分比（%）	12.79	33.71	65.62	58.92
危险状态栅格数	37302	39842	65897	357789
危险状态面积（hm^2）	3357.18	3585.78	5930.73	32201.01
百分比（%）	1.07	1.14	1.89	10.27

2003 年，研究区土地利用格局处于安全状态的面积占研究区总面积的百分比为 3.09%，主要分布在研究区县域界限北部和南部的水域范围内；研究区土地利用格局处于较安全状态的面积占研究区总面积的百分比为 29.39%，主要集中分布在研究区东北部林地范围内和研究区南部水域附近；研究区土地利用格局处于较危险状态的面积占研究区总面积的百分比为 65.62%，在研究区范围内分布广泛且较为集中连片；研究区土地利用格局处于危险状态的面积占研究区总面积的百分比为 1.89%，主要零星分布在研究区西北部和南部（图 6.1c）。

2015 年，研究区土地利用格局处于安全状态的面积占研究区总面积的百分比为 2.05%，主要分布在研究区县域界限西北部水域范围内；研究区土地利用格局处于较安全状态的面积占研究区总面积的百分比为 28.75%，主要集中分布在研究区东北部和东北部林地范围内和研究区南部水域范围内；研究区土地利用格局处于较危险状态的面积占研究区总面积的百分比为

58.92%,在研究区范围内分布广泛且较为集中连片;研究区土地利用格局处于危险状态的面积占研究区总面积的百分比为 10.27%,主要分布在研究区北部和东北部坡度较低的耕地低洼处和南部建设用地附近(图 6.1d)。

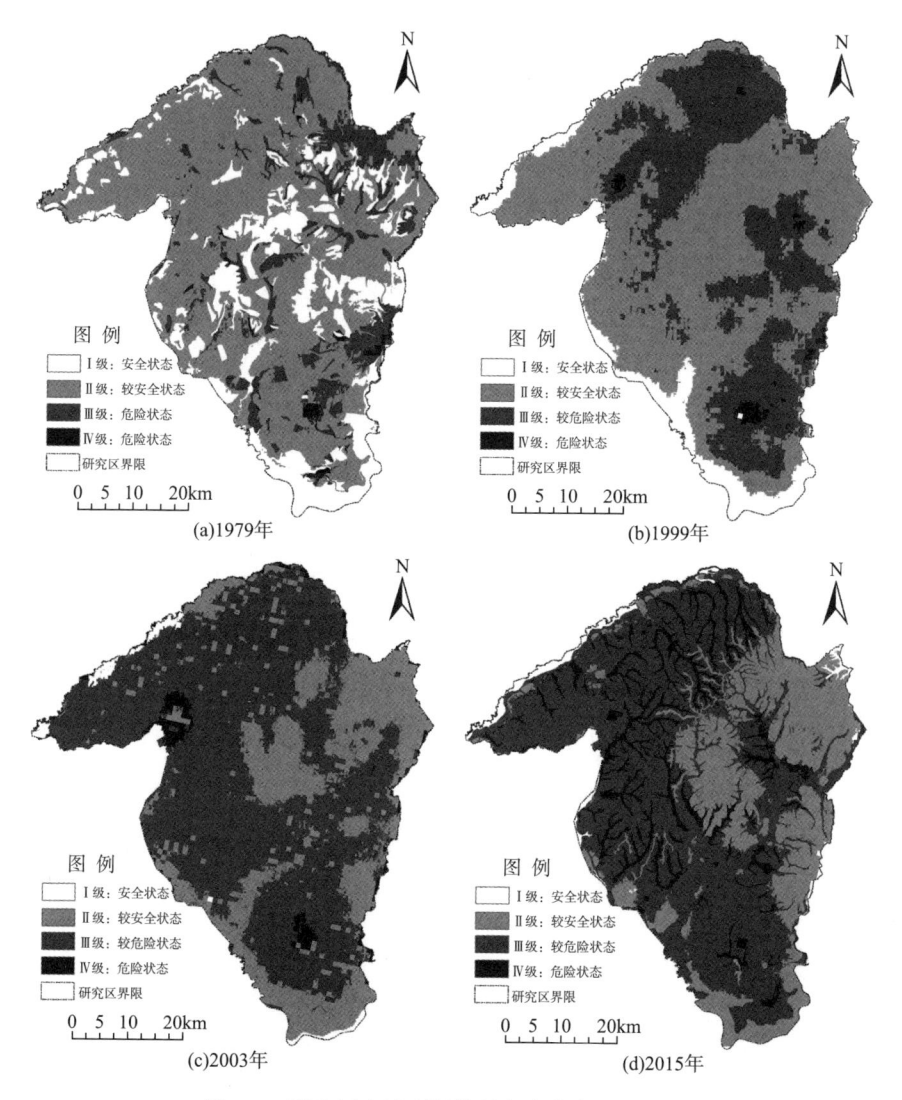

图 6.1 研究区土地利用格局安全状态空间分布

综上所述,1979—2015 年间,研究区土地利用格局处于安全状态的比例逐年减少,尤其是 1979—1991 年,处于安全状态的比例下降极为明显;研究区土地利用格局处于较安全状态的比例逐年减少,尤其是 1991—2003

年，处于较安全状态的比例下降极为明显；研究区土地利用格局处于较危险状态的比例先增加后下降，尤其是1991—2003年，处于较危险状态的比例几乎翻倍增长，2003—2015年，处于较危险状态的比例有所下降；研究区土地利用格局处于危险状态的比例增加明显，尤其是2003—2015年，处于危险状态的比例达到了10%以上。按照当前的土地利用发展态势，若不采取适当的措施，土地利用格局的安全状态将逐渐向危险状态突变，土地利用格局调整十分迫切，亟待设计和构建符合区域实际的土地利用格局优化模式，以促进区域土地的可持续利用和社会经济的可持续发展。

第二节 基于 MA-PSO 的研究区土地利用格局优化模式模型建立

本研究结合粒子群优化算法（Particle Swarm Optimization，简称 PSO）和多智能体系统（Multi-Agent System，简称 MAS），改进多智能体粒子群（MA-PSO）优化算法，建构土地利用格局优化模式。

本研究对于研究区土地利用格局优化模式建立了 2 个层级的多智能体，第一层级将土地利用格局优化模式的决策主体划分为政府 Agent、部门 Agent 和个体 Agent 三类智能体，其中，政府 Agent 对区域土地利用格局的变化起着宏观调控和协调作用，部门 Agent 对区域土地利用格局的变化起着组织和引导作用，个体 Agent 对区域土地利用格局的变化起着分配作用，总之，部门 Agent 和个体 Agent 均须向政府 Agent 提出用地请求，在政府 Agent 的协调下，对与其他部门 Agent 或个体 Agent 产生冲突的土地进行协商；第二层级将栅格 Agent 作为土地利用格局优化模式的决策主体，在构造全局土地利用栅格环境的基础上，对于每个栅格 Agent 均存在于此栅格环境中，每个 Agent 作为粒子群优化算法（PSO）种群中的一个粒子均被固定在一个栅格内，通过与其邻居栅格的竞争、合作和自学习操作，结合粒子群优化算法（PSO）的粒子进化机制，不断通过每个栅格 Agent 之间的交互作用和栅格 Agent 与环境之间的相互影响，更新每个栅格 Agent 在解空间中的位置以及每个栅格对应的土地利用类型，进而完成土地利用格局的空间决策，建构研究区土地利用格局的优化模式。

一 多智能体粒子群（MA-PSO）优化算法原理

（一）标准粒子群优化算法（PSO）原理

粒子群优化算法（PSO）是模拟一群鸟寻找食物的过程，每个鸟类比为 PSO 中的一个粒子，它在寻找食物的过程中，不断改变其飞行的速度与位置，通过群体之间的信息共享和个体自身经验总结修正个体行动策略，最终获取优化问题的解（Eberhart、Shi，2000）。本研究将土地利用格局优化的目标函数转换为粒子群算法的适应度函数，将 PSO 中的粒子初始化为一群随机粒子，粒子在迭代过程中，通过跟踪 2 个"极值"实现自我更新，其一为个体极值 p_p，即粒子自身在迭代过程中寻找到的历史最优值，其二为全局极值 p_g，即全部粒子搜索到的最优值，其取值仅有 1 个。每个粒子根据粒子群优化算法给出的速度公式（式6.6）和位置公式（式6.7）进行更新。

$$v_{i(d+1)} = \omega v_{id} + \varphi_1 \xi (p_{pd} - x_{id}) + \varphi_2 \eta (p_{gd} - x_{id}) \quad （式6.6）$$

$$x_{i(d+1)} = x_{id} + \gamma v_{i(d+1)} \quad （式6.7）$$

式中，下标 d 表示迭代次数；v_{id} 表示第 d 次迭代时的粒子速度；x_{id} 表示第 d 次迭代时粒子的空间位置；ω 是惯性权重，表示保持原始速度的系数；φ_1 是学习因子1，表示粒子跟踪自身历史最优值的权重系数，通常设置为2；φ_2 是学习因子2，表示粒子跟踪群体最优值的权重系数，通常设置为2；ξ、η 表示区间 [0，1] 内服从均匀分布的随机数。

（二）多智能体（Agent）和多智能体系统（MAS）基础

多智能体与传统自上而下的建模思路不同，采用从底层自下而上的建模思想，其核心是通过个体结构功能的局部细节模拟与全局表现之间的循环反馈和校正，研究局部的细节变化如何突显出复杂的全局行为（黎夏、刘小平，2016）。

(1) 多智能体（Agent）的典型特征

Agent 是一种具有感知能力、问题求解能力和 Agent 个体之间的交互作用能力，可以完成单目标或多目标的实体，Agent 通常具备 4 个典型特征（Liu，2002）：

①Agent 通常固定在一个特定的环境中，并且 Agent 只能在该环境中工作。

②Agent 能够感知自己所处的局部环境。

③Agent 应具备良好的自治性，对自己的行为或动作具有控制权，无须外部干预，自主地完成其特定的任务。

④Agent 应该具有感知环境并做出相应动作的反应能力。

(2) 多智能体系统（MAS）的元素

MAS 是由多个松散耦合、粗粒度的 Agent 组成的网络结构。这些 Agent 在物理上或逻辑上是分散的，其行为是自治的，Agent 之间通过协商、协调和协作完成负责的控制任务或解决复杂的问题。一般情况下，MAS 在求解一个问题时需要定义 4 个元素：

①每个 Agent 的意图和目的。

②Agent 所在环境，即 Agent 的邻域。

③每个 Agent 仅能感知其本身的局部环境，需要定义每个 Agent 的局部环境。

④为实现 Agent 自身的意图和目的，需要知道每个 Agent 所能采取的行动策略。

（三）多智能体粒子群（MA-PSO）算法原理

MA-PSO 算法结合了 MAS 和 PSO 两种算法的主要特征构建的一种高效算法。在构造 Agent 所在环境的基础上，每个 Agent 与其邻域的 Agent 进行竞争与合作操作、自学习操作，引入 PSO 算法的进化机制，与全局最优的 Agent 进行信息共享，根据自身经验修正 Agent 的行动策略，使其能够快速、精确的收敛到全局最优解。

第六章 研究区土地利用格局优化模式建构

（1）单个 Agent 的意图和目的

在 MA-PSO 算法中，每个 Agent 相当于 PSO 算法中的一个粒子，每个 Agentα 均具有被优化问题所决定的优化目标适应度函数（式 6.8）的适应值。

$$f(\alpha) = F \qquad （式6.8）$$

式中，F 表示 Agentα 被优化问题所决定的优化目标适应度函数。

（2）Agent 的全局环境及体系结构

MAS 构造的各种环境中较为简单的是网格结构环境（图 6.2）。每个 Agent 占据一个网格，每一个圆圈代表一个 Agent，圆圈中的数据代表 Agent 在网格结构环境中的位置，每个 Agent 包含 PSO 算法中每个粒子的速度和位置两类数据。MAS 全局环境中，总的网格数为 $L_{size} \times L_{size}$（L_{size} 为正整数），等同于 PSO 算法中的种群数。

（3）Agent 的邻居

在 MAS 中，Agent 可以自知其所在局部环境中的信息，进而自主的采取行动策略完成其目的和意图，因此，Agent 邻居的定义是 Agent 研究的重点。假设 Agent $L_{i,j}$ 的网格坐标为 (i,j)（图 6.3），$i,j = 1, 2, \cdots, L_{size}$，其邻居 $N_{i,j}$ 定义为 Moore 邻域构型（式 6.9）。

$$N_{i,j} = \{L_{i-1,j-1}, L_{i-1,j}, L_{i-1,j+1}, L_{i,j-1}, L_{i,j+1}, L_{i+1,j-1}, L_{i+1,j}, L_{i+1,j+1}\} \qquad （式6.9）$$

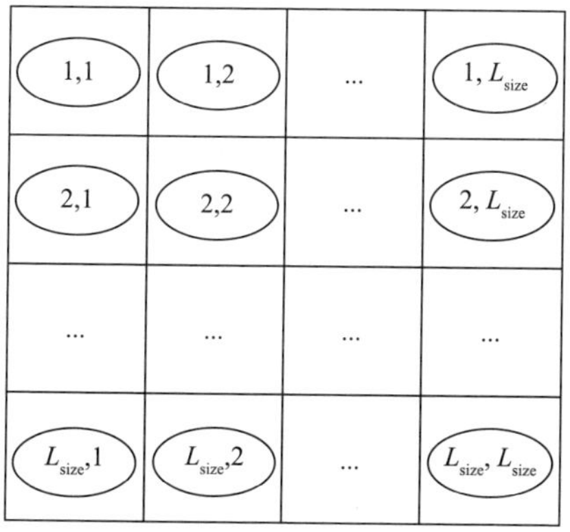

1,1	1,2	...	1, L_{size}
2,1	2,2	...	2, L_{size}
...	...	...	...
L_{size},1	L_{size},2	...	L_{size}, L_{size}

图 6.2 Agent 全局环境结构

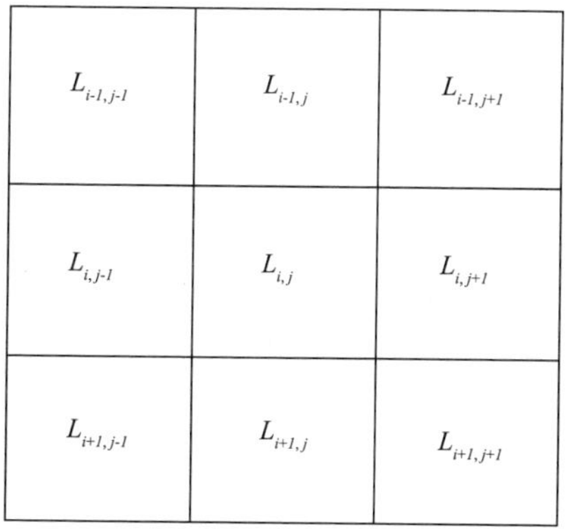

$L_{i-1,j-1}$	$L_{i-1,j}$	$L_{i-1,j+1}$
$L_{i,j-1}$	$L_{i,j}$	$L_{i,j+1}$
$L_{i+1,j-1}$	$L_{i+1,j}$	$L_{i+1,j+1}$

图 6.3 Agent 的邻居

(4) Agent 的行动策略

①Agent 的竞争与合作操作。在 MA-PSO 算法中，每个 Agent 根据其局部环境与其邻域进行竞争与合作操作，假设 $L_{i,j}$ 是 Agent 在优化解空间中的位置，$M_{i,j}$ 是 $L_{i,j}$ 邻域中拥有最大适应值的 Agent，当 $f(L_{i,j}) \leqslant f(M_{i,j})$，则 $L_{i,j}$ 是输家，其在解空间中的位置保持不变，否则即为赢家，其在解空间中的位置将被改变，但其仍然保留了本身有用信息，也提取了邻域的有益信息，使其进一步提高其适应值。Agent 在其局部环境中的信息传递速度相对较慢，在 PSO 算法中，Agent 不仅与其自身邻域进行信息交换，还与全局最优的 Agent 进行竞争与合作操作，根据其自身经验总结修正 Agent 的行动策略，该过程能够加快 Agent 在全局环境中信息的传递速度，提高算法的收敛性。

②Agent 的自学习操作。Agent 可以通过自身拥有的信息进行自学习，进一步提高求解问题的能力，本研究应用小范围搜索技术实现 Agent 自学习能力（图 8.3）（Kazarlis，2001）。为提高 MA-PSO 算法的计算效率，在每次迭代过程中，仅对具有全局最优值的 Agent 进行自学习操作。

二 研究区土地利用格局优化目标函数

本研究共设置粮食生产、生态安全和社会经济发展三个土地利用格局优化目标函数，以实现区域土地利用粮食生产、生态安全和社会经济发展的多目标优化。

（一）研究区土地利用格局优化粮食生产目标函数

为保障研究区土地利用格局粮食生产，采用粮食总产量最大化作为粮食生产的优化目标函数（式 6.10）。

$$Max \ F_1 = \sum_{k=1}^{n} W_k S_k \qquad （式6.10）$$

式中，F_1 表示区域土地利用粮食总产量，W_k 表示各种土地利用类型单位粮食产量系数，S_k 表示土地利用类型 k 的面积。

(二) 研究区土地利用格局优化生态安全目标函数

为保障研究区土地利用格局生态安全，采用最大化的土地生态承载力和最小化的土地生态相容性共同作为生态安全的优化目标函数。

（1）土地生态承载力指区域实际可以提供给人类所有生物的生产性土地面积，本研究基于生态足迹理论，建立土地生态承载力模型作为生态安全的优化子目标函数（式6.11）：

$$Max\ F_2 = \sum_{k=1}^{n} S'_k r_k y_k \quad (k = 1,2,\cdots,6) \quad \text{（式6.11）}$$

式中，F_2表示区域土地生态承载力；S'_k表示不同类型生物生产性土地面积，包括可耕地（包括旱地、水田、园地）、林地、草地、建设用地、水域和其他用地（部分为化石能源用地）；r_k表示当量因子，其中，可耕地和建设用地为2.8，林地和其他用地为1.1，草地为0.5，水域为0.2（Wackernagel，1996）；y_k表示产量因子，其中，可耕地为1.60，林地为0.87，草地为0.92，建设用地为1.66，水域为1.00，其他用地为0（苗世龙等，2008）。

（2）土地生态相容性可以体现土地利用类型在空间上的邻接关系（式6.12）。

$$Min\ F_3 = \sum_{i=1}^{N} \sum_{j=1}^{M} \sum_{k=1}^{K} \sum_{i'=1}^{N} \sum_{j'=1}^{M} \sum_{k'=1}^{K} K_{ij,i'j'} H_{k,k'} \quad \text{（式6.12）}$$

式中，F_3表示区域各种土地利用类型的生态相容性总和；$K_{ij,i'j'}$表示土地利用空间单元(i,j)和土地利用空间单元(i',j')之间的邻接关系，若邻接，其值为1，若不邻接，其值为0；$H_{k,k'}$表示土地利用类型为k的土地利用空间单元(i,j)与土地利用类型为k'的土地利用空间单元(i',j')之间的土地生态相容性程度。

(三) 研究区土地利用格局优化社会经济发展目标函数

本研究选取最大化的土地利用经济产出和最小化的土地利用类型间转变总成本作为研究区社会经济发展的目标函数。

1. 土地利用的经济总产出是体现区域社会经济发展的重要因素（式6.13）。

$$Max\ F_4 = \sum_{k=1}^{K} P_k S_k \qquad (式6.13)$$

式中，F_4 表示区域土地利用经济总产出；P_k 表示各种土地利用类型的经济产出系数。

2. 土地利用类型间转变总成本反映区域各种土地利用类型之间转换并据此进行改造的总费用（式6.14）。

$$Min\ F_5 = \sum_{i=1}^{N} \sum_{j=1}^{M} \sum_{k=1}^{K} C_{ijk} V_{ijk} \qquad (式6.14)$$

式中，F_5 表示区域土地利用类型间转变总成本；C_{ijk} 表示在土地利用空间单元 (i,j) 位置上转变为土地利用类型 k 时的成本；V_{ijk} 是二值变量，若土地利用空间单元 (i,j) 位置上的土地利用类型为 k，其值为1，否则为0。

三　研究区土地利用格局优化约束条件

（一）研究区土地利用格局优化数量结构约束

1. 土地总面积约束

研究区各种土地利用类型的面积总和等于研究区总面积（式6.15）。

$$\sum_{k=1}^{K} S_k = S_{total} \qquad (式6.15)$$

式中，S_k 表示各种土地利用类型 k 的面积；S_{total} 表示研究区土地总面积。

2. 宜农土地面积约束

宜农土地的判断一般以土壤养分含量来判定（式6.16）。一般认为，有机质含量20—40g/kg，全氮1.3—2.3g/kg，土壤即为肥沃（沈其荣，2008）；通常情况下，土壤全氮、土壤速效磷和土壤速效钾是植物生长发育必需的三大营养元素。

$$(A_{Corg} \cap A_N \cap A_P \cap A_K) \cup S_{k_1} \cup S_{k_2} \geq S_{k_J} \qquad (式6.16)$$

式中，A_{Corg}、A_N、A_P、A_K 分别表示在第二次土壤普查中研究区土壤有机质、土壤全氮、土壤速效磷和土壤速效钾的肥力分级在三级以上的面积，其中，土壤有机质含量应大于 20g/kg；土壤全氮含量应大于 1g/kg；土壤速效磷含量应大于 10mg/kg；土壤速效钾含量应大于 100mg/kg。S_{k_1}、S_{k_2} 分别表示研究区旱地、水田的面积。S_{k_J} 表示研究区基本农田面积。

（二）研究区土地利用格局优化空间布局约束

1. 基本栅格约束

本研究规定每个土地利用空间单元 (i,j) 上必须存在一种土地利用类型（式6.17）。

$$\sum_{k=1}^{K} X_{ijk} = 1 \qquad (式6.17)$$

2. 土地利用空间转换约束

在基本农田、水域等区域范围内，禁止不适宜的土地利用类型间的转换（式6.18）。

$$P(X_{ij}) = 0, \quad if((i,j) \in \Omega) \qquad (式6.18)$$

式中，$P(X_{ij})$ 表示土地利用空间单元转换概率；Ω 表示基本农田、水域等空间管制区域。

3. 新增建设用地扩展空间紧凑性约束

本研究为促进建设用地集中增长、避免无序扩张，确定新增建设用地空间单元 (i,j) 邻域内建设用地单元个数不得小于 2（式6.19）。

$$\sum_{i,j \in \delta} B_{ijk} \geq 2 \qquad (式6.19)$$

式中，B_{ijl} 为二元变量，若土地利用空间单元 (i,j) 的土地利用类型 k 为建设用地，其值为 1，否则为 0，δ 表示土地利用空间单元 (i,j) 的邻域范围。

四 研究区土地利用格局优化多智能体及其决策行为

区域土地利用优化配置具有层次性（张鸿辉等，2011）。本研究将研究区土地利用格局优化的决策主体分为政府 Agent、部门 Agent 和个体 A-gent 三个层次，三个层次的 Agent 决策行为规则具有上下承接关系。其中，政府 Agent 是确定区域土地利用结构及战略发展方向的决策主体，其主要决策行为是批准部门 Agent 和个体 Agent 的用地请求，协调部门要求和个体意愿，避免二者发生冲突；部门 Agent 是在政府 Agent 的主导下，参与土地利用功能组织的决策主体，其主要决策行为是组织土地利用功能分区并划分各种土地利用资源的适宜性程度，引导土地利用资源在高适宜度区位实现充分利用；个体 Agent 是在部门 Agent 的引导下，实际利用各种土地资源的决策主体，其主要决策行为是实现各种土地利用类型的空间单元优化配置；三个层次的决策主体受土地利用格局变化关键性影响因子的作用，将会改变当前土地利用格局所处的状态。区域土地利用格局优化模式的建构及其调控机制的提出是政府 Agent、部门 Agent 和个体 Agent 共同控制、组织、协调、引导和分配的结果（图6.4）。

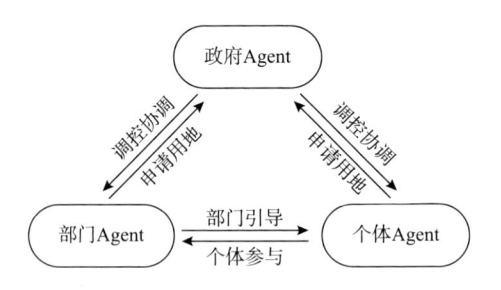

图6.4　研究区土地利用格局优化多智能体决策规则

（一）研究区土地利用格局优化政府 Agent 及其决策行为

政府 Agent 对区域土地利用格局的变化起着宏观调控和协调作用。政府 Agent 控制区域土地利用格局的变化过程，决定着区域土地利用格局的发展模式。本研究采用2015年研究区土地利用格局安全阈值图作为政府引导和调控研究区土地利用格局的基础（图6.1d），研究区土地利用格局安全所处状态分为安全状态、较安全状态、较危险状态和危险状态，当土地利用格局发生变化的位置所处的安全状态为较危险状态和危险状态时，政府 Agent 便要引导研究区土地利用格局发生转变，以保证研究区土地利用格局安全处于安全状态或较安全状态，研究区土地利用格局安全所处的安全状态是政府 Agent 判别土地利用格局是否发生转变的依据，同时，政府 Agent 也需充分考虑部门要求和个体意愿对土地利用格局进行优化调整（式6.20）。

$$C_l(i,j) = U_d(i,j,k) + \alpha U_p(i,j,r) + p_k \quad (式6.20)$$

式中，$C_l(i,j)$ 表示空间单元 (i,j) 上土地利用类型 k 的竞争度；U_d 表示部门 Agent 在空间单元 (i,j) 上土地利用类型 k 的效用函数；U_p 表示个体 Agent 在空间单元 (i,j) 上在不同土地利用格局变化的关键性影响因子 r 的影响下的效用函数；α 表示个体参与度，$\alpha \in [0,1]$，其值越大，个体参与度越高；p_k 表示使用土地利用类型 k 的部门优先度，$p_k \geq 0$，其值越大，部门竞争力越强。

当部门 Agent 或个体 Agent 对空间单元的申请次数越多，部门 Agent 或个体 Agent 对空间单元的使用概率也越大，从而满足在土地利用格局优化过程中，政府充分考虑了部门要求和个体意愿，通过调整竞争度实现多智能体间的反馈作用（式6.21）。

$$C'_k(i,j) = C_k(i,j) + n_d \cdot \Delta P_d + n_p \cdot \Delta P_p \quad (式6.21)$$

式中，$C'_l(i,j)$ 表示调整后空间单元 (i,j) 上土地利用类型 k 的竞争度；n_d 和 n_p 分别是部门 Agent 和个体 Agent 在空间单元上申请用地的次数；ΔP_d 和 ΔP_p 分别是每次申请竞争度增加的大小。

（二）研究区土地利用格局优化部门 Agent 及其决策行为

部门 Agent 对区域土地利用格局的变化起着组织和引导作用，将各种土地利用类型的适宜性程度评价结果作为部门 Agent 的空间属性。部门 Agent 向政府 Agent 提出用地请求，在政府 Agent 的协调下，对与其他部门 Agent 产生冲突的土地进行协商，采用动态随机效用模型（Quigley，1976）及离散选择模型（McFadden，1974；刘小平等，2006）模拟部门 Agent 对土地利用空间单元 (i,j) 的决策行为（式6.22）。

$$P_d(i,j,k) = \frac{\exp(U_d(i,j,k))}{\sum \exp(U_d(i',j',k))} = \frac{\exp(R \cdot S_{ijk})}{\sum \exp(R \cdot S_{ijk}))} \quad (式6.22)$$

式中，P_d 表示部门 Agent 在空间单元 (i,j) 上的效用概率；U_d 表示部门 Agent 在空间单元 (i,j) 上土地利用类型 k 的效用函数；R 为邻域空间单元 (i,j) 内各部门 Agent 申请到的用地所占的数量比例；S_{ijk} 为部门用地在邻域

空间单元 (i,j) 上的各种土地利用类型的适宜性。

土地利用类型适宜性评价模型构建。本研究以各种土地利用类型适宜性评价结果为基础，以适宜性程度最高的土地利用类型所对用的土地利用功能为主，划定土地利用空间单元的主导用地类型。本研究以旱地、水田、园地、林地、草地、建设用地、水域和其他用地的适宜性程度评价结果分别作为各种土地利用类型的适宜性等级图，将各种土地利用类型划分为 7 个等级，其中，1 级最大，7 级最小，为方便程序运行，分别用数值 7、6、5、4、3、2、1 表示 1—7 级土地利用适宜性的大小。各种土地利用类型向其土地利用适宜性中最适宜的土地利用类型转换，土地利用适宜性等级低的土地利用类型要向土地利用适宜性等级高的土地利用类型转换。本研究以研究区 2015 年土地利用现状图为基础，由于 1979 年、1991 年、2003 年和 2015 年各研究时点土地利用格局变化的关键性影响因子不完全相同，选取各个研究时点的土地利用格局变化关键性影响因子，并对各个研究时点的土地利用格局变化关键性影响因子取并集，提取出 1979—2015 年间土地利用格局变化关键性影响因子，对于在 2015 年研究区土地利用格局变化的关键性影响因子识别中未识别出的，本研究提取出其相应的 2015 年土地利用格局变化影响因子空间数据作为数据基础，结合 1979—2015 年研究区影响土地利用格局变化的 18 个关键性影响因子的综合影响，对 2015 年研究区土地利用适宜性程度进行评价（式 6.23）。

$$S(i,j) = \sum_{i=1}^{n} \omega_{ij} \cdot x_{ij} \qquad (式6.23)$$

式中，$S(i,j)$ 为土地利用适宜性程度，ω 为土地利用格局变化关键性影响因子的权重，采用熵权法与层次分析法结合的方法确定（倪九派等，2009），x 为土地利用格局变化关键性影响因子的栅格数据，i 为栅格个数（$i=1, 2, \cdots, n$），j 为 1979—2015 年土地利用格局变化关键性影响因子的个数，$j=18$。在 ArcGIS 平台下，采用 Classified 功能将研究区土地利用适宜性程度评价结果划分为 7 个等级，即 1—7 级由高等级到低等级土地利用适宜性程度依次递减，从而确定研究区土地利用适宜性等级（图6.5）。

各种土地利用类型转换的适宜性大小用适宜性转换系数表示（表6.3），为保持栅格属性非空值且不为0，适宜性系数取值范围为（0，1]，将各适宜性系数以数字矩阵模式存储于土地利用类型现状图中，生成各类土地利用适宜性系数图；在ArcGIS平台下，将研究区土地利用适宜性等级图与生成的各种土地利用类型适宜性系数图进行运算（何英彬等，2009），生成旱地适宜性等级图（图6.6a）、水田适宜性等级图（图6.6b）、园地适宜性等级图（图6.6c）、林地适宜性等级图（图6.6d）、草地适宜性等级图（图6.6e）、建设用地适宜性等级图（图6.6f）、水域适宜性等级图（图6.6g）、其他用地适宜性等级图（图6.6h），各种土地利用类型的适宜性程度评价结果作为部门Agent的空间属性。

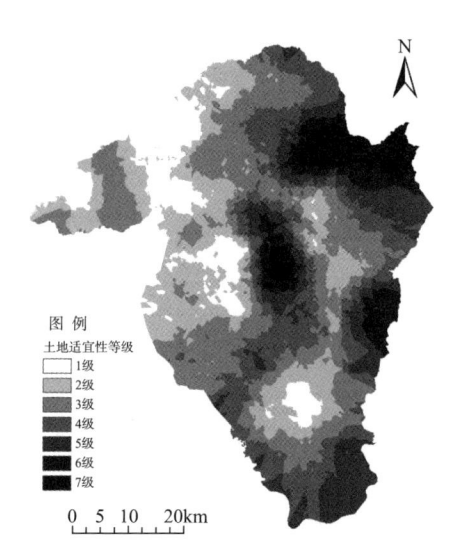

图6.5 研究区土地利用适宜性等级

表6.3　　　　　　　　土地利用类型适宜性转换系数

用地类型＼转换系数	旱地	水田	园地	林地	草地	建设用地	水域	其他用地
转换旱地	1.0	0.7	0.8	0.7	0.9	0.8	0.3	0.1
转换水田	0.8	1.0	0.7	0.2	0.7	0.6	0.5	0.1
转换园地	0.4	0.5	1.0	0.3	0.6	0.3	0.3	0.1
转换林地	0.6	0.4	0.2	1.0	0.6	0.5	0.3	0.1
转换草地	0.3	0.3	0.6	0.4	1.0	0.3	0.4	0.1
转换建设用地	0.7	0.5	0.7	0.3	0.5	1.0	0.1	0.1

续表

用地类型＼转换系数	旱地	水田	园地	林地	草地	建设用地	水域	其他用地
转换水域	0.2	0.5	0.2	0.2	0.3	0.1	1.0	0.1
转换其他用地	0.1	0.1	0.1	0.1	0.1	0.1	0.1	1.0

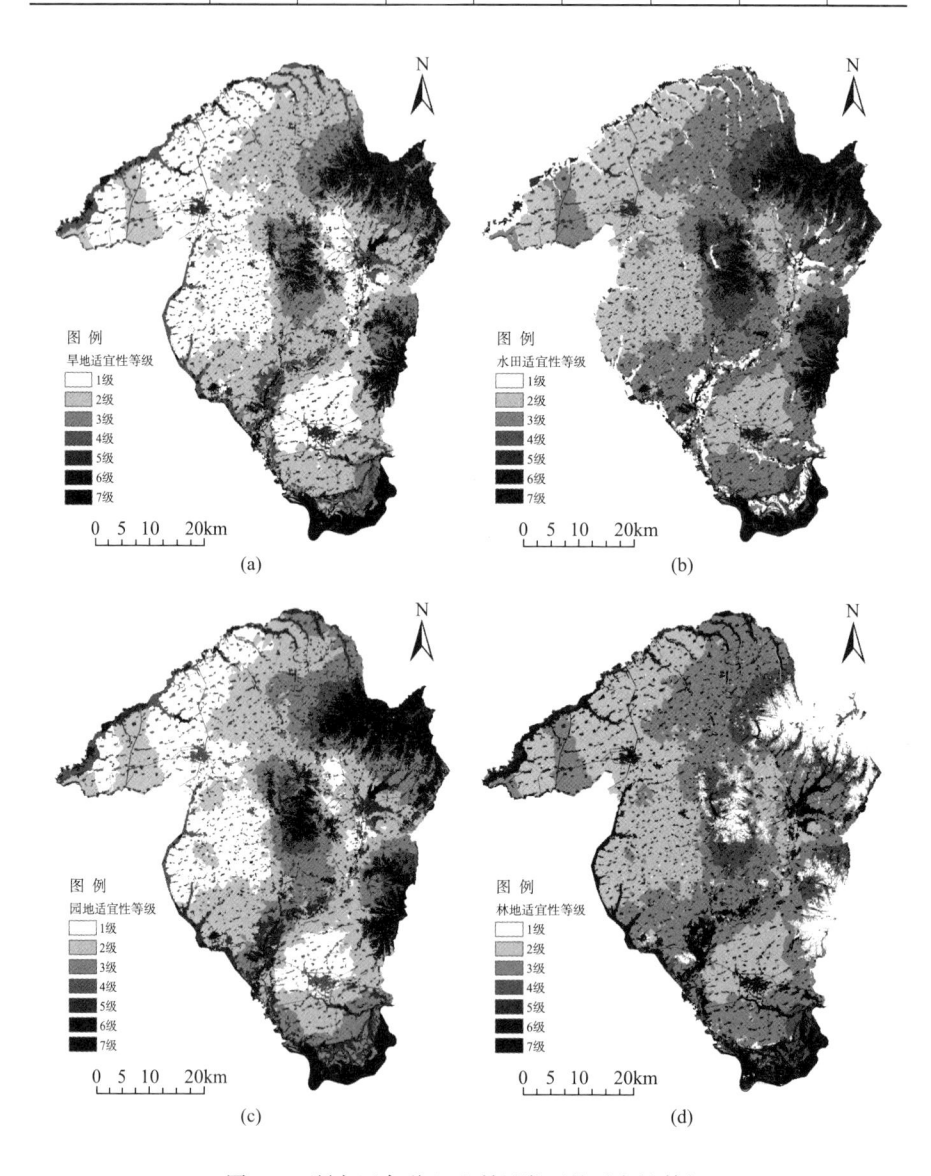

图 6.6　研究区各种土地利用类型的适宜性等级

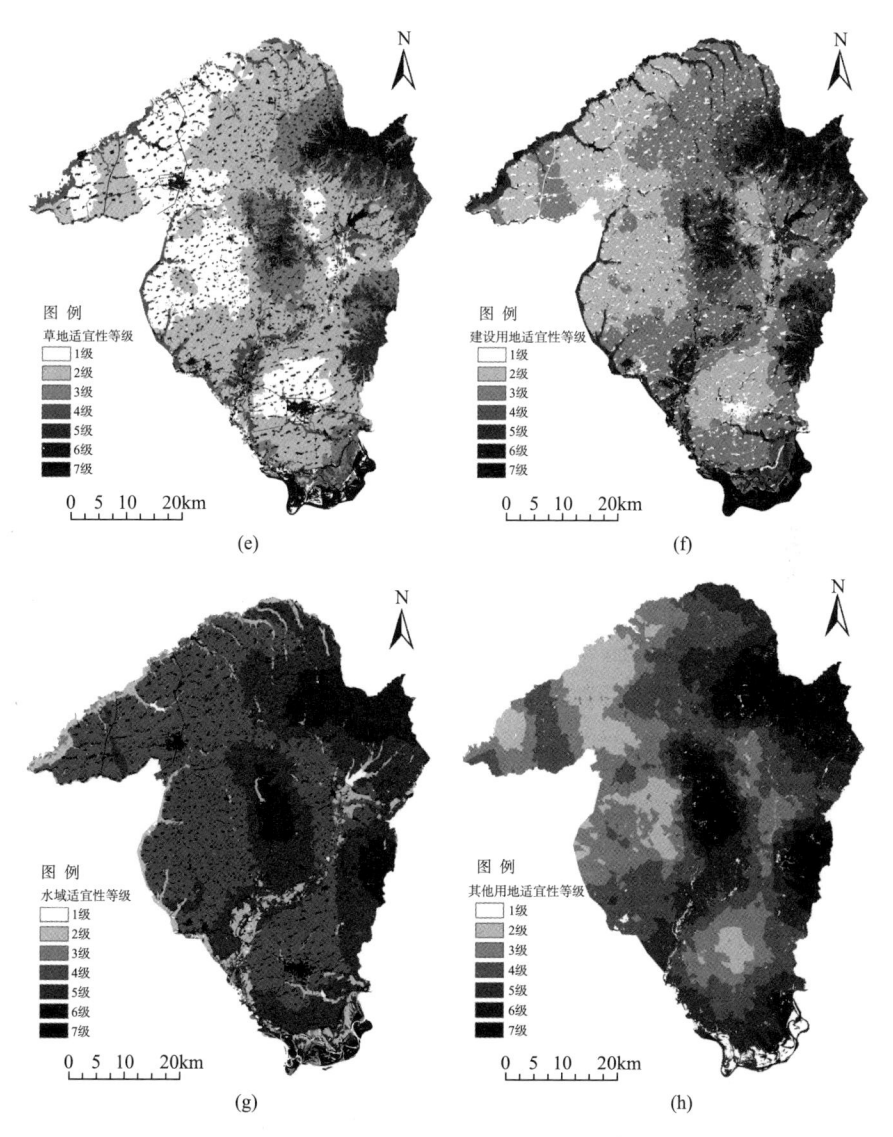

图 6.6　研究区各种土地利用类型的适宜性等级（续）

（三）研究区土地利用格局优化个体 Agent 及其决策行为

个体 Agent 对区域土地利用格局的变化起着分配作用，其空间单元的初始状态随机分布在研究区域上，个体 Agent 向政府 Agent 提出用地请求，在政府 Agent 的协调下，对与其他个体 Agent 产生冲突的土地进行协商，个体 Agent 的布局行为基本与部门 Agent 基本一致，本研究采用动态随机效用模型及离散选择模型对个体 Agent 进行优化（式6.24）。

$$P_p(i,j,r) = \frac{\exp(U_p(i,j,r))}{\sum \exp(U_p(i',j',r))} \quad （式6.24）$$

式中，P_p 表示个体 Agent 在空间单元 (i,j) 上的效用概率；U_p 表示个体 Agent 在空间单元 (i,j) 上在不同土地利用格局变化的关键性影响因子 r 的影响下的效用函数。其中，某一空间候选单元 (i,j) 对个体 Agent 在不同土地利用格局变化的关键性影响因子 r 的影响下的效用函数（式6.25）为：

$$U_p(i,j,r) = \varepsilon_{ijr} + \sum_{i=1}^{N}\sum_{j=1}^{M}\sum_{r=1}^{R} CS_r \cdot x_r \quad （式6.25）$$

式中，CS_r 表示影响土地利用格局变化的关键性因子的小波相干系数（见第五章）；x_r 表示土地利用格局变化的关键性影响因子；ε_{ijr} 表示随机扰动项，众多学者认为效用模型中的随机扰动项服从韦伯分布（Quigley，1976），即 $F(\varepsilon_{ijr}) = \exp(-\exp(-\varepsilon_{ijr}))$。

（四）研究区政府 Agent、部门 Agent 和个体 Agent 之间土地利用格局优化模型建立及其决策过程设计

根据 MA-PSO 算法原理，在 N 行、M 列的每一个土地利用格网上都分布着一个栅格 Agent，每个栅格 Agent 可以与其邻域栅格 Agent 进行竞争与合作操作、自学习操作，为此，构建栅格 Agent 自适应度函数、竞争与合作算子和自学习算子对土地利用格局优化进行空间决策。

1. 栅格 Agent 自适应度函数的建立

通过自适应度衡量栅格 Agent 的适应能力，栅格 Agent 自适应度的大小用自适应度值表示，栅格 Agent 的初始自适应度是将土地利用格局多目标对应的目标函数打包成自适应度函数获取（式6.26、式6.27）。将目标函数表示为 $Z(x)$，其中，$x = 1, 2, \cdots, n, n$ 为目标个数，对于每一个目标 $Z(x)$，栅格 Agent $L_{i,j}$（$i = 1, 2, \cdots, N; j = 1, 2, \cdots, M$）会依据对该目标观察值的优劣生成可行解序列 Y，每个栅格 Agent $L_{i,j}$ 对同一目标均会得到一个观察值，由于多个栅格 Agent $L_{i,j}$ 的土地利用类型相同，所处的邻居也完全相同，因此会存在多个栅格 Agent $L_{i,j}$ 对同一目标的观察值相

同，相同的观察值仅保留 1 个，剩余的观察值生成一个排序序列 Y，排序序列的数目为 G，G 的范围为 $[1, N \times M]$。对每一个目标 $Z(x)$ 的观察值均进行排序，获取栅格 Agent 对全部目标函数的总体表现。

$$F_x(L_{i,j}) = (G - Y_x(L_{i,j}))^2 / G^2 \qquad (式 6.26)$$

$$Fit(L_{i,j}) = \sum_{x=1}^{n} l_x F_x(L_{i,j}) \qquad (式 6.27)$$

式中，$F_x(L_{i,j})$ 表示 $L_{i,j}$ 对目标 $Z(x)$ 的初始自适应度；$Y_x(L_{i,j})$ 表示 $L_{i,j}$ 对目标 $Z(x)$ 的观察值在模型中所有 Agent 对目标 $Z(x)$ 的优劣排序集合中相应的序号；$Fit(L_{i,j})$ 表示 $L_{i,j}$ 对全部目标初始自适应度的总和；l_x 表示 $L_{i,j}$ 对目标 $Z(x)$ 的决策偏好。

在土地利用格局优化过程中，本研究认为个体 Agent 等同于栅格 Agent 的自适应度，其自适应度还受政府 Agent 的宏观调控和部门 Agent 的引导。对于政府 Agent 的宏观调控，$L_{i,j}$ 的自适应度选择的土地利用空间单元 (i,j) 上土地利用格局安全状态为 $Q_{i,j}^k$；对于部门 Agent 的引导，$L_{i,j}$ 的自适应度选择的土地利用空间单元 (i,j) 上对土地利用类型 k 的适宜性为 $S_{i,j}^k$；$L_{i,j}$ 的自适应度还受到随机干扰因素 V 的影响（式 6.28）。

$$Fit(L_{i,j})^* = Fit(L_{i,j}) \cdot S_{i,j}^k \cdot Q_{i,j}^k \cdot V \qquad (式 6.28)$$

式中，$Fit(L_{i,j})^*$ 表示综合考虑政府 Agent、部门 Agent 和个体 Agent 的栅格 Agent $L_{i,j}$ 的自适应度。

2. 栅格 Agent 竞争与合作操作

为确保栅格 Agent 之间的互动和信息交流更为顺畅，结合多智能体系统与粒子群算法，设计栅格 Agent 竞争与合作算子，达到栅格 Agent 土地利用格局的空间决策的目的。模型中将每个解看成是一个 n 维搜索空间内没有体积的微粒，栅格 Agent $L_{i,j}$ 当前在解空间的位置即为它所拥有的知识，将其在土地利用格局优化解空间中的位置向量表示为 $L_{i,j} = l_{i,j,1}$，$l_{i,j,2}$，$\cdots$，$l_{i,j,n}$，$l_{i,j,n}$ 表示栅格 Agent $L_{i,j}$ 对目标模型中某一目标的决策偏好，其决策偏好将随迭代次数的增加发生变化；栅格 Agent $L_{i,j}$ 的飞行速度表示为 $V_{i,j} = v_{i,j,1}$，$v_{i,j,2}$，$\cdots$，$v_{i,j,n}$；栅格 Agent $L_{i,j}$ 所处邻域环境中拥有最大适应度的 Agent 表示为 $M_{i,j} = m_{i,j,1}$，$m_{i,j,2}$，$\cdots$，$m_{i,j,n}$；P_m、P_c 分别为邻域竞争与合作概率，$U(0,1)$ 为服从均匀分布的随机数，若 $U(0,1) < P_m$，则执行邻域竞争算子，若 $U(0,1) < P_c$，则执行邻域合作算子。在每次迭代过程中，采用粒子群优化算法（PSO）中的速度、位置更新公式，对每个栅格 Agent 在土地利用格局优化解空间中的速度（式 6.29）和位置（式 6.30）进行更新。

$$v_{i,j,n}^{d+1} = \omega v_{i,j,n}^d + \varphi_1 \xi (p_{p_{i,j,n}}^d - l_{i,j,n}^d) + \varphi_2 \eta (p_{g_{i,j,n}}^d - l_{i,j,n}^d) \quad （式6.29）$$

$$l_{i,j,n}^{d+1} = l_{i,j,n}^d + v_{i,j,n}^d \quad （式6.30）$$

式中，下标 d 表示迭代次数；$v_{i,j,n}^d$ 表示栅格 Agent $L_{i,j}$ 第 d 次迭代时粒子速度的 n 维分量；$l_{i,j,n}^d$ 表示栅格 Agent $L_{i,j}$ 第 d 次迭代时粒子当前空间位置的 n 维分量；ω 是惯性权重，表示保持原始速度的系数；φ_1 是学习因子 1，表示粒子跟踪自身历史最优值的权重系数，通常设置为 2；φ_2 是学习因子 2，表示粒子跟踪群体最优值的权重系数，通常设置为 2；ξ、η 表示区间 $[0,1]$ 内服从均匀分布的随机数。$Pp_{i,j,n}^d$ 表示栅格 Agent $L_{i,j}$ 自身在做比较的过程中寻找到的最优 Agent 当前位置的 n 维分量，$Pg_{i,j,n}^d$ 表示栅格 Agent $L_{i,j}$ 全部粒子搜索到的最优 Agent 当前位置的 n 维分量。

①栅格 Agent 执行竞争算子。若栅格 Agent $L_{i,j}$ 的自适应度小于其所属邻域环境中最大适应度的栅格 Agent $M_{i,j}$，则其在解空间中的位置保持不变，若栅格 Agent $L_{i,j}$ 的自适应度大于其所属邻域环境中最大适应度的栅格 Agent $M_{i,j}$，则其在解空间中的位置将会更改，且栅格 Agent $L_{i,j}$ 所处网格的土地利用类型将调整为栅格 Agent $M_{i,j}$ 的土地利用类型，同时进行位置替换（式 6.31）。

$$l_{i,j,k} = m_{i,j,k} + rand(-1,1) \cdot (m_{i,j,k} - l_{i,j,k}), k = 1,2,\cdots,n$$

$$（式6.31）$$

式中，$rand(-1,1)$ 是介于 $(-1,1)$ 之间的随机数；若 $l_{i,j,k} < x_{kmin}$，则 $l_{i,j,k} = x_{kmin}$，若 $l_{i,j,k} > x_{kmax}$，则 $l_{i,j,k} = x_{kmax}$。$x_{min} = x_{1min}$，x_{2min}，$\cdots$，x_{nmin} 是土地利用格局优化可行解空间的下限值，$x_{max} = x_{1max}$，x_{2max}，$\cdots$，x_{nmax} 是土

第六章 研究区土地利用格局优化模式建构

地利用格局优化可行解空间的上限值。

②栅格 Agent 执行合作算子。根据混合交叉策略,在栅格 Agent $M_{i,j}$ 和栅格 Agent $L_{i,j}$ 之间随机选择交叉点,交叉点后半部分互相交换并在交叉点处互相交叉,以获得新的栅格 Agent。假设栅格 Agent $M_{i,j}$ 和栅格 Agent $L_{i,j}$ 在 t 位进行交叉,则其所产生的 2 个自带 Agent(式6.32、式6.33)分别为:

$$M_{i,j}' = (m_{i,j,1}, m_{i,j,2}, \ldots, m_{i,j,t}', l_{i,j,t+1}, l_{i,j,t+2}, l_{i,j,n}) \quad (式6.32)$$

$$L_{i,j}' = (l_{i,j,1}, l_{i,j,2}, \ldots, l_{i,j,t}', m_{i,j,t+1}, m_{i,j,t+2}, m_{i,j,n}) \quad (式6.33)$$

式中,$m_{i,j,t}' = m_{i,j,t} + \chi(l_{i,j,t} - m_{i,j,t})$,$l_{i,j,t}' = v_{i,j,t} + \chi(u_{i,j,t} - v_{i,j,t})$,$u_{i,j,t}$ 与 $v_{i,j,t}$ 为 $l_{i,j,t}$ 的取值范围,χ 为 [0,1] 范围内的随机数。

3. 栅格 Agent 的自学习操作

栅格 Agent 不仅可以在局部环境与其邻域进行竞争与合作操作,还可以通过自身所拥有的知识进行自学习,进一步提高求解问题的能力。假设栅格 Agent $L_{i,j}$ 在解空间的位置为 $L_{i,j} = l_1, l_2, \cdots, l_n$,构造大小为 $sL_{size} \times sL_{size}$($L_{size}$ 为正整数)的栅格 Agent 环境,一般情况下,其自学习的搜索半径应小于 5—10 个空间单元,否则会增加自学习操作的工作量,但本研究前期研究成果确定土地利用格局变化最优的空间尺度是 900m × 900m,即确定自学习搜索半径为 30 个空间单元,经 Matlab 程序运行,并用 tic、toc 计时,发现确定自学习搜索半径为 30 个空间单元的运行时间在可以接受的范围内;根据自学习操作公式(式6.34)确定栅格 Agent 环境中各个栅格 Agent 的位置,初始化自学习操作的栅格 Agent 环境。

$$sL_{i',j'} = \begin{cases} L_{i,j} & i'=1, j'=1 \\ LL_{i',j'} & others \end{cases} \quad (式6.34)$$

式中,$LL_{i',j'} = ll_{i',j',1}, ll_{i',j',2}, \cdots, ll_{i',j',n}$,$ll_{i',j',t}$ 计算公式为式(6.35)。

$$ll_{i',j',t} = \begin{cases} x_{t_{min}} & l_t \cdot rand(1-sR, 1+sR) < x_{t_{min}} \\ x_{t_{max}} & l_t \cdot rand(1-sR, 1+sR) > x_{t_{max}} \\ l_t \cdot rand(1-sR, 1+sR) & others \end{cases}$$

$$(式6.35)$$

式中，sR 表示小范围的局部搜索半径，$sR \in [0,1]$，$rand(1-sR, 1+sR)$ 是介于 $(1-sR, 1+sR)$ 之间的随机数，设置随机数种子是与系统时间相关的，要避免产生相同的随机数。

在栅格 Agent 的自学习操作中，栅格 Agent $L_{i,j}$ 当前在解空间的位置即为它所拥有的知识，实质上以 sR 为局部搜索半径是构造了另外一个 MAS，小范围的扩展了该搜索空间，在该搜索空间内，对栅格 Agent 与其邻域进行竞争与合作操作，有效节约了计算时间，进一步提高了栅格 Agent 的自适应度（图 6.7）。

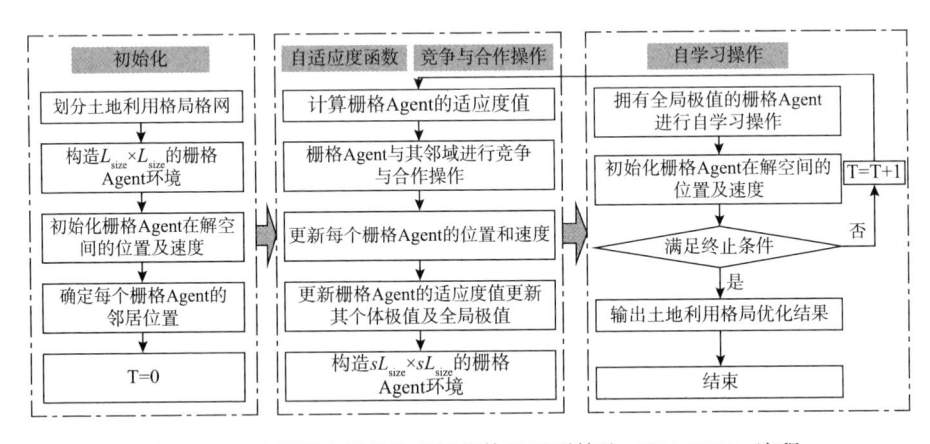

图 6.7　土地利用格局优化多智能体粒子群算法（MA-PSO）流程

第三节　研究区土地利用格局优化及其模式建构

一　研究区土地利用格局优化结果

在优化过程中，不可能达到每一个土地利用格局优化目标都最优，只有相对最优的一个状态，因此，土地利用格局优化结果有多种决策方案，可以根据不同土地利用格局优化目标的实现效果，选择不同的土地利用格局优化决策方案。

经反复调整模型参数，本研究搜索出 4 种较好的土地利用格局优化方案，当 MAPSO 算法的循环次数 T 在 17—25 次之间时，土地利用格局优化结果基本不发生改变，这里确定 MAPSO 算法的循环次数 T 为 20 次。调整其他不同的模型参数，获得土地利用格局不同目标函数的决策偏好，即不同土地利用格局优化目标的实现程度，并确定各种土地利用类型的数量结构和空间分布。

（一）研究区土地利用格局优化方案 1

当设置模型的局部环境大小为 5、自学习小范围局部搜索半径为 0.1、自学习内部循环次数为 3、速度更新公式中的"惯性常数"为 0.5、速度更新公式中的"学习因子 1"为 2、速度更新公式中的"学习因子 2"为 2 时，土地利用格局优化的粮食生产、土地生态承载力、土地生态相容性、土地利用经济产出和土地利用类型间转变总成本 5 个子目标的决策偏好分别为 0.1317、0.2563、0.0984、0.2833、0.0762；说明此优化方案中，各种土地利用格局优化目标的实现程度由大到小排列依次为：土地利用经济产出、土地生态承载力、粮食生产、土地生态相容性和土地利用类型间转变总成本，此优化方案对于土地利用经济产出、土地生态承载力和粮食生产 3 个子目标的实现更加有利，对于土地生态相容性和土地利用类型间转变总成本 2 个子目标的实现较为不利。

经优化，在土地利用类型的数量结构上，旱地面积略有减少，其栅格数由 2429817 个减少到优化后的 2292238 个，所占研究区用地总面积的百分比由 69.73% 减少到 65.78%；水田面积略有增加，其栅格数由 237186 个增加到优化后的 272719 个，所占研究区用地总面积的百分比由 6.81% 增加到 7.83%；园地面积略有减少，其栅格数由 417 个减少到优化后的 339 个，所占研究区用地总面积的百分比为 0.01%；林地面积略有增加，其栅格数由 380861 个增加到优化后的 395797 个，所占研究区用地总面积的百分比由 10.93% 增加到 11.36%；草地面积略有减少，其栅格数由 62128 个减少到优化后的 39988 个，所占研究区用地总面积的百分比由 1.78% 减少到 1.15%；建设用地面积略有增加，其栅格数由 230952 个增加到优化后的395085个，所占研究区用地总面积的百分比由6.63%增加到11.34%；水域面积略有减少，其栅格数由54117个减少到优化后的35015个，所占研究区用地总面积的百分比由1.55%减少到1.00%；其他用地面积略有减少，其栅格数由89360个减少到优化后的53657个，所占研究区用地总面积的百分比由2.56%减少到1.53%（表6.4）。总之，优化后的土地利用格局在数量结构上，旱地、园地、草地、水域和其他用地的面积略有减少，水田、林地、建设用地的面积略有增加，很明显，水田、林地和建设用地对于土地利用经济产出、土地生态承载力和粮食生产优化目标的实现更加有利。

经优化，在土地利用类型的空间布局上，旱地仍是研究区所有土地利用类型中的优势地类，在空间位置上变化不明显，其他土地利用类型的增减大多以旱地为"基质"。水田在研究区北部、西部县界处以及中部水域两侧增加明显，呈线状分布；水田在研究区南部河流沿岸增加明显，呈现集中连片的空间分布趋势，在水田所处的优化空间位置上，建设高标准的水田极为有利。林地在研究区现状空间位置的基础上，在其内部非林地处以及现状林地与其他土地利用类型的交界处增加明显，使得未来林地的发展不会在内部开始退化，完好地保护了林地的水土保持能力和维持生态功能的能力。草地在研究区中部及南部水域附近被优化为水田的情况较多，是研究区较为弱势的土地利用类型，易被旱地、水田占用，降低草地的生态功能。建设用地增长较为明显，特别是在巴彦县政府驻地、兴隆镇政府驻地、西集镇政府驻地和洼兴镇政府驻地等4个乡镇的政府驻地增加明显，优化结果显示，这4个乡镇也是未来县域经济社会发展的重心，需加快其基础设施的建设（图6.8a）。

（二）研究区土地利用格局优化方案2

当设置模型的局部环境大小为6、自学习小范围局部搜索半径为0.5、自学习内部循环次数为5、速度更新公式中的"惯性常数"为0.5、速度更新公式中的"学习因子1"为2、速度更新公式中的"学习因子2"为2

时，土地利用格局优化的粮食生产、土地生态承载力、土地生态相容性、土地利用经济产出和土地利用类型间转变总成本 5 个子目标的决策偏好分别为 0.2903、0.0996、0.0659、0.2915、0.3369；说明此优化方案中，各种土地利用格局优化目标的实现程度由大到小排列依次为：土地利用类型间转变总成本、土地利用经济产出、粮食生产、土地生态承载力和土地生态相容性，此优化方案对于土地利用类型间转变总成本、土地利用经济产出、粮食生产 3 个子目标的实现更加有利，对于土地生态承载力和土地生态相容性 2 个子目标的实现较为不利。

经优化，在土地利用类型的数量结构上，旱地面积略有减少，其栅格数由 2429817 个减少到优化后的 2259753 个，所占研究区用地总面积的百分比由 69.73% 减少到 64.85%；水田面积略有增加，其栅格数由 237186 个增加到优化后的 253935 个，所占研究区用地总面积的百分比由 6.81% 增加到 7.29%；园地面积略有减少，其栅格数由 417 个减少到优化后的 68 个，所占研究区用地总面积的百分比不足 0.01%；林地面积略有减少，其栅格数由 380861 个增加到优化后的 355046 个，所占研究区用地总面积的百分比由 10.93% 减少到 10.19%；草地面积略有减少，其栅格数由 62128 个减少到优化后的 31948 个，所占研究区用地总面积的百分比由 1.78% 减少到 0.92%；建设用地面积增加明显，其栅格数由 230952 个增加到优化后的 507469 个，所占研究区用地总面积的百分比由 6.63% 增加到 14.56%；水域面积略有减少，其栅格数由 54117 个减少到优化后的 30316 个，所占研究区用地总面积的百分比由 1.55% 减少到 0.87%；其他用地面积略有减少，其栅格数由 89360 个减少到优化后的 46303 个，所占研究区用地总面积的百分比由 2.56% 减少到 1.33%（表 6.4）。总之，优化后的土地利用格局在数量结构上，旱地、园地、林地、草地、水域和其他用地的面积略有减少，特别指出的是园地作为研究区所有土地利用类型中是最弱势的土地利用类型，此优化方案对于园地的保护极差，水田、建设用地的面积略有增加，很明显，水田和建设用地的改造对于土地利用类型间转变总成本需求更大，对于土地利用经济产出和粮食生产优化目标的实现更加有利（图6.8b）。

经优化，在土地利用类型的空间布局上，旱地仍是研究区所有土地利用类型中的优势地类，在空间位置上变化不明显，其他土地利用类型的增减大多以旱地为"基质"。水田在研究区北部、西部县界处以及中部水域两侧增加较为明显，呈线状分布；水田在研究区南部河流沿岸增加较为明显，呈现较为集中连片的空间分布趋势，在水田所处的优化空间位置上，建设高标准的水田极为有利。林地在其现状的空间位置上与其他土地利用类型交界处减少明显，对于区域生态环境的保护有减弱的趋势。草地在研究区中部及南部水域附近被优化为水田的情况较多，是研究区较为弱势的土地利用类型，易被旱地、水田占用，降低草地的生态功能。建设用地增长极其明显，不仅在巴彦县政府驻地、兴隆镇政府驻地、西集镇政府驻地和洼兴镇政府驻地等4个乡镇的政府驻地增加明显，而且各村屯建设用地面积的增加也极其明显，对于社会经济发展及其基础设施的建设有显著优势。

（三）研究区土地利用格局优化方案3

当设置模型的局部环境大小为7、自学习小范围局部搜索半径为0.6、自学习内部循环次数为6、速度更新公式中的"惯性常数"为0.5、速度更新公式中的"学习因子1"为2、速度更新公式中的"学习因子2"为2时，土地利用格局优化的粮食生产、土地生态承载力、土地生态相容性、土地利用经济产出和土地利用类型间转变总成本5个子目标的决策偏好分别为0.2065、0.2047、0.0638、0.1994、0.0547；说明此优化方案中，各种土地利用格局优化目标的实现程度由大到小排列依次为：粮食生产、土地生态承载力、土地利用经济产出、土地生态相容性和土地利用类型间转变总成本，此优化方案对于粮食生产、土地生态承载力、土地利用经济产出3个子目标的实现更加有利，对于土地生态相容性和土地利用类型间转变总成本2个子目标的实现较为不利。此优化方案是相对于土地利用格局现状改变最小的优化方案。

第六章 研究区土地利用格局优化模式建构

经优化，在土地利用类型的数量结构上，旱地面积略有减少，其栅格数由2429817个减少到优化后的2393303个，所占研究区用地总面积的百分比由69.73%减少到68.68%；水田面积略有增加，其栅格数由237186个增加到优化后的243597个，所占研究区用地总面积的百分比由6.81%增加到6.99%；园地面积略有减少，其栅格数由417个减少到优化后的149个，所占研究区用地总面积的百分比不足0.01%；林地面积略有减少，其栅格数由380861个增加到优化后的345655个，所占研究区用地总面积的百分比由10.93%减少到9.92%；草地面积略有减少，其栅格数由62128个减少到优化后的39160个，所占研究区用地总面积的百分比由1.78%减少到1.12%；建设用地面积略有增加，其栅格数由230952个增加到优化后的376562个，所占研究区用地总面积的百分比由6.63%增加到10.81%；水域面积略有减少，其栅格数由54117个减少到优化后的34327个，所占研究区用地总面积的百分比由1.55%减少到0.99%；其他用地面积略有减少，其栅格数由89360个减少到优化后的52085个，所占研究区用地总面积的百分比由2.56%减少到1.49%（表6.4）。总之，优化后的土地利用格局在数量结构上，旱地、园地、林地、草地、水域和其他用地的面积略有减少，水田、建设用地的面积略有增加，很明显，水田和建设用地的增加，对于粮食生产、土地利用经济产出优化目标的实现更加有利，林地和草地的面积足以保证研究区土地生态承载力，满足区域土地利用格局的生态安全（图6.8c）。

经优化，在土地利用类型的空间布局上，旱地仍是研究区所有土地利用类型中的优势地类，在空间位置上变化不明显，其他土地利用类型的增减大多以旱地为"基质"。水田在研究区现状水田邻近的空间位置上稍有增加。林地在研究区现状空间位置的基础上，在其内部非林地处略有增加，在现状林地与其他土地利用类型的交界处减少较为明显，使得未来林地的发展不会在内部开始退化，而是会受到其他土地利用类型的侵蚀，对于区域生态环境的保护有减弱的趋势。草地在研究区中部及南部水域附近被优化为旱地、水田的情况较多，是研究区较为弱势的土地利用类型，易被旱地、水田占用，降低草地的生态功能。建设用地增长较为明显，特别是在巴彦县政府驻地和兴隆镇政府驻地2个乡镇的政府驻地增加较为明显，优化结果显示，这2个乡镇也是未来县域经济社会发展的重心，需加快其基础设施的建设；部分村屯建设用地也有较为明显的扩张，其在空间上占用的大部分为旱地。

(四) 研究区土地利用格局优化方案4

当设置模型的局部环境大小为8、自学习小范围局部搜索半径为0.7、自学习内部循环次数为7、速度更新公式中的"惯性常数"为0.5、速度更新公式中的"学习因子1"为2、速度更新公式中的"学习因子2"为2时，土地利用格局优化的粮食生产、土地生态承载力、土地生态相容性、土地利用经济产出和土地利用类型间转变总成本5个子目标的决策偏好分别为0.2055、0.2149、0.0732、0.2226、0.0917；说明此优化方案中，各种土地利用格局优化目标的实现程度由大到小排列依次为：土地利用经济产出、土地生态承载力、粮食生产、土地利用类型间转变总成本和土地生态相容性，此优化方案对于土地利用经济产出、土地生态承载力、粮食生产3个子目标的实现更加有利，对于土地利用类型间转变总成本和土地生态相容性2个子目标的实现较为不利。

经优化，在土地利用类型的数量结构上，旱地面积略有减少，其栅格数由2429817个减少到优化后的2286865个，所占研究区用地总面积的百分比由69.73%减少到65.62%；水田面积略有增加，其栅格数237186个增加到优化后的249412个，所占研究区用地总面积的百分比由6.81%增加到7.16%；园地面积略有减少，其栅格数由417个减少到优化后的100个，所占研究区用地总面积的百分比不足0.01%；林地面积略有减少，其栅格数由380861个增加到优化后的339458个，所占研究区用地总面积的百分比由10.93%减少到9.74%；草地面积略有减少，其栅格数由62128个减少到优化后的31653个，所占研究区用地总面积的百分比由1.78%减少到0.91%；建设用地面积增加明显，其栅格数由230952个增加到优化后的501689个，所占研究区用地总面积的百分比由6.63%增加到

14.40%；水域面积略有减少，其栅格数由54117个减少到优化后的29966个，所占研究区用地总面积的百分比由1.55%减少到0.86%；其他用地面积略有减少，其栅格数由89360个减少到优化后的45695个，所占研究区用地总面积的百分比由2.56%减少到1.31%（表6.4）。总之，优化后的土地利用格局在数量结构上，旱地、园地、林地、草地、水域和其他用地的面积略有减少，水田、建设用地的面积增加明显，显然，水田和建设用地的增加，对于土地利用经济产出、粮食生产优化目标的实现更加有利，林地和草地的面积足以保证研究区土地生态承载力，满足区域土地利用格局的生态安全。

表6.4 研究区土地利用格局现状与4种优化方案土地利用数量结构统计与对比

土地利用类型	现状		优化方案1		优化方案2		优化方案3		优化方案4	
	栅格数（个）	百分比（%）	栅格数（个）	百分比（%）	栅格数（个）	百分比（%）	栅格数（个）	百分比（%）	栅格数（个）	百分比（%）
旱地	2429817	69.73	2292238	65.78	2259753	64.85	2393303	68.68	2286865	65.62
水田	237186	6.81	272719	7.83	253935	7.29	243597	6.99	249412	7.16
园地	417	0.01	339	0.01	68	0.00	149	0.00	100	0.00
林地	380861	10.93	395797	11.36	355046	10.19	345655	9.92	339458	9.74
草地	62128	1.78	39988	1.15	31948	0.92	39160	1.12	31653	0.91
建设用地	230952	6.63	395085	11.34	507469	14.56	376562	10.81	501689	14.40
水域	54117	1.55	35015	1.00	30316	0.87	34727	0.99	29966	0.86
其他用地	89360	2.56	53657	1.53	46303	1.33	52085	1.49	45695	1.31
总计	3484838	100	3484838	100	3484838	100	3484838	100	3484838	100

经优化，在土地利用类型的空间布局上，旱地仍是研究区所有土地利用类型中的优势地类，在空间位置上变化不明显，其他土地利用类型的增减大多以旱地为"基质"。水田在研究区现状水田邻近的空间位置上稍有增加。林地在研究区现状空间位置的基础上，在其内部非林地处略有增加，在现状林地与其他土地利用类型的交界处减少较为明显，使得未来林地的发展不会在内部开始退化，而是会受到其他土地利用类型的侵蚀，对

于区域生态环境的保护有减弱的趋势。草地在研究区中部及南部水域附近被优化为水田的情况较多,是研究区较为弱势的土地利用类型,易被旱地、水田占用,降低草地的生态功能。建设用地增长极其明显,不仅在巴彦县政府驻地、兴隆镇政府驻地、西集镇政府驻地和洼兴镇政府驻地等4个乡镇的政府驻地增加明显,而且各村屯建设用地面积的增加也极其明显,对于社会经济发展及其基础设施的建设有显著优势(图6.8d)。

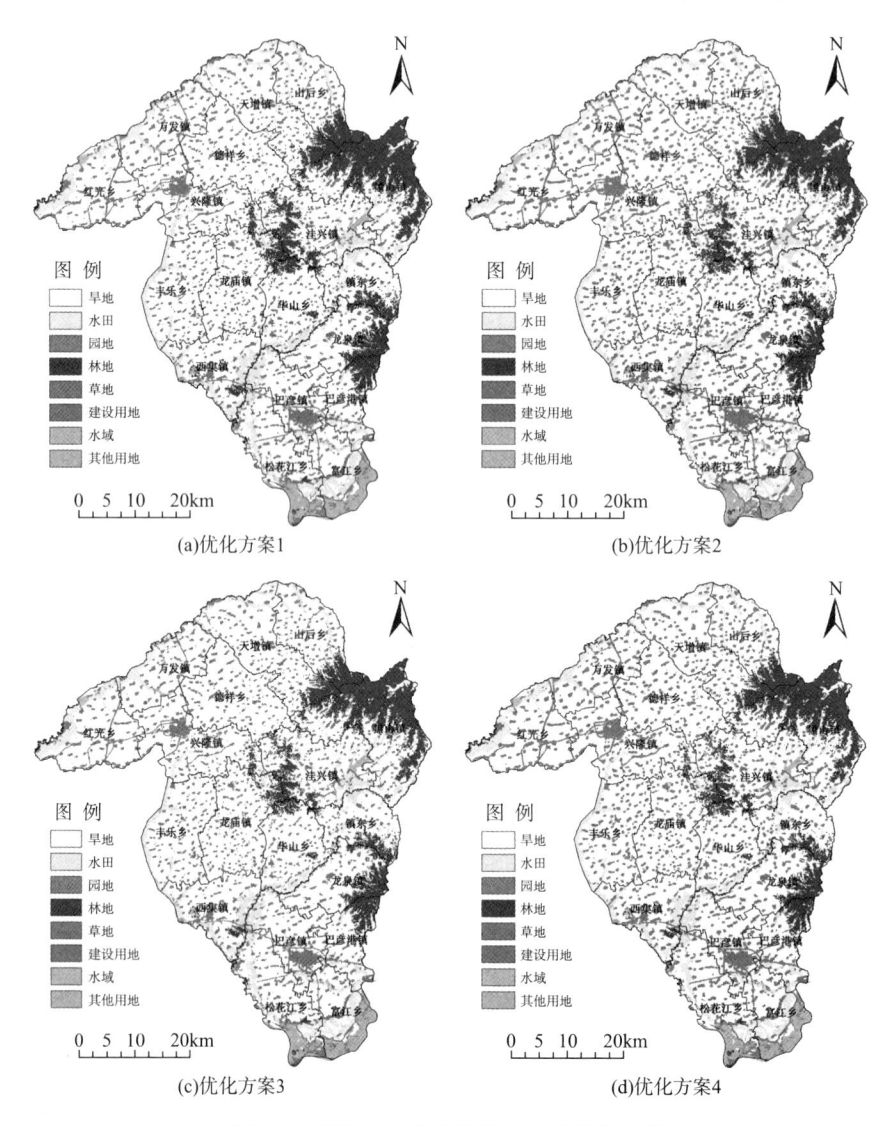

(a) 优化方案1　　(b) 优化方案2　　(c) 优化方案3　　(d) 优化方案4

图6.8　研究区土地利用格局4种优化方案

二 研究区土地利用格局优化模式建构结果分析

本研究以多智能体粒子群优化算法作为土地利用格局优化模式建构的基础,基于研究区土地利用格局优化结果,以粮食生产、生态安全和社会经济发展为土地利用格局优化目标,以研究区土地利用格局关键性影响因子作为限制因素,从政府 Agent、职能部门 Agent 和公众 Agent 三个智能体对土地利用格局优化结果进行空间决策,建构 O – I – A (Optimization Objective-Impact Factor-Agent) 土地利用格局优化模式,其中,O 表示土地利用格局优化目标,I 表示土地利用格局关键性影响因子,A 表示土地利用格局多智能体。

(一) 土地利用格局优化模式中的复合作用系统建构

土地利用格局关键性影响因子作为串联土地利用格局优化目标和多智能体的媒介,以关键性影响因子作为每个系统的运行主体,构建该土地利用格局优化模式的复合作用系统,即土地利用格局优化模式 O – I 复合作用系统和土地利用格局优化模式 I – A 复合作用系统,复合作用系统构建如下:①土地利用格局优化模式 O – I 复合作用系统构建。本文各个土地利用格局关键性影响因子对土地利用格局优化目标均有一定的影响,针对各个影响因子对各种土地利用类型的作用强度和作用方式,研究发现土壤速效钾、土壤全氮、土壤速效磷和土壤有机质对粮食生产的影响十分明显,耕层厚度、NDVI 和高程对生态安全的影响极为明显,土地利用强度和人口对社会经济发展的影响更为明显,因此,将土壤速效钾、土壤全氮、土壤速效磷、土壤有机质与粮食生产共同构建 O – I 复合作用系统,将耕层厚度、NDVI、高程与生态安全共同构建 O – I 复合作用系统,将土地利用强度、人口与社会经济发展共同构建 O – I 复合作用系统,O – I 复合作用系统作为土地利用格局的优化目标和决策条件,是土地利用格局优化模式的重要组成部分。②土地利用格局优化模式 I – A 复合作用系统构建。不同智能体对各种土地利用格局关键性因子的空间决策影响不同，公众 Agent 对土壤速效钾、土壤全氮、土壤速效磷、土壤有机质的直接参与程度较高，政府 Agent 对土地利用强度、人口的影响更强，而职能部门 Agent 对耕层厚度、NDVI、高程的反馈最为明显，因此，将公众 Agent 与土壤速效钾、土壤全氮、土壤速效磷、土壤有机质共同构建 I-A 复合作用系统，将政府 Agent 与土地利用强度、人口共同构建 I-A 复合作用系统，将职能部门 Agent 与耕层厚度、NDVI、高程共同构建 I-A 复合作用系统。

（二）多智能体主导土地利用格局优化模式的运行机制建构

多智能体（即政府 Agent、职能部门 Agent 和公众 Agent）是将其主导的土地利用格局优化模式中的 3 个部分串联起来的媒介，每个智能体主导的土地利用格局优化模式包括一个完整的 O-I 和 I-A 复合作用系统。对于政府 Agent 主导下的土地利用格局优化模式，主要协调土地利用强度、人口与社会经济发展之间的关系，形成"社会经济发展—土地利用强度、人口—政府 Agent"的 O-I-A 土地利用格局优化模式；对于职能部门 Agent 主导下的土地利用格局优化模式，主要协调耕层厚度、NDVI、高程与生态安全之间的关系，形成"生态安全—耕层厚度、NDVI、高程—职能部门 Agent"的 O-I-A 土地利用格局优化模式；对于公众 Agent 主导下的土地利用格局优化模式，主要协调土壤速效钾、土壤全氮、土壤速效磷、土壤有机质与粮食生产之间的关系，形成"粮食生产—土壤速效钾、土壤全氮、土壤速效磷、土壤有机质—公众 Agent"的 O-I-A 土地利用格局优化模式。

综上所述，建立政府 Agent、职能部门 Agent 和公众 Agent 共同参与的土地利用格局优化模式，保障研究区粮食生产、生态安全、社会经济发展的协调发展，进而建构研究区 O-I-A 土地利用格局优化模式（图6.9）。本研究建构的研究区 O-I-A 土地利用格局优化模式可为国土空间规划的编制提供理论依据和技术支撑。

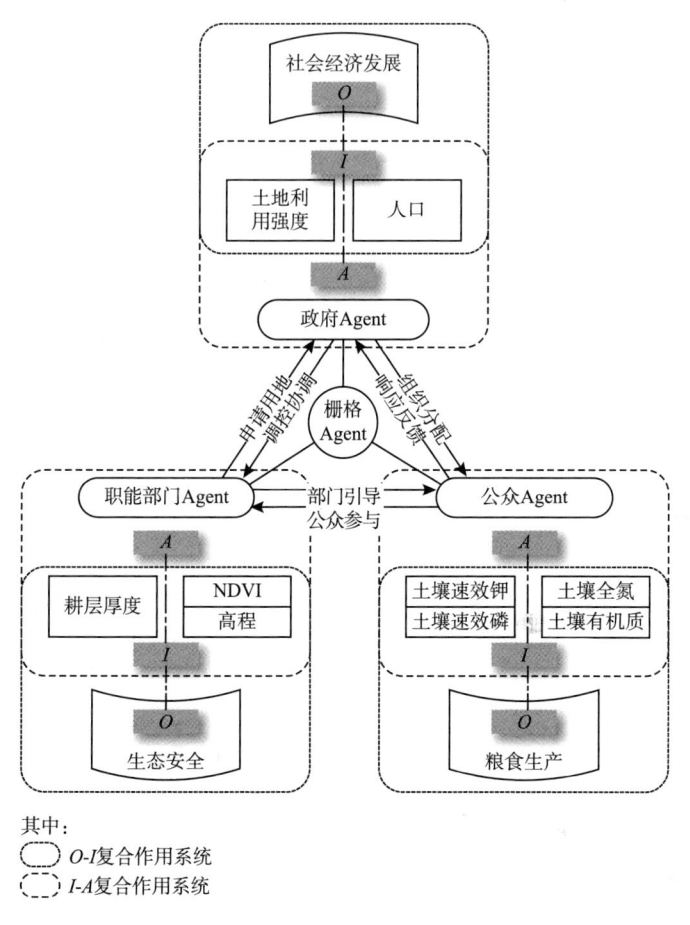

图 6.9　研究区 O–I–A 土地利用格局优化模式

三　研究区 O–I–A 土地利用格局优化模式的应用

根据研究区土地利用格局优化结果，以研究区 O–I–A 土地利用格局优化模式为理论依据，对研究区 O–I–A 土地利用格局优化模式进行应用。根据研究区 O–I–A 土地利用格局优化模式，本文确定研究区土地利用格局功能分区以组团式布局为主，以研究区未来重点发展城镇为发展节点，以主要交通道路为发展轴带，形成以"4 个发展节点、4 条发展轴带、5 个功能分区"为主的空间功能结构，建设以"农业种植区、高标准灌溉农田区、生态保护区、生态休闲区和社会经济发展集中区"为主的土地利用空间分区，进而获得研究区"宜耕则耕、宜林则林、宜牧则牧、宜建则建"的土地利用格局优化模式下的空间功能结构决策结果（图 6.10）。

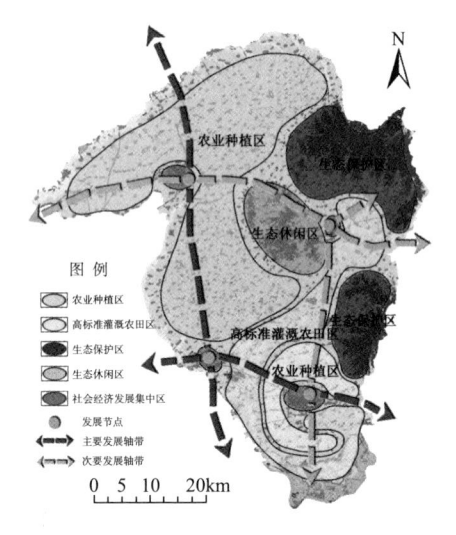

图 6.10　研究区土地利用格局优化模式

（一）研究区土地利用格局发展节点及发展轴带的确定

结合研究区土地利用格局功能分区结果，划分研究区土地利用格局发展节点和发展轴带。

1. 发展节点

将研究区社会经济发展集中区的 4 个镇政府驻地即巴彦县政府驻地、兴隆镇政府驻地、西集镇政府驻地和洼兴镇政府驻地作为研究区土地利用格局的发展节点。

2. 发展轴带

将研究区社会经济发展集中区的 4 个镇政府驻地通过研究区重要线状基础设施省道、乡道和铁路进行连接。第一条主要发展轴带连接巴彦县政府驻地和西集镇 2 个土地利用格局优化发展节点；第二条主要发展轴带连接兴隆镇和西集镇 2 个土地利用格局优化发展节点。第一条次要发展轴带连接兴隆镇和洼兴镇 2 个土地利用格局优化发展节点；第二条次要发展轴带连接巴彦县政府驻地和洼兴镇 2 个土地利用格局优化发展节点。主要发展轴带和次要发展轴带建立了发展轴带两侧活动空间之间的联系路径，有利于不同发展节点之间的农业生产、社会发展、经济建设和生态保护之间的联系。

（二）研究区 O–I–A 土地利用格局优化模式在功能分区上的运行机制

将研究区土地利用格局划分为 5 个功能分区，包括农业种植区、高标准灌溉农田区、生态保护区、生态休闲区、社会经济发展集中区，各个分区具有不同的土地用途。

1. 农业种植区

主要分布在研究区北部和南部两大空间集中的区域。基于当前农业生产现状，重点建设大豆、玉米种植业，打造新型现代化农业生产体系。该功能分区由公众 Agent 响应反馈到政府 Agent 并参与到职能部门 Agent，运行以公众 Agent 主导的"粮食生产—土壤速效钾、土壤全氮、土壤速效磷、土壤有机质—公众 Agent" O–I–A 土地利用格局优化模式。

2. 高标准灌溉农田区

主要分布在研究区中部和南部两大空间连续的区域。基于当前农业生产现状，重点建设水稻种植业，建设节水、高效的水田灌区基础工程。该功能分区由公众 Agent 响应反馈到政府 Agent 并参与到职能部门 Agent，运行以公众 Agent 主导的"粮食生产—土壤速效钾、土壤全氮、土壤速效磷、土壤有机质—公众 Agent" O–I–A 土地利用格局优化模式。

3. 生态保护区

主要分布在研究区东北部和东部两大空间集中的区域。严格用途管制，确保面积长期稳定。该功能分区由职能部门 Agent 向政府 Agent 申请用地并引导公众 Agent 参与，运行以职能部门主导的"生态安全—耕层厚度、NDVI、高程—职能部门 Agent" O–I–A 土地利用格局优化模式。

4. 生态休闲区

分布在研究区中部空间集中的区域。该区域拥有森林公园，附近水源较为丰富，未来建设集公共服务、野外游憩、娱乐度假为一体的综合生态休闲区。该功能分区由职能部门 Agent 向政府 Agent 申请用地并引导公众 Agent 参与，运行以职能部门主导的"生态安全—耕层厚度、NDVI、高程—职能部门 Agent"O－I－A 土地利用格局优化模式。

5. 社会经济发展集中区

分布在研究区巴彦县政府驻地、兴隆镇政府驻地、西集镇政府驻地和洼兴镇政府驻地。需要提高城镇化建设水平，在县域和镇区之间进行产业分工，强化县域基础设施建设，建立与区域重大交通和基础设施相联系的供给系统框架，重点建设和经营县、镇政府驻地等重点发展地区和重要的联系枢纽，为完善工业空间布局，加快建设巴彦镇工业新城、兴隆工业园区、西集镇农副产品加工园区和洼兴镇旅游园区，形成"一城三园"的空间布局，进而全面提高镇域乃至县域总体发展水平。该功能分区由政府 Agent 调控协调职能部门 Agent 并组织分配公众 Agent，运行以政府 Agent 主导的"社会经济发展—土地利用强度、人口—政府 Agent"O－I－A 土地利用格局优化模式。

本章小结

本章主要研究内容为研究区土地利用格局优化及其模式的提出，以研究区土地利用格局安全状态作为土地利用格局优化的基础，运用多智能体改进粒子群算法（MA-PSO）构建土地利用格局优化模型，以粮食生产、生态安全和社会经济发展为土地利用格局的优化目标，建立政府 Agent、部门 Agent 和个体 Agent 三个智能体并定义其决策行为，确定研究区土地利用类型数量结构和空间布局在时空上的合理优化配置，提出研究区土地利用格局优化方案，结合土地规划思想，建构区域土地利用格局优化模式。具体内容如下：

（1）1979—2015 年间，不同空间区域上研究区土地利用格局安全阈值所处状态逐渐由安全状态向危险状态转变，按照当前的土地利用发展态势，若不采取适当的措施，土地利用格局的安全状态将逐渐向危险状态突变，研究区土地利用格局安全状态的研究是提出土地利用格局优化及其模式的重要依据。

（2）本研究提出了4种土地利用格局优化方案，不同优化方案对土地利用格局优化的粮食生产、生态安全、社会经济发展等目标函数的决策偏好不同，对于粮食生产、土地生态承载力、土地生态相容性、土地利用经济产出和土地利用类型间转变总成本等土地利用格局优化子目标的实现利好不同。研究区4种土地利用格局优化方案中，在土地利用类型数量结构上，旱地、园地、草地、水域和其他用地面积减少，水田和建设用地面积增加，优化方案1中的林地面积增加，其他方案林地面积减少。在土地利用类型空间布局上，旱地在空间位置上变化不明显，其他土地利用类型的增减大多以旱地为"基质"；水田在研究区现状水田邻近的空间位置上稍有增加；林地在研究区现状空间位置的基础上，在其内部非林地处略有增加，在现状林地与其他土地利用类型的交界处减少较为明显；草地在研究区中部及南部水域附近被优化为水田的情况较多，被旱地、水田占用较为明显；建设用地增长极其明显，不仅在巴彦县政府驻地、兴隆镇政府驻地、西集镇政府驻地和洼兴镇政府驻地等4个乡镇的政府驻地增加明显，且各村屯建设用地面积的增加也极其明显。

（3）在土地利用格局优化结果的基础上，从政府Agent、部门Agent和个体Agent三个层面提出土地利用格局优化模式的调控方式，其中，政府Agent的土地利用格局优化决策行为通过控制土地供应、土地用途管制、土地集约利用等方式保障土地利用格局优化模式的实现；部门Agent的土地利用格局优化决策行为根据各种土地利用类型的适宜性程度对各种土地用途进行引导，根据土地利用适宜性等级，对各种土地利用类型在农业种植区、高标准灌溉农田区、生态保护区、生态休闲区、社会经济发展集中区等相应分区的适宜性程度进行调控；个体Agent的土地利用格局优化决策行为根据影响土地利用格局变化18个关键性因子的适宜值，对土地利用格局优化模式进行局部调控。本研究建构以"粮食生产为核心、生态安全为前提和社会经济发展为基础"的宜耕则耕、宜林则林、宜牧则牧、宜建则建的土地利用格局优化模式。研究成果为合理开发利用土地和保障粮食安全及实现土地可持续利用具有重要的理论意义和实践指导意义。

第七章 保障研究区土地利用格局优化模式运行的调控对策

本研究以研究区土地利用格局优化结果为基础建构土地利用格局优化模式，从保障粮食生产、保护生态安全和促进社会经济可持续发展三个方面确立研究区土地利用格局优化模式的调控目标；以资源优化配置原则、可持续发展原则和统一协调原则为研究区土地利用格局优化模式的调控原则；分别从政府、部门和个体等多个土地利用行为主体的角度，提出保证土地利用格局优化模式实施的调控方式；从法律保障、行政保障、社会经济保障、技术保障和生态保障措施五个方面提出研究区土地利用格局优化模式调控的保障措施，以保证研究区土地利用格局优化模式的正常运行。研究区土地利用格局优化模式调控对策为同类地区优化模式调控对策的提出提供参考。

第一节 土地利用格局优化模式调控目标

土地利用格局受到"多规限制"，为达到土地利用格局优化方案中的粮食生产、生态安全和社会经济发展的优化目标，需通过规划对各类用地的结构和布局进行调整或配置，土地利用格局的量化指标主要包括：耕地保有量达到72%以上，森林覆盖率不少于9.5%，生态用地总覆盖率不少于11.5%，建设用地面积不超过研究区土地总面积的15%，土地开发利用率达到75%以上，进而实现以粮食生产为核心、生态安全为约束、社会经济发展为基础的土地利用格局优化模式，具体表现为：

（1）严格保护耕地。研究区耕地面积所占研究区土地总面积的比例保持在72%以上，确保耕地数量的稳定与质量的提高，加强耕地保护和建设，进一步提高农业综合生产能力，为实施国家粮食安全战略做出贡献。

（2）有效控制新增建设用地规模，充分利用闲置和低效建设用地。

（3）土地开发、复垦、整理全面推进，田、水、路、林、村综合整治和建设用地整理取得明显成效，全面复垦新增工矿废弃地，适度开发后备耕地资源。

（4）建设和保护土地生态用地。加强退耕还林还草的实施，加强水土流失、土地荒漠化和土地"三化"（退化、沙化、碱化）的治理，加强农用地特别是耕地污染的防治。

（5）在宏观调控中，强化土地管理的作用。不断加强土地法制建设，逐步健全市场机制，不断完善土地管理的法律、行政、经济和技术等手段，不断提高土地管理效率和服务水平。

第二节　土地利用格局优化模式调控原则

本研究为保障研究区土地利用格局优化模式的运行，提出土地利用格局优化模式的三个调控原则，主要有资源优化配置原则、可持续发展原则和统一协调原则。

一　资源优化配置原则

资源的优化配置原则是指在生产和再生产过程中，各个环节上土地资源的合理、有效的流动和匹配。由于土地资源具有稀缺性，对于现有土地资源的合理分配尤为重要，以本研究前期土地利用格局优化成果为参考标准，依据粮食安全、土地生态承载力、土地生态相容性、土地利用经济产出和土地利用类型间转变总成本等不同的优化目标，实现土地资源在不同时间、空间和部门之间的合理分配。

二 可持续发展原则

在土地利用格局发展过程中，应当遵循可持续发展原则，实现土地利用格局的可持续发展是格局时空变化研究的重要目标，良性的土地利用格局必然是可持续发展的格局。可持续发展原则是谋求经济社会与自然环境的协调发展，维持新的平衡，制衡出现的环境恶化和环境污染，控制重大自然灾害的发生（牛文元，2012）。可持续发展并不否定经济增长，但需审视如何保证在经济增长的同时减少其造成的环境压力，可持续发展以自然资源为基础，与生态承载能力相协调，以提高生活质量为目标，和社会进步相适应（董德显、雷国平，2010；Dendoncker，2008）。本研究土地利用格局可持续发展的内容涉及粮食生产、生态安全和社会经济的可持续发展和协调统一，要求人类在发展过程中注重经济效率、追求社会公平、保障自然稳定、关注生态和谐，最终达到全面发展。

三 统一协调原则

本研究统一协调原则是指在对研究区土地利用格局优化模式进行调控的过程中，应当以统一协调为原则贯彻政府、部门和个体三个决策行为主体之间的宏观调控，决策其宏观调控执行能力。保障土地利用格局优化模式的运行是一项复杂的系统工程，涉及道路交通、农田水利、耕地保护、生态建设以及城乡统筹建设等方面的内容，在实施土地利用格局优化模式的过程中要注重与各层级行为主体管理制度的协调，实现政府、部门和个体三个决策行为主体之间的相互联系和协调统一。

第三节 土地利用格局优化模式调控方式

本研究在研究区土地利用格局优化结果的基础上,从政府 Agent、部门 Agent 和个体 Agent 三个层面对土地利用格局优化模式进行调控,以保障研究区土地利用格局优化模式的正常运行。

一 政府 Agent 对土地利用格局优化模式的调控方式

政府 Agent 可以通过控制土地供应、土地用途管制、土地集约利用等方式保障土地利用格局优化模式的实现。其中,在控制土地供应方面,政府 Agent 需限制土地的供给,增加取得土地的限制条件、提高供地门槛等方式实现;在土地用途管制方面,根据土地利用格局优化结果,结合土地利用格局安全状态,划定不同土地利用类型的使用限制;在土地集约利用方面,政府 Agent 需在不加大土地供给的情况下,增大土地利用强度,加强土地资源的利用效率。

政府 Agent 通过上述方式调整土地利用方向、结构、方式和强度,特别是在建设现代化农业耕作区、加强农业基础设施建设、加快农田水利工程建设、加快推进工业化进程、加速产业集聚区建设等方面进行宏观调控,政府 Agent 可采取行政调控、经济调控、技术调控等方式进行宏观控制,进而保障土地利用格局优化模式的运行。

二 部门 Agent 对土地利用格局优化模式的调控方式

本研究通过对研究区各种土地利用类型的适宜性程度进行评价,部门 Agent 需根据各种土地利用类型的适宜性程度对各种土地用途进行引导,根据土地利用适宜性等级,对各种土地利用类型在农业种植区、高标准灌溉农田区、生态保护区、生态休闲区、社会经济发展集中区等相应分区的适宜性程度进行调控,进而保障在农业种植区、高标准灌溉农田区、生态保护区、生态休闲区、社会经济发展集中区等相应分区内优势地类的发展。

三 个体 Agent 对土地利用格局优化模式的调控方式

对于个体 Agent 土地利用格局优化决策行为,本研究根据土地利用格局变化影响最深刻的 18 个关键性影响因子的适宜值,对土地利用格局进行调控。

(一)土壤营养元素对土地利用格局优化模式的调控方式

土壤的肥沃程度一般用有机质和氮素含量来衡量,一般认为,有机质含量 20—40g/kg,全氮 1.3—2.3g/kg,土壤即为肥沃(沈其荣,2008)。氮、磷、钾三要素在植物体内对物质代谢的影响是相互促进、相互制约的,氮、磷、钾三要素是植物生长发育必需的三大营养元素。

本研究将土地利用格局优化模式中农业种植区的土壤有机质含量调控到 20—25g/kg,即达到全国第二次土壤普查土壤肥力分级三级以上;农业种植区的土壤全氮含量调控到 1—1.5g/kg,即达到全国第二次土壤普查土壤肥力分级三级以上;农业种植区的土壤速效磷含量调控到 10—20mg/kg,即达到全国第二次土壤普查土壤肥力分级三级以上;农业种植区的土壤速效钾含量调控到 100—150mg/kg,即达到全国第二次土壤普查土壤肥力分级三级以上。将土地利用格局优化模式中高标准灌溉农田区的土壤有机质含量调控到 25—30g/kg,即达到全国第二次土壤普查土壤肥力分级二级以上;高标准灌溉农田区的土壤全氮含量调控到 1.5—2.0g/kg,即达到全国第二次土壤普查土壤肥力分级二级以上;高标准灌溉农田区的土壤速效磷含量调控到 20—40mg/kg,即达到全国第二次土壤普查土壤肥力分级二级以上;高标准灌溉农田区的土壤速效钾含量调控到 150—200mg/kg,即达到全国第二次土壤普查土壤肥力分级二级以上。

(二)土层条件对土地利用格局优化模式的调控方式

土壤质地状况是拟定土壤利用、管理和改良措施的重要依据,虽然土壤质地主要决定于成土母质类型，相对稳定，但个体 Agent 可通过耕作、施肥、排灌、土地平整等活动，根据土地利用格局优化结果对农业种植区、高标准灌溉农田区旱地和水田的耕作层土壤质地进行调节。研究区耕层厚度在 19.8—22.7cm 之间，近年来耕层变薄，个体 Agent 可根据土地利用格局优化结果对农业种植区、高标准灌溉农田区的旱地和水田耕层进行保护和修复。地形地貌和高程等自然条件的改变不大，个体 Agent 可根据土地利用格局优化结果对农业种植区、高标准灌溉农田区的旱地和水田进行平整和耕作，特别是对于水田来说，土地平整是水田高产的重要基础。

研究区个别地区的重金属污染含量超出土壤背景极限值，对这些地区的重金属污染进行防治修复，尤其是对农业种植区、高标准灌溉农田区旱地和水田的耕作层进行重金属污染土壤防治和修复。

（三）气象条件对土地利用格局优化模式的调控方式

通常情况下，年日照时数、年均气温和年均降水取决于当季的气象条件，气象条件是影响农业生产最活跃的因素，个体 Agent 需加强农业气象的探测，提前预知可能的气象灾害，通过修建水库、植树造林、温室大棚、地膜覆盖和人工增雨等调节和改善局部地区的农业气候资源状况；同时，个体 Agent 需控制不合理的人类活动，如森林砍伐、破坏自然植被、过量使用化肥和农药，对农业气象资源进行开发利用和科学的保护。

（四）植被指数对土地利用格局优化模式的调控方式

植被覆盖对土地的涵养、水源的保护、水土流失的改善都有积极的作用，对于区域生态安全有重要意义。个体 Agent 可根据土地利用格局优化结果对生态休闲区和生态保护区的林地、草地进行保护和修复，进而使 NDVI、DVI 等植被指数得到改善。

（五）社会经济发展对土地利用格局优化模式的调控方式

研究区土地经营较为粗放，土地浪费现象较为严重，个体 Agent 需加强土地的利用强度，以实现土地的集约节约利用，特别是个体 Agent 需对研究区建设用地的建设规模和用地标准进行限定，提高土地利用强度。个体 Agent 需以科学发展观统领社会经济发展全局，科学谋划经济发展，注重改善民生，经济建设和社会事业发展，将保增长作为经济工作的首要任务，推动经济平稳发展。个体 Agent 需促进研究区人口长期均衡发展，改善人口结构，引导人口有序流动，优化人口分布，提高出生人口素质，促进人口资源大县向人力资源强县转变，保障人口发展安全。在政策法规上，个体 Agent 应强化政策统筹协调，完善评估机制，健全规划管理体制。

总之，通过政府 Agent、部门 Agent 和个体 Agent 对土地利用格局优化模式共同控制、组织、协调、引导和分配的调控机制，坚持保护耕地的原则，建立经济、社会、资源和生态协调发展的资源配置机制和功能机制，寻求粮食生产、生态安全、社会经济发展的和谐统一，进而建构"宜耕则耕、宜林则林、宜牧则牧、宜建则建"的土地利用格局优化模式。

第四节　促进研究区土地利用格局优化模式运行的保障措施

土地利用格局优化模式实施的保障措施，不仅要体现国家土地规划管理的基本要求，还要与各地土地行政主管部门的职能和行政管理体制改革相适应，即要保证优化模式确定的各项目标的实现，也要建立适应社会经济发展客观实际调整优化模式的机制。

本研究从法律保障、行政保障、社会经济保障、技术保障和生态保障措施五个方面提出研究区土地利用格局优化模式调控的保障措施，建立完善土地利用格局优化模式运行的监督机制和考核体系，探索土地利用格局优化模式实施的激励机制，结合土地管理信息化建设，建立研究区土地利用格局优化模式运行的保障体系。

一　法律保障措施

土地利用格局优化模式的实施需要完善强有力的法律手段，国民经济发展规划、土地规划和其他专项规划是保障土地利用格局优化模式实施的重要举措，引入可持续的多重规划，在一定区域和一定时期内对土地利用所做的统筹安排和制定的管控措施应以立法的方式制定，或通过立法赋予多重规划充分的权力，完善规划管理体系，加强规划宣传和执法检查，坚决查处违法审批、违法占地和违法建设，把规划的实施纳入法制轨道，加强规划管理队伍建设，提高规划的严肃性与权威性，提高规划管理水平。

二 行政保障措施

土地利用格局优化模式实施的行政主体是政府规划行政主管部门，规划行政主管部门需对土地规划实施情况，进行定期或不定期的监督检查；在规划实施管理过程中，规划行政主管部门需对各个环节予以公开，接受社会的监督；规划行政主管部门需建立规划许可制度，依据规划方案调控土地利用的数量结构和空间布局，也需建立健全规划管理责任制、规划实施的评价体系和标准、规划修订和调整管理制度；这对于土地利用格局优化模式的实施提供了行政保障。

三 社会经济保障措施

政府应加大扶持力度，强化建设用地基础设施建设的投入保障；利用税收的调节功能提高新增建设用地的门槛，规范农用地转用、征收行为；提高存量土地保有成本，促进存量土地节约集约利用，防范不合理扩张用地；利用财政转移支付加大对农用地的扶持的力度，提高土地使用者保护耕地的积极性等措施，引导土地利用行为朝着规划确定的目标发展；利用土地收购贮备和建立土地基金等措施调节土地供求；利用地价与土地收益分配政策调节土地供求等。

四 技术保障措施

随着计算机等信息化技术的飞速发展，土地利用信息化建设可以以计算机网络技术、数据库建立、空间信息技术为支持工具,在土地利用基础信息的搜集、整理、分析、管理和决策等过程中,可以提高土地规划的管理水平和工作效率,实现土地管理的现代化、科学化,为土地利用格局优化模式的实施提供有效的技术保障措施。在农用地开发利用方面,采用先进的技术手段,提高农用地的数量与质量,最大程度的提高农用地利用效率;加大农用地整理力度,尤其是"田水路林村"的整治力度,对于提高研究区农用地的数量和质量有重要作用。

五 生态保障措施

制定发展生态产业优化政策,通过财政补贴等方式引导相关建设自愿实施生态保护政策;实施生态补偿政策,对于有损害生态功能和开发利用自然资源的人为行为征收生态补偿费用;进一步实施退耕还林还草政策,划定禁止开发的生态保留区,处理好经济发展与生态保护之间的关系。

总之,坚持保护农用地的原则,采用各种手段和措施,对研究区土地利用格局的整体结构、功能和效应通过直接作用以及间接诱导,建立经济、社会、资源和环境协调发展的资源配置对策,遵循和实施可持续发展战略,进行研究区土地利用格局优化模式的前馈调控和过程调控,寻求粮食生产、生态安全和社会经济发展的和谐统一,调控保障措施的提出可为土地利用格局优化模式的应用和推广提供保障,为提出同类地区土地利用格局优化模式及其调控对策提供参考。

本章小结

本章以研究区土地利用格局优化方案为调控基础,确定土地利用格局优化模式的调控目标和原则,对研究区土地利用格局优化模式进行前馈调控和过程调控,提出研究区土地利用格局优化模式运行的调控方式和保障措施。具体内容如下:

（1）在土地利用格局优化结果的基础上，从政府 Agent、部门 Agent 和个体 Agent 三个层面提出土地利用格局优化模式的调控方式，其中，政府 Agent 的土地利用格局优化决策行为通过控制土地供应、土地用途管制、土地集约利用等方式进行土地利用格局优化模式的整体调控；部门 Agent 的土地利用格局优化决策行为根据各种土地利用类型的适宜性程度对各种土地用途进行引导，根据土地利用适宜性等级，对各种土地利用类型在农业种植区、高标准灌溉农田区、生态保护区、生态休闲区、社会经济发展集中区等相应分区的适宜性程度进行分区调控；个体 Agent 的土地利用格局优化决策行为根据影响土地利用格局变化 18 个关键性因子的适宜值，对土地利用格局优化模式进行局部调控。

（2）本研究从法律保障、行政保障、社会经济保障、技术保障和生态保障措施等五个方面提出研究区土地利用格局优化模式调控的保障措施，对研究区土地利用格局的整体结构、功能和效应通过直接作用以及间接诱导，建立经济、社会、资源和环境协调发展的资源配置对策，遵循和实施可持续发展战略，从前馈调控和过程调控实现研究区土地利用格局优化模式的调控，寻求粮食生产、生态安全和社会经济发展的和谐统一，调控保障措施的提出可为土地利用格局优化模式的应用和推广提供保障，为提出同类地区土地利用格局优化模式及其调控对策提供参考。

第八章 结论与讨论

第一节 结论

本研究以松嫩高平原国家产粮大县巴彦县为研究区，探寻研究区土地利用格局变化研究的最优时空尺度；建立研究区不同时点的土地利用类型数量特征数据库，计算研究区不同时段土地利用类型的转移矩阵，在此基础上，测算和分析不同土地利用类型自然、社会经济属性的数量变化特征，即单一土地利用动态度、综合土地利用动态度、土地利用相对变化频率、土地利用强度、土地利用多样性程度和土地利用类型区位指数；分析和阐释研究区不同土地利用类型变化空间组合及相互关系分布特征；筛选和甄别不同时期影响研究区土地利用格局时空分异的关键性影响因子，阐明在各因子综合影响下研究区土地利用格局时空变化的作用机理；确定研究区土地利用格局安全阈值并将其作为土地利用格局优化的基础，提出土地利用格局优化方案，设计并建构土地利用格局优化模式，提出保障该优化模式运行的调控对策，得出主要结论如下：

（1）研究区土地利用格局变化空间尺度 900m × 900m 是独立最小地理单元，该尺度是分析土地利用格局变化的最优空间尺度。研究区土地利用格局变化在 10—20 年、30—40 年和 40—50 年均有明显的波动性特征，表明 10—20 年、30—40 年和 40—50 年是研究区土地利用格局变化的 3 个重要时间尺度；其中，40—50 年的时间尺度土地利用格局变化的波动性特征最强，30—40 年的时间尺度波动性特征次之，10—20 年的时间尺度波动性特征最小。

（2）在 1979—2015 年研究区土地利用格局变化的时间域上，土地利用格局变化研究的最优时间分析尺度为 36 年，土地利用格局在 12.33 年左右具有明显的波动性变化特征，可将研究区时间域划分为 3 个发展阶段：发展初期 1979—1991 年、发展中期 1991—2003 年、发展近期 2003—2015 年。在空间上，研究区土地利用格局变化的全局化时间尺度和土地利用格局变化的局部化时间尺度具有较高的一致性。

（3）1979—2015 年，研究区各种土地利用类型变化的表现有所不同，总体表现为旱地、水田和建设用地面积增加，园地、林地、草地、水域和其他用地面积减少。在 1979 年、1991 年、2003 年和 2015 年 4 个重要时间节点上，研究区旱地、林地和建设用地等主要土地利用类型的变化发生了明显的趋势性转换。

（4）在单一土地利用动态度、综合土地利用动态度和土地利用相对变化频率的图谱分析中，1979—1991 年，三者的空间异质性主要由结构性因素引起，其土地利用格局变化总体状况主要受自然因素的影响；1991—2003 年，三者的空间异质性由结构性因素和随机性因素共同引起，其土地利用格局变化总体状况不仅受自然因素影响，也受人类活动的干扰；2003—2015 年，三者的空间异质性由随机性因素和结构性因素共同引起，其土地利用格局变化总体状况受人类活动和自然因素的共同影响，且人类活动对土地利用过程的干扰较大。

（5）1979—2015 年间，研究区土地利用变化的速率和频率差异性较为明显，研究区单一土地利用动态度在 1991—2003 年最大、1979—1991 年次之、2003—2015 年最小；研究区综合土地利用动态度在 1979—1991 年最大、1991—2003 年次之、2003—2015 年最小；研究区土地利用相对变化频率在 1991—2003 年最大、2003—2015 年次之、1979—1991 年最小。在空间上，3 个时段在邻近研究区行政界限的样本区域的土地利用变化速率和频率相对较高，研究区各时段内水田、草地的土地利用变化速率和频率最高，园地、水域和其他用地的土地利用变化速率和频率次之，建设用地、旱地和林地的土地利用变化速率和频率最低；研究区各种土地利用类型不总是以均匀、连续的方式发生变化，而是随着土地利用类型的变化呈现快速和不连续的转变。

（6）在土地利用强度、土地利用多样性程度和地类区位指数的图谱分析中，1979 年、1991 年土地利用强度的空间异质性主要由结构性因素引起，土地利用强度主要受自然因素的影响，人类活动的干扰较小；2003 年、2015 年土地利用强度的空间异质性主要由结构性因素和随机性因素引起，土地利用强度受自然因素和人类活动共同影响。1979—2015 年土地利用多样性程度的空间异质性主要由随机性因素引起，土地利用结构组成复杂程度主要受人类活动的干扰，自然因素的影响较小。1979 年、1991 年地类区位指数的空间异质性由结构性因素和随机因素共同引起，其土地利用类型的区位优势不仅受自然因素的影响，也受人类活动干扰；2003 年、2015 年地类区位指数的空间异质性由结构性因素引起，其土地利用类型的区位优势主要受自然因素影响。

（7）不同时点研究区全域土地利用强度呈现逐年上升的趋势；不同时点研究区全域土地利用多样性程度呈现逐年下降的趋势；在空间上，土地利用强度越高的区域，土地利用多样性程度越低，土地利用强度的分布与土地利用多样性的分布呈现互反性；不同时点样本区域某一土地利用类型的变化高于研究区域时，其相较于高层次区域空间的相对集聚程度越小，该区域与其他区域的土地利用类型相比，区位优势更加明显。

（8）不同时点研究区土地利用格局空间关联关系表现为各土地利用类型之间空间作用力、分布均匀程度和内部联结性的大小不同，并呈现出空间相互关联关系复杂性。1979—2015 年，研究区旱地、水田、草地、水域和其他用地与其他土地利用类型两两之间的平均空间关联维数呈现下降趋势，其空间关联关系逐步减弱，且在土地利用格局中的竞争强度有所减弱；研究区园地、林地和建设用地与其他土地利用类型间的平均空间关联维数呈现上升趋势，其空间关联关系逐步加强，且在土地利用格局中的竞争强度增强。研究区旱地、林地和建设用地在土地利用格局的空间关联关系占据竞争优势，旱地作为研究区的优势地类，比林地和建设用地的优势效果明显，旱地拉低平均空间关联维数的强度明显比林地和建设用地提升平均空间关联维数的强度高。

（9）1979—2015 年，研究区邻域类型中出现频率最高的土地利用类型以旱地、林地为主，说明旱地和林地是研究区土地利用类型中的优势地类，其在最优空间尺度下的邻域距离内其空间自相关性较高，而与其他土地利用类型的聚集作用较小；各种土地利用类型以中心栅格为主逐渐向邻域栅格侵蚀，逐渐同化为同种土地利用类型，土地利用格局的集聚度逐年增高，说明越是在研究区范围内面积有优势的土地利用类型，中心栅格周围出现该土地利用类型的频率越高，与土地利用类型在空间上的分布极为相近；同时，与中心栅格邻接的土地利用类型种类越少，说明局地的用地布局越紧凑，与中心栅格邻接的土地利用类型种类越多，说明局地的用地布局越分散。

（10）1979—2015 年，研究区土地利用格局时空变化的各种关键性因子对土地利用格局时空变化的影响显著，该研究时段内，研究区土地利用格局时空变化的关键性影响因子有 18 个，分别是土壤有机质、土壤全氮、土壤速效磷、土壤速效钾、土壤质地、耕层厚度、高程、地形地貌、NDVI、DVI、年日照时数、年均气温、年均降水、重金属污染、土地利用强度、GDP、人口和政策法规。1979 年研究区土地利用格局时空变化主要受土壤有机质、土壤全氮、土壤速效钾、年均气温、土地利用强度、年均降水、土壤速效磷、年日照时数影响，1991 年研究区土地利用格局时空变化主要受土地利用强度、年均降水、GDP、年均气温、人口、年日照时数、地形地貌影响，2003年研究区土地利用格局时空变化主要受政策法规、人口、土壤有机质、年日照时数、DVI、年均气温、土地利用强度、重金属污染、GDP、土壤质地影响，2015年研究区土地利用格局时空变化主要受土壤速效钾、土壤全氮、耕层厚度、土壤速效磷、NDVI、土壤有机质、土地利用强度、人口、高程影响。

（11）1979—2015年，各种关键性影响因子对土地利用格局时空变化的样线作用尺度大小分异显著。在采样样线区间对应的采样样块空间上，1979年和2015年，各种关键性影响因子对旱地、水田、林地、建设用地变化的作用效果明显；1991年和2003年，各种关键性影响因子对旱地、林地、建设用地变化的作用效果明显。

（12）研究区土地利用格局时空变化18个关键性影响因子对土地利用格局时空变化的作用时点各不相同，且对不同土地利用类型的影响显著程度不同，特别是对旱地、水田、林地和建设用地的影响最为显著；同时，旱地、水田、林地和建设用地的变化较为活跃，关键性影响因子对这4种土地利用类型的影响比对区域内其他土地利用类型的影响更为显著。

（13）各种影响土地利用格局时空变化的关键性因子与各种土地利用类型的关联关系也存在显著差异。1979年，土壤有机质与林地、旱地之间关联关系较强，土壤全氮、土壤速效钾、年均气温、土地利用强度、年均降水、土壤速效磷、年日照时数与旱地、林地之间关联关系较强；1991年，土地利用强度、年均降水、年均气温、人口、年日照时数与旱地、林地之间关联关系较强，GDP、地形地貌与旱地、林地和建设用地之间关联关系较强；2003，政策法规、土壤有机质、DVI、重金属污染、土壤质地与旱地、林地和建设用地之间关联关系较强，人口与旱地、建设用地之间关联关系较强，年日照时数、年均气温、土地利用强度、GDP与旱地和林地之间关联关系较强；2015，土壤速效钾、土壤速效磷与旱地、林地和建设用地之间关联关系较强，土壤全氮、耕层厚度、NDVI、土壤有机质与旱地、水田、林地和建设用地之间关联关系较强，土地利用强度、人口和高程与旱地和林地之间关联关系较强。

（14）1979—2015 年，研究区影响土地利用格局时空变化关键性因子的作用机理不同。1979 年，研究区土地利用格局时空变化的关键性影响因子主要以自然因素为主，特别是光、水、土等自然条件对土地利用格局时空变化的影响较大，其中土壤有机质、土壤全氮、土壤速效钾、年均降水对旱地变化的作用强度最大，说明这些关键性因子对农业生产的影响是最显著的，可见，1979 年研究区农业种植占据主导地位。1991 年、2003 年和 2015 年，研究区土地利用格局时空变化的关键性影响因子以自然因素和人文因素为主；其中，1991 年各种关键性影响因子中特别是光、温、水和地形地貌等自然条件和土地利用强度、GDP 和人口等人文因素对土地利用格局时空变化的影响较大，其中土地利用强度、年均降水、GDP 对其他用地变化的作用强度最大，说明这些影响因子对土地利用与开发的影响是最显著的，各种关键性影响因子对旱地变化的作用强度均较强；2003 年各种关键性影响因子中特别是光、温、土等自然条件和政策法规、人口、土地利用强度和 GDP 等人文因素对土地利用格局时空变化的影响较大，其中政策法规、年日照时数、年均气温、土壤质地对草地变化的作用强度最大，说明这些影响因子对牧业的影响是最显著的，人口、土壤有机质、土地利用强度和 GDP 对其他用地变化的作用强度最大，DVI 和重金属污染分别对林地和园地变化的作用强度最大，各种关键性影响因子对旱地和建设用地变化的作用强度均较强；2015 年各种关键性影响因子中特别是土壤、植被和高程等自然条件和土地利用强度、人口等人文因素对土地利用格局时空变化的影响较大，其中土壤速效钾、土壤速效磷、土壤有机质和高程对水田变化的作用强度最大，土壤全氮、耕层厚度对旱地变化的作用强度最大，说明这些关键性影响因子对农业生产的影响是最显著的，各种关键性影响因子对旱地、水田、其他用地和林地变化的作用强度均较强；可见，1991 年、2003 年和 2015 年研究区农业生产和经济发展均占据主导地位。

（15）1979—2015 年，研究区土地利用格局处于安全状态的比例逐年减少，尤其是1979—1991年，处于安全状态的比例下降极为明显；研究区土地利用格局处于较安全状态的比例逐年减少，尤其是1991—2003年，处于较安全状态的比例下降极为明显；研究区土地利用格局处于较危险状态的比例先增加后下降，尤其是1991—2003年，处于较危险状态的比例几乎翻倍增长，2003—2015年，处于较危险状态的比例有所下降；研究区土地利用格局处于危险状态的比例增加明显，尤其是2003—2015年，处于危险状态的比例达到了10%以上。按照当前的土地利用发展态势，若不采取适当的措施，土地利用格局的安全状态将逐渐向危险状态突变，土地利用格局调整十分迫切。

（16）本研究提出了4种土地利用格局优化方案，不同优化方案对土地利用格局优化的粮食生产、生态安全、社会经济发展等目标函数的决策偏好不同，对于粮食生产、土地生态承载力、土地生态相容性、土地利用经济产出和土地利用类型间转变总成本等土地利用格局优化子目标的实现利好不同。

（17）研究区4种土地利用格局优化方案中，在土地利用类型数量结构上，旱地、园地、草地、水域和其他用地面积减少，水田和建设用地面积增加，优化方案1中的林地面积增加，其他方案林地面积减少。在土地利用类型空间布局上，旱地在空间位置上变化不明显，其他土地利用类型的增减大多以旱地为"基质"；水田在研究区现状水田邻近的空间位置上稍有增加；林地在研究区现状空间位置的基础上，在其内部非林地处略有增加，在现状林地与其他土地利用类型的交界处减少较为明显；草地在研究区中部及南部水域附近被优化为水田的情况较多，被旱地、水田占用较为明显；建设用地增长极其明显，不仅在巴彦县政府驻地、兴隆镇政府驻地、西集镇政府驻地和洼兴镇政府驻地等4个乡镇的政府驻地增加明显，且各村屯建设用地面积的增加也极其明显。

（18）根据基于多智能体粒子群优化算法得到的研究区土地利用格局优化结果，建构研究区土地利用格局优化模式的复合作用系统，即土地利用格局优化模式 O-I 复合作用系统和土地利用格局优化模式 I-A 复合作用系统，建构由政府 Agent、职能部门 Agent 和公众 Agent 共同参与的研究区 O-I-A 土地利用格局优化模式。

（19）本文建构的研究区 O-I-A 土地利用格局优化模式包括由政府 Agent 主导的"社会经济发展—土地利用强度、人口—政府 Agent" O-I-A 土地利用格局优化模式，由职能部门 Agent 主导的"生态安全—耕层厚度、NDVI、高程—职能部门 Agent" O-I-A 土地利用格局优化模式，由公众 Agent 主导的"粮食生产—土壤速效钾、土壤全氮、土壤速效磷、土壤有机质—公众 Agent" O-I-A 土地利用格局优化模式。

（20）本研究确定研究区土地利用格局优化模式以组团式布局为主，以主要交通道路为发展轴，形成以"4 个发展节点、4 条发展轴带、5 个功能分区"为主的空间结构。其中，"4 个发展节点"是研究区的社会经济发展中心，包括巴彦县政府驻地、兴隆镇政府驻地、西集镇政府驻地和洼兴镇政府驻地，"4 条发展轴带"共同构成研究区县域轴线体系，包括两条主要交通景观发展轴带、两条次要交通功能发展轴带，"5 个功能分区"是农业种植区、高标准灌溉农田区、生态保护区、生态休闲区和社会经济发展集中区，各个分区具有不同的土地用途，进而建构研究区"宜耕则耕、宜林则林、宜牧则牧、宜建则建"的土地利用格局优化模式。

（21）在研究区土地利用格局优化结果的基础上，以资源优化配置原则、可持续发展原则和统一协调原则为研究区土地利用格局优化模式的调控原则，从政府 Agent、部门 Agent 和个体 Agent 三个层面提出土地利用格局优化模式的调控方式。其中，政府 Agent 的土地利用格局优化决策行为通过控制土地供应、土地用途管制、土地集约利用等方式进行土地利用格局优化模式的整体调控；部门 Agent 的土地利用格局优化决策行为根据各种土地利用类型的适宜性程度对各种土地用途进行引导，根据土地利用适宜性等级，对各种土地利用类型在农业种植区、高标准灌溉农田区、生态保护区、生态休闲区、社会经济发展集中区等相应分区的适宜性程度进行分区调控；个体 Agent 的土地利用格局优化决策行为根据影响土地利用格局变化 18 个关键性因子的适宜值，对土地利用格局优化模式进行局部调控。

（22）本研究从法律保障、行政保障、社会经济保障、技术保障和生态保障等五个方面提出研究区土地利用格局优化模式调控的保障措施，对研究区土地利用格局的整体结构、功能和效应通过直接作用以及间接诱导，建立经济、社会、资源和环境协调发展的资源配置对策，遵循和实施可持续发展战略，从前馈调控和过程调控实现研究区土地利用格局优化模式的调控，寻求粮食生产、生态安全和社会经济发展的和谐统一，调控保障措施的提出可为土地利用格局优化模式的应用和推广提供保障，为提出同类地区土地利用格局优化模式及其调控对策提供参考。

第二节　讨论

目前，在土地科学甚至地理学的研究中，时空尺度的确定是当前的研究热点和难点。土地利用格局变化空间尺度的识别主要是基于分形研究中所采用的人工、经验判定法，凭人的经验识别出尺度—盒维数曲线中线性关系较好的数据作为空间尺度的划分方法，这种判别方法主观性较强，不能精确识别无尺度区（张忠华等，2015）；本研究运用 GIS、RS 技术，结合 Matlab 编程，根据双对数曲线的二阶导数在 0 附近波动的特点，采用二阶导数对计盒维数模型进行改进，经本研究改进的计盒维数模型能够实现了土地利用格局变化空间尺度的自动识别，目前，计盒维数模型主要用于分析种群格局分形特征中种群占据空间的能力（陈其春等，2009；武爱彬等，2015），也有个别研究见于景观生态学中景观斑块空间分布特征的分析中，该方法为准确、客观的确定土地利用格局的适宜空间尺度提供了新的思路，研究区土地利用格局最优空间尺度的识别将是空间尺度确定研究的有益探索。土地利用格局变化时间尺度的识别主要是随机的选取一定的宏观时间跨度，凭借经验确定土地利用格局变化的时间尺度（Weng，2001），这种划定方法缺少理论依据；一般情况下，区域土地利用格局的变化较为微小，受各种自然因素和人文因素的影响，土地利用格局的波动随时间的变化是不平稳序列，运用小波变换能够分析土地利用格局波动的频率及其在时间域上变化的具体时点，该研究为客观的确定土地利用格局变化研究的适宜时间分析尺度提供了新方法，研究区土地利用格局变化最优时间尺度的识别将是时间尺度确定研究的有益探索。

在土地利用格局变化时空分异特征方面，研究较长时间序列土地利用类型的某种自然、社会经济属性数量变化的空间分布特征，突破了目前研究大多局限于土地利用类型单一社会经济属性的数量变化分布以及对空间格局的静态宏观解释，打破行政区界限，以规则格网，将研究区4148个样本的土地利用格局变化时空分异特征在样本区域空间上得到充分反映，弥补了区域多种土地利用的社会经济属性无法进行空间比较分析的缺陷（陈其春等，2009；武爱彬等，2015），为进一步揭示土地利用格局自然、社会经济属性数量变化在空间上的分布提供了思路和可能性。本研究基于分形理论，运用关联维数描述土地利用格局的相互关联关系，弥补了以往单纯从形状分形维数、计盒维数、半径维数和分枝维数等指数对土地利用空间结构进行分析的不足（李保杰等，2013；Kim，1999），同时，采用邻域统计分析法，自定义Moore构型确定土地利用格局空间邻接关系，该方法突破了以往在邻域关系空间化方面研究的不足。该项研究为深入剖析一定时期内不同土地利用类型间相互作用的邻域特征及其空间构型关系提供了新的科学方法和手段。

在土地利用格局变化作用机理方面，以往关于土地利用变化关键性影响因子的识别和作用机理的研究多停留在数据统计和驱动力分析上，进而得到驱动因子对土地利用变化的作用大小和作用方向（韩会然等，2015），但不同驱动力对不同土地利用空间上各种土地利用类型均有不同的作用方式，简单的划分某一驱动因子对土地利用变化具有正向影响或负向影响是

第八章 结论与讨论

不客观；本研究运用交叉小波和小波相干的方法，提取了反映土地利用格局时空变化的关键性影响因子，并分析土地利用格局时空变化的关键性影响因子对各种土地利用类型的作用大小和作用方式，进而阐述土地利用格局时空变化关键性影响因子对土地利用格局变化的作用机理，该研究突破了以往研究仅能提取出虚拟主成分的限制，弥补了关键性影响因子对各种土地利用类型的作用大小和作用方式等相关研究的缺陷。该项研究为揭示土地利用格局时空变化及其各种关键性影响因子之间的相互关联和制约关系提供了新的科学方法和手段，对土地利用格局模拟和优化方面的研究提供一定的基础。

在土地利用格局优化模式方面，国内外已有相关研究历经了从定性分析（王丽娟等，2011）到定量计算（李鑫等，2015）、刚性条件限制（Acques，1997）到弹性条件约束（宋嗣迪、陈燕红，1997）、数量结构配置（龚建周等，2010）到空间格局分布（王越等，2016）的发展过程，以往对土地利用格局优化的研究，无法确定土地利用优化各子目标的决策偏好，而且无法解决土地利用空间单元之间及影响土地利用格局变化关键性影响因子的时空匹配关系等问题（Kim，2005），本研究采用多智能体粒子群算法，根据不同优化子目标的决策偏好，各类智能体相互协调、共同决策，设计和建构了多种土地利用格局优化方案，各种优化方案满足政府、部门和个体各土地利用格局优化层次的需求，对于土地利用格局优化方案的选取提供了多种选择可能，同时，本研究土地利用格局优化模式的提出结合了土地规划思想，该项研究为土地利用总体规划的编制提供了借鉴和科学依据。

对土地利用格局变化进行多时空尺度分析，在不同时空尺度下分析各种关键性影响因子的单一因子加和作用与复合因子协同作用对土地利用格局变化的作用机理，结合区域发展阶段设定不同优化情景，对不同时空尺度下区域土地利用格局提出优化方案和优化模式及其相应的调控对策等方面的研究将是下一步研究的重点和方向。

参考文献

中文著作：

陈百明：《土地资源学概论》，中国环境科学出版社 1996 年版。

沈其荣：《土壤肥料学通论》，高等教育出版社 2008 年版。

邬建国：《景观生态学——格局、过程、尺度与等级（2 版）》，高等教育出版社 2007 年版。

中文论文：

摆万奇、张镱锂：《青藏高原土地利用变化中的传统文化因素分析》，《资源科学》2002 年第 24 期。

包安明、陈云浩、史建康等：《干旱区不同土地利用类型的时空分形特征研究——以塔里木河干流区域为例》2009 年第 32 期。

卜晓燕、米文宝：《黄土高原地区土地利用优化模式研究——以宁夏彭阳县为例》，《经济地理》2009 年第 29 期。

陈江平、韩青、胡晶等：《顾及小波变换的土地利用变化与经济因子的多尺度相关性分析》，《武汉大学学报》2013 年第 38 期。

陈梅英、郑荣宝、王朝晖：《土地资源优化配置研究进展与展望》，《热带地理》2009 年第 29 期。

陈其春、吕成文、李壁成等：《县级尺度土地利用结构特征定量分析》,《农业工程学报》2009 年第 25 期。

邓祥征、战金艳:《中国北方农牧交错带土地利用变化驱动力的尺度效应分析》,《地理与地理信息科学》2004 年第 20 期。

董德显、雷国平:《土地利用规划学》,科学出版社 2010 版,第 17—19 页。

董李勤、章光新:《嫩江流域沼泽湿地景观变化及其水文驱动因素分析》,《水科学进展》2013 年第 24 期。

樊风雷、王云鹏:《基于遥感数据的珠江三角洲核心区域土地利用时间序列变化分析》,《农业现代化研究》2008 年第 29 期。

冯桂香、明冬萍:《分形定量选择遥感影像最佳空间分辨率的方法与实验》,《地球信息科学学报》2015 年第 17 期。

傅伯杰:《地理学综合研究的途径与方法:格局与过程耦合》,《地理学报》2014 年第 69 期。

傅丽华、谢炳庚、何燕子等:《基于小波分析长株潭核心区土地利用变化尺度特征研究》,《地理科学》2012 年第 32 期。

甘红、刘彦随:《中国北方农牧交错区土地利用类型转换驱动因子分析》,《水土保持学报》2004 年第 18 期。

龚建周、刘彦随、张灵:《广州市土地利用结构优化配置及其潜力》,《地理学报》2010 年第 65 期。

郭碧云、王光谦、傅旭东等:《黄河中游清涧河流域土地利用空间结构和分形模型》,《农业工程学报》2012 年第 28 期。

海春兴、周心澄、关文彬:《社会发展与科技进步对农牧交错带土地利用方式变化驱动研究综述》,《北京林业大学学报》2005 年第 4 期。

韩会然、杨成凤、宋金平:《北京市土地利用变化特征及驱动机制》,《经济地理》2015 年第 35 期。

郝仕龙、李春静:《黄土丘陵沟壑区土地压力及土地利用模式变化》,《农业工程学报》2014 年第 30 期。

何英彬、陈佑启、杨鹏等:《国外基于 GIS 土地适宜性评价研究进展及展望》,《地理科学进展》2009 年第 28 期。

侯西勇、徐新良:《21 世纪初中国海岸带土地利用空间格局特征》,《地理研究》2011 年第 30 期。

后立胜、蔡运龙:《土地利用/覆被变化研究的实质分析与进展评述》,《地理科学进展》2004 年第 23 期。

胡文英、徐旌、周跃:《元阳县土地利用空间格局及其变化的图谱方法研究》,《地域研究与开发》2009 年第 28 期。

胡绪江、陈波、胡兴华等:《后寨河喀斯特流域土地资源合理利用模式研究》,《中国岩溶》2001 年第 20 期。

姜群鸥、邓祥征、战金艳等:《黄淮海平原气候变化及其对耕地生产潜力的影响》,《地理与地理信息科学》2007 年第 23 期。

孔祥斌、张凤荣:《城乡交错带土地利用变化对土壤养分的影响——以北京市大兴区为例》,《地理研究》2005 年第 24 期。

匡文慧:《陕西省土地利用/覆盖变化以及驱动机制分析——基于遥感信息与文献集成研究》,《资源科学》2011 年第 33 期。

黎夏、刘小平:《"三规合一"服务的空间信息技术:地理模拟与优化》,《遥感学报》2016 年第 20 期。

李保杰、顾和和、季亚洲:《矿区土地利用分形特征动态变化》,《农业工程学报》2013 年第 29 期。

李晨曦、吴克宁、查理思:《京津冀地区土地利用变化特征及其驱动力分析》,《中国人口·资源与环境》2016 年第 26 期。

李昊、李世平、银敏华:《中国土地生态安全研究进展与展望》,《干旱区资源与环境》2016 年第 30 期。

李晶、任志远:《GIS 支持下陕北黄土高原生态安全评价》,《资源科学》2008 年第 30 期。

李双成、蔡运龙:《地理尺度转换若干问题的初步探讨》,《地理研究》2005 年第 24 期。

李双成、赵志强、高江波:《基于空间小波变换的生态地理界线识别与定位》，《生态学报》2008年第28期。

李伟芳、陈阳、马仁锋等：《发展潜力视角的海岸带土地利用模式——以杭州湾南岸为例》，《地理研究》2016年第35期。

李鑫、马晓冬、肖长江等：《基于CLUES模型的区域土地利用布局优化》，《经济地理》2015年第35期。

李秀彬：《全球环境变化研究的核心领域——土地利用/土地覆盖变化的国际研究动向》，《地理学报》1996年第51期。

李玉清、宋戈、王越等：《基于能值分析的哈尔滨所辖市县土地资源生态安全评价》，《水土保持研究》2014年第21期。

李智广、刘务农：《秦巴山区中山地小流域土地持续利用模式探讨（以柞水县薛家沟流域为例）》，《山地学报》2000年第18期。

梁伟恒、廖和平、杨伟等：《基于生态安全的西南山地丘陵区土地利用优化模式研究》，《西南师范大学学报》2012年第37期。

廖和平、邓旭升、卢艳霞：《三峡库区坡地资源优化利用模式与途径》，《山地学报》2005年第23期。

廖和平、洪惠坤、陈智：《三峡移民安置区土地生态安全风险评价及其生态利用模式——以重庆市巫山县为例》，《地理科学进展》2007年第26期。

刘欢、张荣群、郝晋珉等：《基于半方差函数的银川平原土地利用强度图谱分析》，《农业工程学报》2012年第28期。

刘纪远、匡文慧、张增祥等：《20世纪80年代末以来中国土地利用变化的基本特征与空间格局》，《地理学报》2014年第69期。

刘黎明、林培：《黄土高原持续土地利用研究》，《资源科学》1998年第20期。

刘鹏飞、秦耀辰、赵萌：《基于土地利用变化的郑州市生态安全评价》，《安全与环境学报》2014年第14期。

刘小平、黎夏、艾彬等：《基于多智能体的土地利用模拟与规划模型》，《地理学报》2006年第61期。

刘彦随:《山地土地结构格局与土地利用优化配置》,《地理科学》1999年第19期。

刘智方、唐立娜、邱全毅等:《基于土地利用变化的福建省生境质量时空变化研究》,《生态学报》2017年第37期。

罗鄂湘、钱省三:《突变论在经济预警中的应用》,《企业经济》2007年第38期。

罗格平、张百平:《干旱区可持续土地利用模式分析——以天山北坡为例》,《地理学报》2006年第61期。

吕建树、吴泉源、张祖陆等:《基于RS和GIS的济宁市土地利用变化及生态安全研究》,《地理科学》2012年第32期。

马轩凯、高敏华:《西北干旱地区绿洲城市土地生态安全动态评价——以新疆库尔勒市为例》,《干旱区地理》2017年第40期。

蒙吉军、李正国:《河西走廊土地利用格局及影响因子研究——以张掖绿洲为例》,《北京大学学报》2003年第39期。

蒙吉军、赵春红、刘明达:《基于土地利用变化的区域生态安全评价——以鄂尔多斯市为例》,《自然资源学报》2011年第26期。

苗世龙、程婕、刘捷等:《天津市生态承载力分析》,《中国生态农业学报》2008年第16期。

倪九派、李萍、魏朝富等:《基于AHP和熵权法赋权的区域土地开发整理潜力评价》,《农业工程学报》2009年第25期。

倪九派、邵景安、李阳兵等:《近10年重庆土地利用平衡及未来情景分析》,《资源科学》2011年第33期。

倪绍祥:《土地利用/覆被变化研究的几个问题》,《自然资源学报》2005年第20期。

牛文元:《中国可持续发展的理论与实践》,《领域进展》2012年第27期。

牛振国、李保国、张凤荣:《基于区域土壤水分供给量的土地利用优化模式》,《农业工程学报》2002年第18期。

潘雅婧、王仰麟、彭建等：《基于小波与 R/S 方法的汉江中下游流域降水量时间序列分析》，《地理研究》2012 年第 31 期。

朴英超、关燕宁、张春燕等：《基于小波变换的卧龙国家级自然保护区植被时空变化分析》，《生态学报》2016 年第 36 期。

秦承志、呼雪梅：《栅格数字地形分析中的尺度问题研究方法》，《地理研究》2014 年第 33 期。

任志远、李冬玉、杨勇：《关中地区土地利用格局模拟与驱动力分析》，《测绘科学》2011 年第 36 期。

桑燕芳、王中根、刘昌明：《小波分析方法在水文学研究中的应用现状及展望》，《地理科学进展》2013 年第 32 期。

邵景安、李阳兵、魏朝富等：《大洪河水库库区土地利用变化及其社会经济驱动因素》，《生态学杂志》2007 年第 26 期。

史培军、苏筠、周武光：《土地利用变化对农业自然灾害灾情的影响机理——基于实地调查与统计资料的分析》，《自然灾害学报》1999 年第 8 期。

史培军、王静爱、冯文利等：《中国土地利用/覆盖变化的生态环境安全响应与调控》，《地球科学进展》2006 年第 21 期。

宋戈、李丹、梁海鸥等：《松嫩高平原黑土区耕地质量特征及其空间分异——以黑龙江省巴彦县为例》，《经济地理》2012 年第 32 期。

宋戈、李丹、王越等：《松嫩高平原黑土区耕地利用系统安全格局及其空间演变》，《农业工程学报》2014 年第 30 期。

宋戈、连臣：《黑龙江省耕地资源安全预警分析及预警系统的构建》，《农业工程学报》2012 年第 28 期。

宋戈、孙丽娜、雷国平：《基于计量地理模型的松嫩高平原土地利用特征及其空间布局》，《农业工程学报》2012 年第 28 期。

宋戈、王盼盼、王越等：《黑龙江省巴彦县土地利用类型变化特征及其格局分异》，《经济地理》2015 年第 35 期。

宋戈、王越、雷国平等：《松嫩高平原黑土区耕地资源安全的驱动机制分析》,《农业工程学报》2013年第29期。

宋戈、王越、雷国平:《松嫩高平原黑土区耕地利用系统安全影响因子作用机理研究》,《自然资源学报》2014年第29期。

宋戈、王越、赵可等:《东北区耕地利用系统安全格局模拟及其阈值的确定》,《地理研究》2015年第34期。

宋戈、王越:《松嫩高平原土地利用格局变化时空分异》,《农业工程学报》2016年第32期。

宋乃平、张凤荣:《鄂尔多斯农牧交错土地利用格局的演变与机理》,《地理学报》2007年第62期。

宋嗣迪、陈燕红:《基于神经网络的土地利用规划方案优化方法研究》,《广西农业大学学报》1997年第16期。

苏子龙、张光辉、于艳:《东北典型黑土区不同土地利用方式土壤水分动态变化特征》,《地理科学》2013年第33期。

孙大胜:《生态与生存博弈:退耕还林会否无疾而终》,《环境经济》2005年第1期。

孙丽、陈焕伟、潘家文:《运用DEM剖析土地利用类型的分布及时空变化——以北京延庆县为例》,《山地学报》2004年第22期。

孙奇奇、宋戈、齐美玲:《基于主成分分析的哈尔滨市土地生态安全评价》,《水土保持研究》2012年第19期。

孙婷、周宝同:《中国土地资源安全度研究——以土地资源的人口承载力为标准》,《资源开发与市场》2006年第22期。

汤洁、斯蔼、卢远等:《土地利用变化对松嫩平原腹地生态系统服务价值的影响》,《干旱地区农业研究》2007年第25期。

唐华俊、吴文斌、杨鹏:《土地利用/土地覆被变化(LUCC)模型研究进展》,《地理学报》2009年第64期。

涂小松、龙花楼:《2000—2010年鄱阳湖地区生态系统服务价值空间格局及其动态演化》,《资源科学》2015年第37期。

涂小松,濮励杰:《苏锡常地区土地利用变化时空分异及其生态环境响应》,《地理研究》2008 年第 27 期。

王灿、王继富、任春颖等:《1970s—2015 年长春市城市扩张过程时空动态分析》,《干旱区资源与环境》2017 年第 31 期。

王成、魏朝富、袁敏等:《不同地貌类型下景观格局对土地利用方式的响应》,《农业工程学报》2007 年第 23 期。

王成栋、凌丹、苗强:《分形无标度区的一种自动识别方法》,《计算机工程与应用》2012 年第 48 期。

王枫、刘小玲、袁中友:《区域土地生态安全突变评价模型及其实证》,《统计与决策》2009 年第 300 期。

王根绪、刘进其、陈玲:《黑河流域典型区土地利用格局变化及影响比较》,《地理学报》2006 年第 61 期。

王计平、陈利顶、汪亚峰:《黄土高原地区景观格局演变研究综述》,《地理科学进展》2010 年第 29 期。

王丽娟、刘彦随、李裕瑞:《快速城市化影响下天津农村土地优化利用研究》,《生态经济》2011 年第 3 期。

王卫、李秀彬:《中国耕地有机质含量变化对土地生产力影响的定量研究》,《地理科学》2002 年第 22 期。

王越、宋戈、王盼盼:《松嫩高平原土地利用类型变化特征及时空格局研究》,《干旱区资源与环境》2017 年第 31 期。

王越、宋戈、张红梅:《黑龙江省县域土地利用格局优化研究》,《经济地理》2016 年第 36 期。

韦仕川、冯科、邢云峰等:《资源型城市土地利用变化及生态安全数字模拟》,《农业工程学报》2008 年第 24 期。

吴浩、李岩、史文中等:《遗传算法支持下土地利用空间分形特征尺度域的识别》,《生态学报》2014 年第 34 期。

吴洁璇、陈振杰、李满春等:《基于邻接关系的土地利用变化空间关联规则研究》,《长江流域资源与环境》2015 年第 24 期。

吴琳娜、杨胜天、刘晓燕等:《1976 年以来北洛河流域土地利用变化对人类活动程度的响应》,《地理学报》2014年第69期。

吴未、陈明、范诗薇等:《基于空间扩张互侵过程的土地生态安全动态评价——以(中国)苏锡常地区为例》,《生态学报》2016年第36期。

武爱彬、刘欣、赵艳霞等:《浅山丘陵区土地利用格局的地形梯度特征与变化研究》《干旱区资源与环境》2015年第29期。

郗静、曹明明、陈海:《退耕还林政策对农户土地利用行为的影响》,《水土保持通报》2009年第29期。

肖思思、吴春笃、储金宇:《1980—2005年太湖地区土地利用变化及驱动因素分析》,《农业工程学报》2012年第28期。

谢花林、李秀彬、陈瑜琦等:《土地利用规划环境影响的生态安全评价方法初探——以内蒙古翁牛特旗为例》,《资源科学》2010年第32期。

谢花林:《土地利用生态安全格局研究进展》,《生态学报》2008年第28期。

徐美、朱翔、刘春腊:《基于RBF的湖南省土地生态安全动态预警》《地理学报》2012年第67期。

徐珊、宋戈、王越等:《东北粮食主产区耕地资源变化驱动机制及其对粮食产量的影响》,《水土保持通报》2014年第34期。

徐英华:《莱斯特·布朗生态经济思想对中国影响之研究》,博士学位论文,上海交通大学,2008年。

徐芝英、胡云锋、甄霖等:《基于小波的浙江省NDVI与自然——人文因子多尺度空间关联分析》,《地理研究》2015年第34期。

闫小培、毛蒋兴、普军:《巨型城市区域土地利用变化的人文因素分析——以珠江三角洲地区为例》,《地理学报》2006年第61期。

杨庆媛、田永中、王朝科等:《西南丘陵山地区农村居民点土地整理模式:以重庆渝北区为例》,《地理研究》2004年第23期。

游珍、蒋庆丰、娄彩荣:《基于土地利用及其格局的自然灾害风险评价模型》,《自然灾害学报》2013年第22期。

于兴修、杨桂山、王瑶:《土地利用/覆被变化的环境效应研究进展与动向》,《地理科学》2004 年第 24 期。

余丹丹、张韧、洪梅:《基于交叉小波与小波相干的西太平洋副高与东亚夏季风系统的关联性分析》,《南京气象学院学报》2007 年第 30 期。

余中元、李波:《池流域生态经济系统特征与区域协调发展土地利用模式研究》,《农业现代化研究》2013 年第 34 期。

臧淑英、王凌云、那晓东:《基于经济驱动因子的土地利用结构变化区域差异分析——以哈大齐工业走廊为例》,《地理研究》2011 年第 30 期。

翟连荣、李典谟、蓝仲雄:《突变论在生态系统分析中的应用》,《系统工程》1987 年第 5 期。

战金艳、史娜娜、邓祥征:《江西省耕地转移驱动机理》,《地理学报》2010 年第 65 期。

张成武:《通用土壤流失方程在水土流失预测中的应用》,《云南水力发电》2008 年第 24 期。

张成扬、赵智杰:《近 10 年黄河三角洲土地利用/覆盖时空变化特征与驱动因素定量分析》,《北京大学学报》2015 年第 51 期。

张福锁、王激清:《养分资源综合管理迫在眉睫》,《农资导报》2008 年第 6 期。

张国坤、邓伟、张洪岩等:《新开河流域土地利用格局变化图谱分析》,《地理学报》2010 年第 65 期。

张海峰、刘林山、王有宁等:《青藏高原东北部互助县域土地利用变化对粮食安全的影响》,《地域研究与开发》2012 年第 31 期。

张虹波、刘黎明、张军连等:《黄土丘陵区土地资源生态安全及其动态评价》,《资源科学》2007 年第 29 期。

张鸿辉、曾永年、谭荣:《多智能体区域土地利用优化配置模型及其应用》,《地理学报》2011 年第 66 期。

张继权、伊坤朋、Hiroshi Tan 等:《基于 DPSIR 的吉林省白山市生态安全评价》,《应用生态学报》2011 年第 22 期。

张明:《以土地利用/土地覆被变化为中心的土地科学研究进展》,《地理科学进展》2001年第20期。

张起明、胡梅、齐述华等：《1980—2005年江西省土地利用变化政策因素驱动力分析》，《江西科学》2011年第29期。

张宪奎、许靖华、卢秀芹等：《黑龙江省土壤流失方程的研究》，《水土保持通报》1992年第12期。

张昳、常庆瑞、赵业婷等：《陕北黄土高原县域土地利用结构及其空间布局》，《水土保持研究》2014年第21期。

张月平、刘友兆、毛良祥等：《根据承载力确定土地资源安全度——以江苏省为例》，《长江流域资源与环境》2004年第13期。

张忠华、胡刚、倪健：《茂兰喀斯特常绿落叶阔叶混交林树种的空间分布格局及其分形特征》，《生态学报》2015年第35期。

赵国松、刘纪远、匡文慧等：《1990—2010年中国土地利用变化对生物多样性保护重点区域的扰动》，《地理学报》2014年第69期。

赵俊三、袁磊、张萌：《土地利用变化空间多尺度驱动力耦合模型构建》，《中国土地科学》2015年第29期。

赵文武、傅伯杰、陈利顶等：《黄土丘陵沟壑区集水区尺度土地利用格局变化的水土流失效应》，《生态学报》2004年第24期。

赵昕奕、蔡运龙：《区域土地生产潜力对全球气候变化的响应评价——以中国北方农牧交错带中段为例》，《地理学报》2003年第58期。

郑荣宝、刘毅华、董玉祥：《广州市土地资源安全预警及耕地安全警度判定》，《资源科学》2009年第31期。

朱凤武、彭补拙、丁建中等：《温州市土地利用空间格局研究》，《经济地理》2001年第21期。

朱连奇、钱乐祥、刘静玉等：《山区农业土地利用模式的设计》，《地理研究》2004年第23期。

朱晓华、李亚云：《土地利用类型结构的多尺度转换特征》，《地理研究》2008年第27期。

朱永清、李占斌、鲁克新等：《地貌形态特征分形信息维数与像元尺度关系研究》,《水利学报》2005 年第 36 期。

邹朝晖、宋戈、张景奇等:《松嫩高平原黑土区耕地土壤生态环境质量特征及空间分布规律》,《中国农学通报》2013 年第 29 期。

左伟、王桥、王文杰等:《区域生态安全评价指标与标准研究》,《地理学与国土研究》2002 年第 18 期。

中译著作:

[美] H. J. 德博瑞:《人文地理——文化、社会与空间》,王民译,北京师范大学出版社 1988 年版。

外文著作:

Ewert F. , *Green revolution. In*: Geist H J *Our Earth's changing land*: *An encyclopedia of land use and land cover change*, London: Greenwood Press, 2006.

Geist H. J. , *The causes and progression of desertification*, Aldershot: Ashgate Publishing, 2005.

Jenson J. Q. , Cowen D. , *Principles of change detection using digital remote sensor data Integration of GIS and Remote Sensing*, Cambridge: Cambridge University Press, 1997.

Kaimowitz D. , Angelsen A. , *Economic models of tropical deforestation*: *A review*, Jakarta: Centre for international forestry research, 1998.

Krausmann F. , Geist H. J. , *Our Earth's changing land*: *An encyclopedia of land use and land cover change*, London: Greenwood Press, 2006.

Lambin E. F. , Geist H. , *Land-use and land-cover change*: *Local processes and global impacts*, New York: Springer, 2006.

McFadden D. , *Conditional logit analysis of qualitative choice behavior*, Zarembka P. Frontiers in Econometrics. Academic Press, 1974.

Myers N. , Kent J. , *Perverse subsidies*: *How tax dollars can undercut the environment and the economy*, Washington D. C. : Island Press, 2001.

U. S. National Research Council, *Our Common Journey: A Transition toward Sustainability. National Research Council*, Washington D. C. : National Academy Press, 1999.

U. S. National Research Council, *Committee in Global Change Research, Board on Sustainable Development, Policy Division. Global environmental change: Research pathways for the next decade*, Washington D. C. : National Academy Press, 1999.

Openshaw S, Taylor P J. , The modifiable areal unit problem, Wrigley N, Bennett R J. , *Quantitative geography: A British View*, London: Routledge and Kegan Paul, 1981.

Wackernagel M, Rees W. , *Our Ecological Footprint: Reducing human impact on the earth*, Gabriola Island: New Society`Publishers, 1996.

Young O. R. , *The institutional dimensions of environmental change*, Cambridge: MIT Press, 2002.

Eberhart R. C. , Shi Y. , *Comparing inertia weights and constriction factors in particle swarm optimization*, Proceedings of the Congress on Evolutionary Computing, IEEE Service Center, California, USA, 2000.

Moran E. F. , Ostrom E. , *Seeing the forest and the trees: Human-environment interactions in forest ecosystems*, Cambridge London: MIT Press, 2005.

外文论文：

Acevedo M. F. , Baird C. J. , Monticino M, et al. , Models of natural and human dynamics in forest landscapes: cross-site and cross-cultural synthesis, *Geoforum*, Vol. 39, 2008.

Acques A. , Gunther F. , Marek M. , Multiple criteria land use analysis, *Applied Mathematics and Computation*, Vol. 83, 1997.

Agrawal A. , Yadama G. N. , How do local institutions mediate market and population pressures on resources? Forest panchayats in Kumaon, *India. Dev Change*, Vol. 28, 1997.

Anna C., Christopher C., Michael S., et al., Standardized FAO-LCCS land cover mappingin heterogeneous tree savannas of West Africa, 《*Journal of Arid Environments*, Vol. 74, 2010.

Boyd D. J., Life without pigs: Recent subsistence changes among the Irakia Awa, Papua New Guinea, *Hum Ecol*, Vol. 29, 2001.

Britaldo S., Gustavo C. C., Cássio L. P., Dinamica-A stochastic cellular automata model designed to simulate the landscape dynamics in an Amazonian colonization frontier, *Ecological Modeling*, Vol. 154, 2002.

Arnoldus H. M. J., Boodt M., Gabriels D., An approximation of the rainfall factor in the universal soil loss equation, 《Assessment of erosion, 1980.

Bryan C. P., Kimberly D. R., *Rates and patterns of land use change in the Upper Great Lakes States, USA: A framework for spatial temporal analysis*, Landscape and Urban Planning, *Vol.* 102, 2011.

Cai H., Chen M., Zhao J., et al., *Concept and method for type division of land development and consolidation project*, Nongye Gongcheng Xuebao/ Transactions of the Chinese Society of Agricultural Engineering, *Vol.* 25, 2009.

Carlson T. N., Arthur S. T., *The impact of land use-land cover changes due to urbanization on surface microclimate and hydrology: A satellite perspective*, Global and Planetary Change, *Vol.* 25, 2000.

Carr D. L., *Proximate population factors and deforestation in tropical agricultural frontiers*, Popul Environ, *Vol.* 25, 2004.

Chertow M. R., The IPAT equation and its variants: Changing views of technology and environmental impact, *Journal of Industrial Ecology*, Vol. 4, 2000.

DeFries R. S., Eshleman K. N. Land use change and hydrologic processes: A major focus for the future, *Hydrol Process*, Vol. 18, 2004.

Deininger K., Binswanger H. P., Rent seeking and the development of large-scale agriculture in Kenya, South Africa, and Zimbabwe, *Econ Dev Cult change*, Vol. 43, 1995.

Dendoncker N., Schmit C., Rounsevell M., Exploring spatial data uncertainties in land-use change scenarios, *International Journal of Geographical Information Science*, Vol. 22, 2008.

Geoghegan J., Wainger L. A., Bockstael N. E., Spatial landscape indices in a hedonic framework: An ecological economics analysis using GIS, *Ecol Econ*, Vol. 23, 1997.

Gibson C. C., Ostrom E., Anh T. K., The concept of scale and the human dimensions of global change: A survey, *Ecological Economics*, Vol. 32, 2002.

Gil Pontius, Joseph D. Cornell, Charles A., et al., Modeling the spatial pattern of land use change with GEOMOD2: application and validation for Costa Rica, *Agriculture, Ecosystems & Environment*, Vol. 85, 2001.

Goldstein N. C., Candau J. T., Clarke K. C., Approaches to simulating the "March of Bricks and Mortar", *Comput Environ Urban*, Vol. 28, 2004.

Grinsted A., Moore J. C., Jevrejeva S., Application of the cross wavelet transform and wavelet coherence to geophysical time series, *Nonlin Processes Geophys*, Vol. 11, 2004.

He H. S., An aggregation index (AI) to quantify spatial patterns of landscapes, *Landscape Ecology*, Vol. 15, 2000.

Hecht S. B., The logic of livestock and deforestation in Amazonia: Considering land markets, value of ancillaries, the larger macroeconomic context, and individual economic strategies, *BioScience*, Vol. 43, 1993.

Houet T., Verburg P. H., Monitoring and modeling landscape dynamics, *Landscape Ecology*, Vol. 25, 2009.

Hua W., Chen H., Impacts of regional-scale land use/land cover change on diurnal temperature range, *Advances in Climate Change Research*, Vol. 4, 2013.

Hua W., Chen H., Recognition of climatic effects of land use/land cover change under global warming, *Chinese Science Bulletin*, Vol. 58, 2013.

Jerzy S., Spatial context of urbanization: Landscape pattern and changes between 1950 and 1990 in the Warsaw metropolitan area, Poland, *Landscape and Urban Planning*, Vol. 93, 2009.

Kadiogullari A. I., Baskent E. Z., Spatial and temporal dynamics of land use pattern in Eastern Turkey: a case study in Gumushane, *Environ Monitor Assess*, Vol. 138, 2008.

Kasischke E. S., Williams D., Barry D., Analysis of the patterns of large fires in the boreal forest region of Alaska, *Int J Wildland Fire*, Vol. 11, 2002.

Kates R. W., Clark W. C., Corell R., et al., Sustainability science, *Science*, Vol. 292, 2001.

Kazarlis S. A., Papadakis S. E., Theocharis J. B., et al., Microgenetic algorithms as generalized hill-climbing operators for GA optimization, *IEEE Transactions on Evolutionary Computation*, Vol. 5, 2001.

Kim D. S., Chung H. W., Spatial diffusion modeling of new residential area for land-use planning of rural villages, *Journal of Urban planning and Development*, Vol. 131, 2005.

Kim H. S., Eykholt R., Salas J. D., Nonlinear dynamics, delay times, and embedding windows, *Physica D*, Vol. 127, 1999.

Koen P. O., Peter H. V., Analysis of land use drivers at the watershed and household level: Linking two paradigms at the Philippine forest fringe, *International Journal of Geographical Information Science*, Vol. 19, 2005.

Kosmas C., Gerontidis S., Marathianou M., The effect of land use change on soils and vegetation over various lithological formations on Lesvos, *Ca-*

tena, Vol. 40, 2000.

Lal R., Soil carbon sequestration impacts on global climate change and food security, *Science*, Vol. 304, 2004.

Lambin E. F., Geist H. J., The land managers who have lost control of their land use: Implications for sustainability, *Trop Ecol*, Vol. 44, 2003.

Lean J., Warrilow D. A., Simulation of the regional climatic impact of Amazon deforestation, *Nature*, Vol. 342, 1989.

Liu Jiming, Jing Han, Tang Y. Y., Multi-agent oriented constraint satisfaction, *Artificial Intelligence*, Vol. 136, 2002.

Louisa J., Jansen M., Antonio D. G., Obtaining land-use information from a remotely sensed land cover map: results from a case study in Lebanon, *International Journal of Applied Earth Observation and Geo-information*, Vol. 5, 2004.

Louisa J., Jansen M., Antonio D. G., Land use data collection using the 'land cover classification system': results from a case study in Kenya, *Land Use Policy*, Vol. 20, 2003.

Martinez B., Gilabert M. A., Vegetation dynamics from NDVI time series analysis using the wavelet transform, *Remote Sensing of Environment*, Vol. 113, 2009.

Mather A. S., Needle C. L., The relationships of population and forest trends, *Geogr J*, Vol. 166, 2001.

McConnell W., Misconstrued land use in Vohibazaha: Participatory planning in the periphery of Madagascar's Mantadia National Park, *Land Use Policy*, Vol. 19, 2002.

McGarigal K., Marks B. J. F., Spatial pattern analysis program for quantifying landscape structure, *Gen. Tech. Report*, Vol. 351, 1995.

Meijl H., Van R. T., Tabeau A., et al., The impact of different policy environments on agricultural land use in Europe, *Agric Ecosyst Environ*,

Vol. 114, 2006.

Mertens B., Sunderlin W. D., Ndoye O., et al., Impact of macro-economic changes on deforestation in South Cameroon: Integration of household survey and remotely sensed data, *World Dev*, Vol. 28, 2000.

Misselhorn A. A., What drives food insecurity in southern Africa? A meta-analysis of household economy studies, *Global Environ Chang*, Vol. 15, 2005.

Mulders M. A., Advances in the application of remote sensing and GIS for surveying mountainous land, *International Journal of Applied Earth Observation and Geo-information*, Vol. 3, 2001.

Niandry M., Fang W., Danielle J. Marceau., Implementation of a dynamic neighborhood in a land use vector-based cellular automata model, *Computers, Environment and Urban Systems*, Vol. 33, 2009.

Olley J. M., Wasson R. J., Changes in the flux of sediment in the Upper Murrumbidgee catchment, Southeastern Australia, since European settlement, *Hydrological Processes*, Vol. 17, 2003.

Olsen E. R., Ramsey R. D., A modified fractal dimension as a measure of landscape diversity, *Photogrammetric Engineering & Remote Sensing*, Vol. 59, 1993.

Percival D. B., Wang M., Overland J. E., An introduction to wavelet analysis with applications to vegetation time series, *Community Ecology*, Vol. 5, 2004.

Quigley J. M., Housing demand in the short run: analysis of polytomous choice, *Exploration in economic research*, Vol. 3, 1976.

Reidsma P., Tekelenburg T., Van D. B. M., et al., Impacts of land use change on biodiversity: an assessment of agricultural biodiversity in the European Union, *Agric Ecosyst Environ*, Vol. 114, 2004.

Rindfuss R. R., Walsh S. J., Turner B. L. II, et al., Developing a science of land change: Challenges and methodological issues, *Proc Natl Acad*

Sci USA, Vol. 101, 2004.

Roberto Q., Christian Y., Adolfo P., et al., Improving daily rainfall estimation from NDVI using a wavelet transform, *Environmental Modeling & Software*, VOL. 26, 2001.

Rudel T. K., Bates D., Machinguiashi R., Ecologically noble Amerindians? Cattle ranching and cash cropping among Shuar and colonists in Ecuador, *Lat Am Res Rev*, Vol. 37, 2002.

Schneider L. C., Pontius R. G., Modeling land use change in the Ipswich Watershed, Massachusetts, USA, *Agric Ecosyst Environ*, Vol. 85, 2001.

Siegert T. F., Ruecker G., Hinrichs A., et al., Increased damage from fires in logged forests during droughts caused by El Nino, *Nature*, Vol. 414, 2001.

Smith P., Land use change and soil organic carbon dynamics, *Nutrient Cycling Agroecosystems*, Vol. 81, 2008.

Stephen R. D., A framework for scaling and framing policy problems in sustainability, *Ecological Economics*, Vol. 12, 1995.

Turner B. L. II, Meyer W. B., Skole D L. Global land-use/land-cover change: Towards an integrated study, *Ambio*, Vol. 23, 1994.

Turner B. L., Lambin E. F., The emergence of land change science for global environmental change and sustainability, *Proceedings of the National Academy of Sciences of the United States of America*, Vol. 104, 2007.

Veldkamp A., Fresco L. O., CLUE-CR: An integrated multi-scale model to simulate land use change scenarios in Costa Rica, *Ecological Modelling*, Vol. 91, 1996.

Veldkamp A., Fresco L. O., Reconstructing land use drivers and their spatial scale dependence for Costa Rica, *Agricult Sys*, Vol. 55, 1997.

Veldkamp A., Verburg P. H., Modeling land use change and environmental impact, *J Environ Manage*, Vol. 72, 2004.

Verburg P. H, Schulp C. J. E., Witte N., et al., Downscaling of land use scenarios to assess the dynamics of European landscapes, *Agric Ecosyst Environ*, Vol. 114, 2006.

Verburg P. H., Schulp C. J. E., Witte N., et al., Downscaling of land use change scenarios to assess the dynamics of European landscapes, *Agric Ecosyst Environ*, Vol. 114, 2006.

Vitousek P. M., Beyond global warming: Ecology and global change, *Ecology*, Vol. 75, 1994.

Weng Q., A remote sensing-GIS evaluation of urban expansion and its impact on surface temperature in the Zhujiang Delta, *Remote Sensing*, Vol. 22, 2001.

Waggoner P. E., Ausuber J. H., How much will feeding more and wealthier people encroach on forests?, *Popul Dev Rev*, Vol. 27, 2001.

Wiggins S., Interpreting changes from the 1970s to the 1990s in African agriculture through village studies, *World Dev*, 2000.

William E. E., Why regional studies are needed in the development of full-scale integrated assessment modelling of global change processes, *Global Environmental Change*, Vol. 7, 1997.

Wimberly M. C., Ohmann J. L., A multi-scale assessment of human and environmental constraints on forest land cover change on the Oregon (USA) coast range, *Landsc Ecol*, Vol. 19, 2004.

Wischmeier W. H., A soil erodibility nomorgraph farm land and construction sites, *Journal of Soil and Water Conservation*, Vol. 26, 1971.

Wrbka T., Erb K. H., Schulz N. B., et al., Linking pattern and process in cultural landscape: An empirical study based on spatially explicit indicators, *Land Use Policy*, Vol. 21, 2004.

Xiao J. Y., Ge J. F., Shen Y. J., et al., Research on land use/cover change in Shijazhuang using landsat TM and ETM + data, *Geographical Science*,

Vol. 25, 2005.

Young O. R., Environmental governance: The role of institutions in causing and confronting environmental problems, *International Environmental Agreements: Polit Law Econ*, Vol. 3, 2003.

外国会议:

GLP (Global Land Project), Science plan and implementation strategy, IGBP Report No. 53/IHDP Report No. 19. IGBP Secretariat, Stockholm, 2005.

Ojima D. S., Moran E., Global Land Project: Draft Plan, IGBP/IHDP, 2005.

Turner B. L., Turner B. L. II, Skole D., et al., Land-use and land-cover change science/research plan, IGBP report 35, GDP report 7. Stockholm: IGBP, 1995.